古代歷史文化研究輯刊

五　編

王明蓀　主編

第23冊

清季袁世凱外交策略之研究（下）

呂慎華　著

國家圖書館出版品預行編目資料

清季袁世凱外交策略之研究（下）／呂慎華 著 — 初版 — 新
北市：花木蘭文化出版社，2011〔民100〕
目 2+234 面；19×26 公分
（古代歷史文化研究輯刊 五編；第 23 冊）
ISBN：978-986-254-436-5（精裝）
1. 外交史　2. 外交政策　3. 晚清史
618　　　　　　　　　　　　　　　　　　100000594

ISBN-978-986-254-436-5

9 789862 544365

古代歷史文化研究輯刊
五 編 第二三冊　　　　　　　ISBN：978-986-254-436-5

清季袁世凱外交策略之研究（下）

作　　者　呂慎華
主　　編　王明蓀
總 編 輯　杜潔祥
印　　刷　普羅文化出版廣告事業
出　　版　花木蘭文化出版社
發 行 所　花木蘭文化出版社
發 行 人　高小娟
聯絡地址　新北市永和區中正路五九五號七樓之三
　　　　　電話：02-2923-1455／傳眞：02-2923-1452
電子信箱　sut81518@gmail.com
初　　版　2011 年 3 月
定　　價　五編 32 冊（精裝）新台幣 56,000 元

清季袁世凱外交策略之研究（下）

呂慎華　著

目次

第四章　直隸總督前期袁世凱
的善後補救

　　1901 年 10 月 30 日深夜，李鴻章病危，直隸總督繼任人選問題隨即引起中外重視，中國政壇咸推袁世凱為最佳繼任人選，[註1] 外人亦多希望由袁世凱繼任。[註2] 11 月 7 日，李鴻章辭世當日，朝廷即降旨令袁世凱署理直隸總督、兼北洋大臣，[註3] 並於次年 6 月 9 日實授。

　　袁世凱於 11 月 27 日到任視事。就任之初，已知責任重大：

> 伏查直隸居天下封疆之首，北洋當各國交際之衝，在平時且措手為
> 難，至今日尤仔肩倍重，舉凡軍務、洋務、以及地方善後更新各要
> 政，次第規劃、切實經營。[註4]

袁世凱於庚子期間培養出全國性的聲望，受中外各界一致推崇，出任疆臣之首的直隸總督亦屬眾望所歸。然袁世凱就任之初，聯軍尚未交還天津，英、

〔註 1〕　袁世凱原著，駱寶善評點，《駱寶善評點袁世凱函牘》（湖南：嶽麓書社，2005
　　　　　年 8 月第 1 版第 1 次印刷），頁 144-145。

〔註 2〕　德國公使穆默於 11 月 6 日拜訪張之洞，論及李鴻章繼任人選時，即明白
　　　　　表示希望袁世凱繼任北洋大臣。依張之洞觀察，自 1901 年以來，張之洞
　　　　　所接觸過之各國提督、領事，無不希望袁世凱出任北洋大臣，並非僅只
　　　　　穆默一人。參見〈致洛陽行在軍機處〉，光緒二十七年九月二十六日，收
　　　　　入苑書義、孫華風、李秉新主編，《張之洞全集》第 10 冊，卷 246，〈電
　　　　　牘 77〉，頁 8640。

〔註 3〕　〈內閣奉上諭〉，光緒二十七年九月二十七日，收入中國第一歷史檔案館編，
　　　　　《光緒宣統兩朝上諭檔》二七，頁 203 上。

〔註 4〕　〈奏報接受署篆到任日期摺〉，光緒二十七年十月十八日，收入故宮博物院印
　　　　　行，《袁世凱奏摺專輯》第二集，頁 377 下-378 上。

俄依然分據關內、關外鐵路，都統衙門要求歸還天津後仍須承認已簽訂之商業合同，直隸一省重要路礦權利因庚子軍興而屢遭侵奪，直隸實際上處於戰後百廢待興狀態。因此，直隸總督前期的袁世凱，所面對的是如何使直隸一省真正回復常態、如何收回因庚子變亂而喪失的利權，包含天津及附屬設施的收回，都統衙門對外商業合同的處理，侵蝕利權過鉅的臨城、井陘煤礦如何補救，非法盜賣的開平煤礦如何收回等。

　　袁世凱督直時間近六年，為其甲午歸國以來所任最久官職，加上兼任北洋大臣，外事職權大幅提高，前期雖以處理商業性合同為主，但主要國家幾無一不牽涉其中，所面對的重要交涉件件棘手，非啟用大量洋務人才不足以應付。袁世凱以保奏、舉薦、聯姻等方式將洋務人才納入幕府，令其佐理洋務交涉。在既成人才之外，也不忘使舊官吏進修洋務知識，並設計人才培育方式，同時付諸實行。

　　以下即將袁世凱於直督前期任內辦理善後諸般對外交涉時的策略分節論述。

第一節　收回天津以彰主權

　　1900 年 7 月 14 日，聯軍攻陷天津，隨後由英、日、俄三國委派武官成立「天津城臨時政府」，8 月 14 日更名為「都統衙門」，天津城自此處於各國共同管理之下。〔註5〕至 1901 年下半年，天津仍有各國駐軍約六千名。〔註6〕

　　當懲辦禍首問題告一段落後，各國開始對和約細節進行實質討論，聯軍統帥瓦德西於 1901 年 4 月 6 日致函北京外交團，對於應如何實施議和大綱第 8、9 兩款提出軍事方面的建議，包括須拆除的防禦工事，北京至海通道間應駐兵之重要據點，各國兵力分配，各駐點軍隊總數等。外交團雖接受聯軍軍官團的軍事意見，但同時表示，一旦形勢許可，在不影響軍事佔領的前提下，應將天津交還中國。〔註7〕

〔註5〕　都統衙門初成立時，係由英、日、俄三國擔任委員，此後略有增減。關於天津都統衙門成立經過、制度、組織、作用，參閱劉海岩，〈八國聯軍佔領期間天津若　干問題考析〉，《歷史檔案》，2005 年第 2 期，頁 76-83。

〔註6〕　〈袁世凱為政務事致徐世昌函〉，1901 年 10 月 28 日，收入北洋軍閥史料編委會編，《北洋軍閥史料──袁世凱卷》上冊，頁 323-324。

〔註7〕　〈柔克義致海函〉，1901 年 4 月 24 日，收入天津社會科學院歷史研究所編，《1901 年美國對華外交檔案：有關義和團運動暨辛丑條約談判的文件》，頁

列強之外交系統對於天津是否應歸還、及歸還方式的意見，顯然與軍事系統認知甚有出入。瓦德西於 5 月 25 日再度致函葛絡幹，略述都統衙門成立原因與組織結構，表示都統衙門的存在目的為盡可能完成聯軍提出的目標，目前各部門運作得相當成功，其施政也贏得中國居民信任，聯軍方面相信只要各國軍隊仍舊駐紮，天津的行政機構就應該由軍事當局管轄，因軍事當局必須依賴、也只能依賴都統衙門採取措施以滿足其要求，因此並不宜裁撤，而都統衙門的存在也是迫使中國遵守諾言的最佳方式。〔註 8〕對此，外交團雖將瓦德西來函分別呈報本國政府，但重申歸還天津一事已獲得各國政府同意，目前並未發生任何事情，足以改變各國歸還天津的意願，因此希望聯軍盡快規劃天津歸還事宜。〔註 9〕

聯軍司令部接獲外交團回覆後，因瓦德西已於 6 月 4 日奉令回國，由法國遠征軍司令華倫少將（Voyron, Emile Jean Francois Regis）於 7 月 16 日召開聯軍司令官會議，除美國方面以無利害關係為由未出席外，各國司令官均出席會議。會中達成共識，各國派遣軍希望都統衙門繼續存在，直到駐軍總數只剩 6000 名為止，屆時聯軍司令官會議可以做出是否裁撤決定，但即使都統衙門撤銷，各國軍隊退至各自租界內，仍須對中國當局採取某種監督機制，以保護天津駐軍利益。〔註 10〕法國公使鮑渥（Paul Beau）將會議記錄提交外交團討論過後，決定將都統衙門裁撤問題留待各國政府決定。〔註 11〕

177。和約大綱第八款規定「京師至海面須留出來往暢行通道，故與其有礙之大沽等礮台皆須一律削平」，第九款規定「京師至海之通道，不使有斷絕之虞，由諸國分應主辦酌定數處，留兵駐守」。參見〈總署收英使薩道義等會定條款〉，光緒二十六年十月二十九日，收入中央研究院近代史研究所編印，《中美關係史料》，光緒朝四，頁 2738-2740。

〔註 8〕〈瓦德西伯爵致葛絡幹函〉，1901 年 5 月 25 日，收入天津社會科學院歷史研究所編，《1901 年美國對華外交檔案：有關義和團運動暨辛丑條約談判的文件》，頁 238-240。

〔註 9〕〈柔克義致海函〉，1901 年 5 月 28 日，收入天津社會科學院歷史研究所編，《1901 年美國對華外交檔案：有關義和團運動暨辛丑條約談判的文件》，頁 235-236。

〔註 10〕〈由華倫少將主持的聯軍司令官會議記錄〉，1901 年 7 月 16 日，收入天津社會科學院歷史研究所編，《1901 年美國對華外交檔案：有關義和團運動暨辛丑條約談判的文件》，頁 374。

〔註 11〕〈葛絡幹致華倫將軍函〉，1901 年 7 月 26 日，收入天津社會科學院歷史研究所編，《1901 年美國對華外交檔案：有關義和團運動暨辛丑條約談判的文件》，頁 378-379。

　　直隸省城雖在保定，但 1870 年天津教案發生以來，直隸總督大部分時間均移駐天津，僅有要事發生時始返回保定。〔註 12〕天津久處各國佔領之下，不僅使直隸總督因必須回駐保定而難以推動日常政務，對於京畿、山東一帶行政、交通都造成影響。都統衙門不許中國官員在轄區內設置官署，〔註 13〕中國官員派赴天津履新前須獲得都統衙門承認，〔註 14〕非官方性質活動一概禁止進行，〔註 15〕中國貨物途經天津必須向都統衙門申請許可，〔註 16〕中國官員非經都統衙門同意，不得發表任何具官方性質的告諭，〔註 17〕中國政府

〔註12〕雍正二年十月二十九日，直隸巡撫李維鈞升任直隸總督，原直隸巡撫屬升格為直隸總督署，仍駐節保定，雍正七年十一月二十三日直隸總督署完工後，迄於宣統年間，直隸總督體制上均坐鎮保定。同治 9 年天津教案發生，鑑於洋務日繁，朝廷令直隸總督於每年春季海口冰融之後移駐天津，冬季封河後再回保定，期間僅有要事待辦時可短暫回保定辦公，嗣後直隸總督每年大部分時間均駐天津，並在天津建立直隸總督行館。參閱黎仁凱、衡志義、傅德元著，《清代直隸總督與總督署》（北京：中國文史出版社，1993 年 7 月第 1 版第 1 次印刷），頁 27-29。

〔註13〕有三名中國官員要求在北塘設立中國軍事哨所，都統衙門表示任何此類行動均不被允許，參見〈第 218 次會議〉，1901 年 11 月 4 日，收入劉海岩等編，《八國聯軍佔領實錄：天津臨時政府會議紀要》（天津社會科學院出版社，2005 年 9 月第 1 版第 2 次印刷），下冊，頁 474。

〔註14〕新任天津道台張蓮芬在天津〈日日新聞〉以及〈直報〉上刊登新聞，要求百姓繳納向天津教民賠款的配額，都統衙門要求張蓮芬聲明該啟事與都統衙門無關，令其於 5 月 14 日離開天津，在都統衙門收到正式派令前不許再入境，並要求張蓮芬轉告李鴻章，凡未事先通知都統衙門、即準備派往天津之中國官員必須立即離境。李鴻章正式函告都統衙門後，都統衙門始於 5 月 31 日同意張蓮芬赴天津洽公，參見，〈第 144 次會議〉，1901 年 5 月 13 日；〈第 147 次會議〉，1901 年 5 月 20 日；〈第 151 次會議〉，1901 年 5 月 31 日，收入劉海岩等編，《八國聯軍佔領實錄：天津臨時政府會議紀要》，上冊，頁 287，頁 293，頁 303。

〔註15〕津海關道唐紹儀、長蘆鹽運使楊宗濂因公赴天津，都統衙門要求兩人活動必須限於官方性質，只能在租界居住，參見〈第 239 次會議〉，1901 年 12 月 27 日，收入劉海岩等編，《八國聯軍佔領實錄：天津臨時政府會議紀要》，下冊，頁 530。

〔註16〕袁世凱曾向都統衙門提出將小站的建築材料運往山東的申請，都統衙門起初對此事未置可否，但於獲悉袁世凱預備將此批建材用於修建軍營之後，即明白表示無法准許袁世凱的要求，決定將小站的建材留下、供都統衙門運用。參見〈第 203 次會議〉，1901 年 9 月 30 日；〈第 206 次會議〉，1901 年 10 月 7 日；〈第 207 次會議〉，1901 年 10 月 9 日；〈第 209 次會議〉，1901 年 10 月 14 日，收入劉海岩等編，《八國聯軍佔領實錄：天津臨時政府會議紀要》，下冊，頁 432，頁 442，頁 444，頁 449。

〔註17〕都統衙門同意張蓮芬入境，但要求他必須通報住址。欲發表之文告需先經都

不被允許以中國名義在天津發放賑災物資。〔註18〕都統衙門的存在，無異於在直隸形成一國中之國，令直隸始終無法恢復戰前狀態。

　　袁世凱調任直隸總督後，對於天津交收問題便頗爲關注，正式接印不久即著手進行收回天津工作，爲使各國瞭解中國收回天津的必要性與合法性，袁世凱親赴北京密集拜會11國公使，各國意見多認爲天津處於《辛丑和約》中指定之北京至海駐軍通道，理應由各國管轄，需俟中國恢復原狀、天津各項工程完工後始能商議如何歸還。袁世凱即以條約爲依據，表明各國雖有權在天津駐兵，但據地自治則爲約中所無，條約中各項內容中國政府均已照辦，但各國久據天津，中國即不可能恢復原狀，且各國興辦之工程中國亦可接辦。各國公使雖難以辯解，但仍堅持須請示本國政府後始能決定，且以天津封凍爲由，表示無法立即歸還。袁世凱認爲美國、日本對於交還天津頗表贊同，其餘各國則多心存觀望，至於天津各國都統則貪圖稅務，未必肯歸還，因此必須切實催促，或許能令各國早日決定歸還日期。〔註19〕

　　1902年1月底，袁世凱派遣津海關道唐紹儀赴都統衙門，進行非正式拜會，代爲遞交袁世凱親筆信函，要求都統衙門決定歸還天津的確切日期。都統衙門先口頭向唐紹儀表示應交由各國政府決定，〔註20〕隨後正式函覆袁世凱，聲明都統衙門無權討論天津政權移交問題。〔註21〕

　　至1902年初，《辛丑和約》業已簽訂，兩宮已回鑾，中國與各國重修舊

統衙門審核，參見〈第152次會議〉，1901年6月3日，收入劉海岩等編，《八國聯軍佔領實錄：天津臨時政府會議紀要》。頁307。

〔註18〕天津道台張蓮芬要求都統衙門同意發放一部份由中國政府簽發的救濟款、並發佈告示，都統衙門會議後表示反對，認爲全部救濟款都應上繳都統衙門後統一發放，但都統衙門會聲明此款係中國政府發放，參見〈第224次會議〉，1901年11月20日，收入劉海岩等編，《八國聯軍佔領實錄：天津臨時政府會議紀要》，下冊，頁489。

〔註19〕〈北洋大臣袁世凱來電〉，光緒二十七年十月三十日，楊家駱主編，《清光緒朝中日交涉史料》（臺北：鼎文書局，民國67年9月初版），卷65，頁1244上。袁世凱原電文中並未提及何時與各國使臣商討天津歸還事宜，但袁世凱於11月27日方接印，時間上當以12月初較爲寬裕、也較爲可能。

〔註20〕〈第251次會議〉，1902年1月4日，頁563。此係第251次會議記錄第20項，編譯者認爲此次會議日期應在1月31日。議事錄原文中並未記錄唐紹儀拜會時間，但由月28日所進行之第250次會議中並未提及唐紹儀拜會一事來看，此次拜會時間點應在1月28、29、30三日。

〔註21〕〈第252次會議〉，1902年2月3日，收入劉海岩等編，《八國聯軍佔領實錄：天津臨時政府會議紀要》，下冊，頁566。

好，賠款也按期繳納，外務部和會司乃依據袁世凱意見，引用和約第 9、11 兩款規定，認為外國僅有派兵駐守天津，以維護京師至海道路暢通之權，而無治理地方之權，都統衙門的存在使中國無法伸張治權，因此於 1902 年 2 月 21 日照會各國駐京公使，希望各國撤回駐津軍隊，將天津歸還中國，以便處理善後事宜。〔註22〕

駐京各國公使於 3 月 13 日商議後初步同意，但辦法則仍尚待商定。傳聞條款中有天津附近 10 里內不許中國駐兵一項，袁世凱頗不以為然，其一，天津為中國領土，反不許中國駐兵，有欠公道；其二，天津附近盜賊充斥，無兵斷難維持治安；其三，天津地形雖不能駐重兵，但二、三千名則為必不可少之數，希望外務部向各國據理力爭。〔註23〕外務部於 3 月 16 日與英使薩道義討論交還天津事宜，薩道義表示各國條件尚有修北河、拆除砲台、不得重修天津城牆、不許設置重兵等數款，目前尚未議妥，因此無法確定交還日期，外務部告以袁世凱所提關於駐軍意見，薩道義僅表示中國軍隊不可駐於天津城區內、並無限定 10 里內不許中國駐兵。〔註24〕

由都統統衙門現存會議記錄來看，都統衙門對於歸還天津一事似無意願，即使袁世凱於 1 月底遞交親筆信，外務部也正式照會各國，都統衙門仍未對此事進行任何討論，直至 1902 年 4 月 3 日始首度舉行會議、討論由巡捕局、河上巡捕隊、公共工程局、衛生局、庫務局、司法部、各區區長等各部門長官所提出之天津移交相關建議。〔註25〕四日後，都統衙門提出完整的建議書，將建議事項分為必須接受的條件、建議中國政府採納的提議、政府移交方式的建議等三部分。

都統衙門認為中國必須接受的條件，大略可歸納為十項：

第一，因列強始終未向中國宣戰，都統衙門應考慮中國政府的繼承關係，中國政府應承認都統衙門所頒法令的合法性，中國政府必須公開

〔註22〕 〈外務部和會司擬為請交還天津治權事致各使照會稿〉，光緒二十八年正月十五日，收入中國第一歷史檔案館編輯部編，《義和團檔案史料續編》，頁 1316-1317。

〔註23〕 〈直督袁世凱致外部各國會議天津事均允交還電〉，光緒二十八年二月初四日，收入王亮編、王彥威纂輯、王敬立校，《清季外交史料》，頁 197 上。

〔註24〕 〈外部致袁世凱間還天津事尚有數款未妥協電〉，光緒二十八年二月初八日，收入王亮編、王彥威纂輯、王敬立校，《清季外交史料》，頁 200 下。

〔註25〕 〈天津臨時政府委員會專門會議記錄〉，1902 年 4 月 3 日，收入劉海岩等編，《八國聯軍佔領實錄：天津臨時政府會議紀要》，下冊，頁 619-622。

及完全承認都統衙門制訂的各項法律仍繼續有效，確認都統衙門歷次會議議事錄所做成之與權利、義務相關決議。議事錄原稿暫交資深軍事統帥保管，待各國部隊縮編至常態時再轉交天津領事團保存。任何人如在會議記錄中有所牽涉時，可在本國領事同意下進行查閱。如查證屬實，中國當局應予以確認。

第二，都統衙門將所頒發告示錄副交予中國、希望其內容仍繼續施行。中國亦應繼續履行各項合同義務。

第三，都統衙門中的華籍職員不應受歧視或虐待。

第四，在天津建立三個國際監督站，每站派駐 20 人。

第五，中國政府應保證不在都統衙門所修築之堤岸與道路、環城道路、北門至運河道路、運河碼頭上開設店鋪或搭設帳棚。

第六，中國應明確承認都統衙門與電車電燈公司、自來水公司、市區排水系統間既存協議。

第七，中國政府保證不反對修築由租界跨越海河之旋轉式鐵橋。

第八，現行稅法須提前三個月公告緩衝後始得變更，中國有權要求中國居民納稅。

第九，罪犯移交後，中國應保證繼續執行刑罰。

第十，中國政府應保證繼續完成都統衙門尚未完工之工程項目，所需款項一併移交。

建議中國政府應採納之意見有兩項。其一爲須設立巡捕機構以管理海河與橋樑，其二爲中國應持續進行道路養護、街道清掃工作。

關於政府移交的方式，都統衙門提出兩項建議，其一爲中國當局應責成接管人員提前兩週抵達，以便與都統衙門代表會商細節，其二爲希望直隸總督於接收當天能親自出席。

此外，都統衙門也向聯軍統帥提出建議，希望在都統衙門解散後的軍事佔領期間，設立一國際軍事委員會，以監督天津交收事宜，同時在直隸總督身邊設立一隸屬於軍事委員會下之的辦公室，做爲直督與外國間聯絡管道。〔註26〕

都統衙門做成決議後，聯軍司令官會議於 4 月 12 日以此建議書爲依據，通

〔註26〕〈天津地區臨時政府委員會關於該政府移交中國當局的建議書〉，1902 年 4 月 7 日，收入劉海岩等編，《八國聯軍佔領實錄：天津臨時政府會議紀要》，下冊，頁 622-625。

過了〈有關交還天津行政權力的通牒〉。除包含上述條件之外，又另提出天津城區中國駐警不得超過 2500 人；城區方圓 20 公里內中國不得駐軍；外國軍隊在天津駐地 30 公里內進行訓練、演習時毋須事先照會中國政府等。〔註27〕

都統衙門所提建議，袁世凱顯然無法接受，認為條件太苛，應是德國從中刁難之故。袁世凱認為各國公使對於都統衙門的建議多有不以為然者，但因各國武官堅持，以致無法達成協議，日本曾表示有意相助中國取回天津，因而囑託駐日公使蔡鈞，商請日本政府與各國加強溝通，並將此意轉告外務部。〔註28〕外務部配合袁世凱，同時訓令駐德、日、英、法、俄、義等六國使臣面告駐在國外交部，請其命令都統衙門各本國都統遵守條約，迅速歸還天津。〔註29〕

跳過都統衙門，直接與各國外交部商議顯然收到效果，〔註30〕至 7 月 8 日，各國即已決定包含距鐵路二英里、距天津舊城區 6 英里內華兵不得駐紮等交還條件，預計於 4 日內照會外務部，並訂出若中國照覆同意，即於四周內交還天津等決定。〔註31〕7 月 12 日，北京外交團領銜公使果如預期照會外務部，同意有條件交還天津，大要為：

其一，由駐天津各國武官進行拆除北京至海沿途砲台工作，經費由都統衙門支付，中國不得重建砲台。

其二，都統衙門裁撤後各國仍舊駐軍、軍用物資免稅、駐軍有操練、演習之權。

其三，中國須禁止華兵接近天津各國軍隊駐地二十里內。

其四，各國享有鐵路沿線二英里內司法管轄權。

〔註27〕 劉海岩，〈庚子八國聯軍都統衙門與天津政權的歸還〉，《歷史教學》，2005 年第 9 期，頁 80。

〔註28〕 〈北洋大臣袁世凱致外務部電〉，光緒二十八年六月初一日，收入楊家駱主編，《清光緒朝中日交涉史料》，卷 66，頁 1255 下-1256 上。

〔註29〕 〈發出使德國廕大臣、日本蔡大臣、英國張大臣、法國裕大臣、俄國胡參贊、並轉駐義參贊電〉，光緒二十八年六月初一日，收入楊家駱主編，《清光緒朝中日交涉史料》，卷 66，頁 1256 上。

〔註30〕 蔡鈞收到袁世凱電文後，再度與日本外務部商議，日本外務部即於 7 月 7 日訓令駐華公使、駐天津都統等，力勸各國儘速交還天津。參見〈北洋大臣袁世凱來電〉，光緒二十七年十月三十日，收入楊家駱主編，《清光緒朝中日交涉史料》，卷 65，頁 1244 上。

〔註31〕 〈北洋大臣袁世凱致外務部電〉，光緒二十八年六月初五日，收入楊家駱主編，《清光緒朝中日交涉史料》，卷 66，頁 1256 上。

其五，同意直督可於天津城內設置三百人以下親兵隊，可設置管理河面
　　　員警一隊，可管轄距鐵路兩英里內之河流。

其六，中國不得重修天津城垣。

其七，中國不得在北河口、秦皇島、山海關設置任何形式的海防。

其八，都統衙門所有款項扣除拆毀砲台費用後，餘款悉數移交中國。

其九，華民不得因曾受雇於都統衙門獲罪。

其十，此後京師至海通道間各國所雇華民若犯罪，由各雇用國決定自行
　　　治罪、或送交華官審理。

十一，各國駐軍有夏令避暑之權。

十二，現有罪犯應繼續執行其刑，已審判案件不可重新審理、或判決。

十三，都統衙門各項檔移交駐津領事保管，有特殊需求時始可查閱。

十四，中國不得以任何名義對都統衙門轄區內中國人民補徵稅課。〔註32〕

　　對照都統衙門所擬 17 點建議書、以及領銜公使所提 14 點照會內容，可
以發現兩者有極大出入。都統衙門所提建議書與外交團所提照會中，只有原
始議事錄交領事團保管，華籍雇員不得因受雇都統衙門而獲罪，已判刑確定
罪犯繼續執行，繼續完成應處理之工程項目等四項雷同，其餘 11 項均未見於
照會中，尤其是都統衙門所特別重視的，承認都統衙門統治期間法律、公告、
決議繼續有效等項，領銜公使照會中隻字未提。兩相比較之下，軍事系統所
重者在確認統治天津的合法地位，以及保持兩年統治所得成果，不希望因官
署裁撤而人去政息，故強調中國接收天津後，須尊重都統衙門辦理完成的所
有事項、所通過之決議、所有已進行或準備進行的建設；外交系統所著重的
則是繼續在天津享有條約所賦予的特殊待遇與軍事行動自由，確保《辛丑和
約》中京師至海駐軍、拆除砲台等等條款得以實現。〔註33〕

─────────────

〔註32〕〈各國全權致外部請示天津交與何項官員接收照會〉，光緒二十八年六月初十
　　　　日，收入王亮編、王彥威纂輯、王敬立校，《清季外交史料・光緒朝》（五），
　　　　卷 159，頁 279 上-280 上。原照會中各項條件係以敘述方式為之、並未分別
　　　　條目，筆者將其整理成 14 點，以利分辨。

〔註33〕據聯軍統帥瓦德西觀察，北京外交團之所以反對都統衙門，原因當係天津領
　　　　事團從中鼓弄，領事團曾與都統衙門人員在交際場合中就雙方等級、位份問
　　　　題發生爭執，並將此事上訴北京外交團。瓦德西也認為，外交團中以英國公
　　　　使薩道義最反對都統衙門，因都統衙門主席為俄國將領 Wojak，而 Wojak 素
　　　　為英人痛恨。因此，外交團與都統衙門形成相互牽制局面。參見（德）瓦德
　　　　西（Waldersee）撰、大西洋圖書公司編輯，《瓦德西奉亂筆記》（臺北：大西

各國照會中聲明，自中國同意復文送抵之日起算，四星期內裁撤都統衙門，交由中國指定官員接收。外務部與各國磋商後，各國屢屢表示已無再刪減空間，外務部認為這些條款多有條約依據，且其目的著重在避免中外軍隊因駐地過於接近而發生衝突，當不至於漫無限制，且應無礙於中國治理地方之權，乃於 7 月 17 日奏請同意，〔註34〕並於次日立即照會各國，請其轉告都統衙門遵照辦理，並指定由北洋大臣接收，嗣後所有應行商酌之處均由北洋大臣負責辦理。〔註35〕

各國公使尚未對天津歸還條件做出決議前，袁世凱已認定各國必將交還天津，亦已就接收天津一事做出四點初步規劃：

第一，待外務部照覆後，袁世凱預備先陛見、請示方略、拜訪各國公使。袁世凱認為自己身為直隸總督，接收天津的合法地位無可取代，必須親自出席始能彰顯，因此決定交接前一日或當日專車前往，親率天津文武官員分赴各部門接收。

第二，即使各國公使已決定歸還，但在接收日期未到前，天津仍歸都統衙門管理，若總督先行前往，須受制於人、有損國體。因此只能先派遣知府、縣令、天津道、海關道層級官員前往察看各項接收事宜、預先籌備。

第三，為避免政權交替時造成混亂，使外國有藉口干涉，天津巡警隊已經備妥，天津城外方圓十數里之巡警局亦已備妥。

第四，德璀琳（Gustav von Detring）欲壟斷天津電車電燈公司利權、漢納根（Constantin von Hanneken）欲在城南開河道、築市場，藉以壟斷河道利益，勢不能照准。〔註36〕

袁世凱決定總督在接收完成前不宜前往天津，否則不僅總督號令不行於天津，反要遵守各國政令，必然有損國體，行政慣例上海關道職級等同於各口領事，而天津領事團與都統衙門為平行單位，因此只能派遣海關道以下官

洋圖書公司，民國 59 年），頁 240-242。

〔註34〕 朱壽朋編，《光緒朝東華錄》，（北京：中華書局，1958 年初版），頁 4893-4894。

〔註35〕 〈外務部覆各國公使天津請交北洋大臣接收照會〉，光緒二十八年六月十四日，收入王亮編、王彥威纂輯、王敬立校，《清季外交史料‧光緒朝》（五），卷 159，頁 280 上-280 下。

〔註36〕 〈袁世凱為接收天津事宜致徐世昌函〉，1902 年 7 月 14 日，收入北洋軍閥史料編委會編，《北洋軍閥史料──袁世凱卷》上冊，頁 349-354。

員與都統衙門就細節問題進行磋商。但爲彰顯直隸總督對天津恢復行使主權，袁世凱必須以進京陛見、向兩宮請訓等方式，宣示其接收天津係出於朝廷授權，並非由都統衙門轉交權力的用意則至爲明顯，其著眼點在於維護國權。至於不許中國駐軍問題，袁世凱亦決定由巡警代替駐軍。

　　外交照會提出後，兩相比較之下，袁世凱認爲內容已較都統衙門提出條款減輕許多，雖對於其中部分語意不清條款，如未指明未來各國駐軍演習範圍，未明示陸上是否設置外國員警隊，未指定各國軍隊避暑地點等有所擔憂，但考量都統衙門原條款嚴苛難行，經各國公使介入後始提出目前條款，如中國方面再有異議，恐都統衙門又將以會議新條款爲名拖延時日，因此決定採取事後補救策略，先由外務部聲明上述條款嗣後商明，取回天津後再設法保全，如此天津既可收回、權利又不致受損。〔註 37〕袁世凱隨後決定委任唐紹儀兼辦洋務局、善後局，主理天津交還事宜。〔註 38〕

　　依據領銜公使照會內容，中國須於照復接受條件起四星期內交收天津，外務部既已於 7 月 18 日照復，則交收日期即應定爲 8 月 15 日，北京公使團乃決議於 8 月 15 日正式裁撤天津都統衙門。〔註 39〕經確認後，都統衙門即展開相關作業程序。首先秘書處決定呈請秘書長，將此訊息通知各區、各部門長官，〔註 40〕並決定於 8 月 4 日上午接待中國政府代表，同意在中國代表不干預都統衙門運作的前提下，給予完全的行動自由，准許他們籌建中國的行政機構，也同意他們隨意瞭解都統衙門各項事務，但提醒他們天津在移交完成前，都統衙門仍享有絕對的司法管轄權，也要求中國代表應先行指定各相對應部門長官，以便於 8 月 8 日與都統衙門所屬各部門長官、天津四區區長會面，協商政府移交事宜，都統衙門屆時將除印章、檔案之外各部門全部財

〔註 37〕〈魯撫袁世凱致外部各使條款較各武官原議減輕甚多電〉，光緒二十七年六月十二日，收入王亮編、王彥威纂輯、王敬立校，《清季外交史料・光緒朝》（五），卷 147，頁 121 下。都統衙提出〈有關交還天津行政權力的通牒〉日期爲 1902 年 4 月 12 日、即光緒二十八年三月初五日，各國公使照會交還條件日期爲 1902 年 6 月 10 日，袁世凱電文中既明白表示「各國使臣既送交洋文條款，較各武官原議初稿減輕甚多」，則此電必在光緒二十八年六月初十日以後發出。本書收錄此電，日期做光緒二十七年六月十二日，誤。

〔註 38〕〈本埠〉，1902 年 7 月 31 日，《大公報（天津）》。

〔註 39〕〈第 320 次會議〉，1902 年 7 月 25 日，收入劉海岩等編，《八國聯軍佔領實錄：天津臨時政府會議紀要》，下冊，頁 750。

〔註 40〕同註 39，頁 756。

產交與中國官員，中國巡警可於 8 月 12 日起分批進入天津各區、每批不可超過百人，不可明顯攜帶武器，不可攜帶武器上街遊逛。此外，接待直隸總督儀式訂於 8 月 15 日上午 11 時，中國官員於 12 時起正式辦公，外籍巡捕將於下午 6 時撤出城區。〔註41〕

8 月 4 日上午，袁世凱派遣津海關道唐紹儀、長蘆鹽運使楊宗濂、天津府知府凌福彭、天津道張蓮芬、天津縣知縣章濤、天津巡警局總辦曹嘉祥等六名官員赴天津與各國都統會面，就天津移交程序交換意見。〔註42〕都統衙門做好初步必要規劃後，即於 8 月 7 日出示曉諭，聲明將於 8 月 15 日裁撤，天津自是日起歸還中國。〔註43〕

唐紹儀等依約於 8 月 8 日再度到訪，考察都統衙門所屬機關執掌、辦公情形，預先部署袁世凱所規劃之相關事宜。唐紹儀與都統衙門議定，各部門、天津城各段均由袁世凱預先遴選官員接替；前在保定招訓之巡警隊二千人預調至天津，屆時按段接管；各國原先設置之一千餘名華籍巡捕暫行留用；距天津城二十里內設八處保甲局稽查匪徒；二十里外則分撥部隊駐紮於各要衝；海口及附近鐵路由水陸巡警隊分別維持治安，以上各項於接收當日起實施。〔註44〕唐紹儀另告以袁世凱將於 8 月 15 日上午十一時左右抵達天津，抵津後將先行拜會各國都統，再轉赴都統衙門。〔註45〕

天津交收方式確定後，袁世凱於 8 月 9 日啟程赴北京陛見，隨帶親兵 300 員，合計各營兵力僅 2000 餘人。〔註46〕雖因故遲至 8 月 14 日始陛見，〔註47〕但並未因此延誤接收時程。8 月 15 日，袁世凱率領相關文武官員乘火車抵達天津，出席都統衙門所召開之最後一次會議，進行天津政權移交。除俄國代

〔註41〕〈特別會議〉，1902 年 8 月 2 日，收入劉海岩等編，《八國聯軍佔領實錄：天津臨時政府會議紀要》，下冊，頁 766-768。

〔註42〕〈第 324 次會議〉，1902 年 8 月 4 日，收入劉海岩等編，《八國聯軍佔領實錄：天津臨時政府會議紀要》，下冊，頁 768-769。

〔註43〕〈天津都統衙門第 134 次告諭〉，1902 年 8 月 7 日，收入劉海岩等編，《八國聯軍佔領實錄：天津臨時政府會議紀要》，下冊，頁 837。

〔註44〕〈奏報抵津日期接收地方摺〉，光緒二十八年七月十五日，國立故宮博物院故宮文獻編輯委員會，《袁世凱奏摺專輯》（三），頁 646 下-648 上。

〔註45〕〈第 326 次會議〉，1902 年 8 月 8 日，收入劉海岩等編，《八國聯軍佔領實錄：天津臨時政府會議紀要》，下冊，頁 780-781。

〔註46〕〈袁世凱為辦理天津巡警致徐世昌函〉，1901 年 8 月 2 日，收入北洋軍閥史料編委會編，《北洋軍閥史料——袁世凱卷》上冊，頁 355-357。

〔註47〕《容菴弟子記》，頁 131。

表外，其餘五國都統全部出席。都統衙門將會議記錄副本、財物帳冊、尚未執行的判決清冊、未完工工程清冊、未到期各類合同清冊等移交給袁世凱，由袁世凱聲明收訖，承諾對於都統衙門在司法事務上做成的決定予以妥善處理後，都統衙門宣佈正式裁撤，將天津行政與司法權力歸還直隸總督。〔註48〕至 8 月 16 日，天津一帶均已接收完成。〔註49〕

　　接收天津事宜正進行時，袁世凱也同時關注位於大沽西沽之船塢、機廠接收問題。西沽原設有船塢一所、乾塢一所，以備海軍船艦維修之用，拳亂期間為俄軍佔領，袁世凱咨請外務部照會俄國歸還。俄國提督雖表示同意，但以俄國曾出力整理船廠為由，要求享有在西沽船廠停泊與維修船艦權力。袁世凱認為船塢係修船用地、並非碼頭，俄國有需要時可自費維修，但不便停泊。俄國退而求其次，希望中國准許船塢未停靠船隻時許俄艦進駐，袁世凱原則上表示同意，但付家兩項但書，其一為俄艦進塢前須得華籍管理員同意，二為各國撤兵完成後俄國即喪失此項權力。經俄國同意後，袁世凱派遣補用總兵葉祖珪代表接收，於 1902 年 12 月 19 日接收完畢。〔註50〕

　　天津附近應接收之相關設施尚有關內、關外鐵路。英國於 1900 年 9 月 30 日佔領山海關，延至次年 2 月 21 日始正式接管關內鐵路。兩宮於 1902 年 1 月回鑾後，派遣袁世凱、胡燏芬主持關內鐵路收回事宜。〔註51〕袁世凱指派幕僚梁如浩負責籌畫相關事宜，歷經四個月商議，雙方於 4 月 29 日簽訂《英國交還關內外鐵路章程》、《關內外鐵路交還以後章程》、《山海關至北京鐵路上軍事運輸章程》等，〔註52〕並於 1902 年 9 月 29 日完成關內外鐵路關內段全線交接事宜。〔註53〕

〔註48〕　〈第 329 次會議〉，1902 年 8 月 15 日，收入劉海岩等編，《八國聯軍佔領實錄：天津臨時政府會議紀要》，下冊，頁 791-792。

〔註49〕　〈署直督袁世凱致外部天津一帶均已接收電〉，光緒二十八年七月十三日，收入王亮編、王彥威纂輯、王敬立校，《清季外交史料・光緒朝》（五），卷 160，頁 306 下。

〔註50〕　〈奏報接收津沽機廠日期摺〉，光緒二十八年十二月十三日，收入國立故宮博物院故宮文獻編輯委員會編，《袁世凱奏摺專輯》（三），頁 776 下-778 上。

〔註51〕　宓汝成，《帝國主義與中國鐵路，1847-1949》（上海：上海人民出版社，1980 年 8 月第 1 版第 1 次印刷），頁 124-126。

〔註52〕　三項章程參見王鐵崖，《中外舊約章彙編》，頁 44-51。

〔註53〕　〈袁世凱胡燏芬致外部晤英薩使商定將全路交接電〉，光緒二十八年八月二十七日，收入王亮編、王彥威纂輯、王敬立校，《清季外交史料・光緒朝》（五），卷 163，頁 349 下。

　　至於關外鐵路部分，俄國於 1900 年 10 月 2 日接管關外鐵路。〔註 54〕李鴻章屢次催促俄使雷薩爾（P. M. Lessar）、要求如期交還，與雷薩爾磋商後、雙方同意刪除允許俄國運兵、運送軍需品、郵寄信件等條款，李鴻章乃奏請派員接收關外鐵路，〔註 55〕朝廷決定由袁世凱進行接收工作。〔註 56〕俄國駐天津領事來覺福（N. Laptew）往見袁世凱，表示俄國代表將於 1902 年 10 月 7 日抵達山海關，邀袁世凱同往完成鐵路交接事宜。〔註 57〕俄國代表隨即與袁世凱派遣之幕僚楊士琦展開先期作業，將山海關至錦州鐵路沿線軍隊盡數撤退、車站懸掛龍旗，售票、駕駛等實際營運亦交由華員負責，但在完成交接前，車站仍暫時懸掛中俄兩國國旗。〔註 58〕袁世凱如期抵達山海關後，隨即與俄國代表會面、簽署交還鐵路條約，同時約定 10 月 9 日日起鐵路全行交由中國營運，〔註 59〕關內外鐵路交收完成。

　　天津交還條件中，有天津城區方圓二十里內不得駐紮中國軍隊一款，但外國軍隊仍駐守各國租界，對袁世凱來說顯然無法接受，一旦外務部同意，即使天津順利交收完成，無異於仍受各國軍隊控制。為避免直隸總督衙門遭各國軍隊包圍窘境發生，袁世凱決定以巡警代替軍隊。

　　早在袁世凱接任直督之初，即已仿照西法進行警政建設，除制訂巡警章程之外，令於保定設立警務總所，次年聘請日人為警務顧問，與趙秉鈞共同擬訂保定警務局相關章程，抽調部分北洋軍訓練為巡警，先選 500 人分佈保定城內外，另抽調 3000 名官兵充任天津巡警，編成 10 個巡警局，暫駐保定。

〔註 54〕　宓汝成，《帝國主義與中國鐵路，1847-1949》，頁 124。

〔註 55〕　〈外部奏俄國交還關外鐵路請派大員畫押接收摺〉，光緒二十八年八月十九日，收入王亮編、王彥威纂輯、王敬立校，《清季外交史料‧光緒朝》（五），卷 163，頁 343 下。

〔註 56〕　〈外部致袁世凱旨令接收關外鐵路電〉，光緒二十八年八月二十日，收入王亮編、王彥威纂輯、王敬立校，《清季外交史料‧光緒朝》（五），卷 163，頁 343 下。

〔註 57〕　〈署直督袁世凱致外部赴榆關與俄會簽交路總冊電〉，光緒二十八年九月初二日，收入王亮編、王彥威纂輯、王敬立校，《清季外交史料‧光緒朝》（五），卷 163，頁 353 上。

〔註 58〕　〈署直督袁世凱致外部報錦榆鐵路俄人一律退盡電〉，光緒二十八年九月初三日，收入王亮編、王彥威纂輯、王敬立校，《清季外交史料‧光緒朝》（五），卷 163，頁 354 下-355 上。

〔註 59〕　〈署直督袁世凱致外部抵榆關接收全路竣事電〉，光緒二十八年九月初七日，收入王亮編、王彥威纂輯、王敬立校，《清季外交史料‧光緒朝》（五），卷 164，頁 355 上。

天津接收當日，袁世凱調遣半數駐紮天津城區，設立南段巡警局；其餘則分住西沽、塘沽、山海關、秦皇島、北塘等地，設立北段巡警局。此外，另添設馬隊、消防巡警等。〔註60〕

袁世凱自言辦理天津巡警目的，除維持治安外，亦在於突破天津城區二十華里內不得駐軍限制。華洋交替之際匪徒必蠢蠢欲動，天津為各國駐軍之地，治安較諸內地各省更形重要，因此只有辦理巡警，才能「靖地面而清盜源」。都統衙門治理天津期間，各國本有設置員警，但中外國情畢竟不同，恐因此而造成流弊，因此不便沿襲各國制度。天津盜匪眾多，尚未恢復往日元氣，「兵力既不能到，則惟賴巡警震懾而綏靖之」，〔註61〕各國不許中國在城區二十里內駐軍，袁世凱以巡警代替，實際上與駐軍無異，有駐軍之實而無駐軍之名，既可避免破壞交收條款、又可收實際掌握天津治安之效。

第二節　修訂合同以示限制

都統衙門擬定交還天津條件時，將其與自來水公司、以及電車電燈公司間協議列為中國政府必須接受的條件之一。天津接收完成後，袁世凱無可避免的必須善加處理兩公司問題。

一、自來水公司

1091 年 3 月 2 日，芮玉堃、馬玉清、陳濟易等三名華商聯名申請成立「天津濟安自來水股份有限公司」，都統衙門審核過後，同意給予免稅權，〔註62〕但要求需由大運河取水進入土牆、安裝濾水設備、每隔 225 公尺建造消防蓄水池一座、每隔 450 公尺建造蓄水池一座以便售水、水價比照上海華人居住區、工程應在六個月之後開始、道路修復費用由公司負擔等條件，〔註63〕芮玉堃等

〔註60〕張綠薇，〈袁世凱對中國警政建設的貢獻〉，《警學叢刊》26 卷 3 期，民國 84 年 11 月，頁 302-303。

〔註61〕〈天津及海口一帶設立巡警先後籌辦情形摺〉，光緒三十年十一月二十九日，收入天津社會科學院歷史研究所編，廖一中、羅真容整理，《袁世凱奏議》下冊，頁 1055-1056。

〔註62〕〈第 115 次會議〉，1901 年 3 月 6 日，收入劉海岩等編，《八國聯軍佔領實錄：天津臨時政府會議紀要》，上冊，頁 207。

〔註63〕〈第 118 次會議〉，1901 年 3 月 13 日，收入劉海岩等編，《八國聯軍佔領實錄：天津臨時政府會議紀要》，上冊，頁 216。

人表示接受，同時表示願負責籌措資金，指定瑞記洋行為代理商，﹝註64﹞都統衙門則指定公共工程局長負責監督工程進度，﹝註65﹞並要求公司應註冊、應立即修建蓄水池、對已籌措之 12 萬兩資金提出保證等，﹝註66﹞芮玉堃等並無異議，﹝註67﹞案遂大定。

芮玉堃等除向都統衙門申設公司外，亦向時任直隸總督的李鴻章呈請批准。呈文中表示自來水興辦可以既可以使居民享受潔淨用水，亦能防備火災，有益於改善民眾生活，並說明各國均有意爭辦，因此必須儘速招股開辦，以保利權不外溢，因資金一時難以籌集，乃不得不招納洋股，經李鴻章批准後，芮玉堃等即著手進行採購地皮、廠房建設等事宜。袁世凱收回天津後，重新審核自來水公司設立事宜。公司雖由華商申請設立，股本以華股為主，但以英國商人名義在香港註冊，﹝註68﹞名義上仍為外資公司，然因天津於 1902 年 6 月甫爆發鼠疫，袁世凱認為重要原因之一在於水質不佳，加上公司硬體建設已具備一定規模，因而表示樂觀其成。﹝註69﹞

二、修訂電車電燈公司合同

自來水公司因華股實際上仍過半數，經營權亦在華商掌握，且當時對於潔淨用水確有迫切需要，袁世凱因而未加深究，電車電燈公司則不然。1900 年 8 月、都統衙門甫成立不久，即有兩位歐美籍人士提出在天津城區與各國租界間鋪設軌道電車系統要求，﹝註70﹞但都統衙門決定暫時不予處理﹝註71﹞。至 1900

﹝註64﹞ 〈第 119 次會議〉，1901 年 3 月 15 日，收入劉海岩等編，《八國聯軍佔領實錄：天津臨時政府會議紀要》，上冊，頁 216。

﹝註65﹞ 〈第 156 次會議〉，1901 年 6 月 12 日，收入劉海岩等編，《八國聯軍佔領實錄：天津臨時政府會議紀要》，上冊，頁 317。

﹝註66﹞ 〈第 162 次會議〉，1901 年 6 月 26 日，收入劉海岩等編，《八國聯軍佔領實錄：天津臨時政府會議紀要》，上冊，頁 330。

﹝註67﹞ 〈第 165 次會議〉，1901 年 7 月 1 日，收入劉海岩等編，《八國聯軍佔領實錄：天津臨時政府會議紀要》，上冊，頁 334。

﹝註68﹞ 參見劉海岩等編，《八國聯軍佔領實錄：天津臨時政府會議紀要》，上冊，頁 12。

﹝註69﹞ 公司於 1903 年 3 月開始向天津城區供水，因水質優良，頗受天津市民歡迎，至 1904 年時平均每天已可售出 12 萬加侖自來水。參見劉海岩〈清末民初天津水供給系統的形成及其影響〉，《歷史檔案》2006 年第 3 期，頁 103-104。

﹝註70﹞ 〈第 4 次會議〉，1900 年 8 月 6 日，收入劉海岩等編，《八國聯軍佔領實錄：天津臨時政府會議紀要》，上冊，頁 8。

﹝註71﹞ 〈第 5 次會議〉，1900 年 8 月 8 日，收入劉海岩等編，《八國聯軍佔領實錄：天津臨時政府會議紀要》，上冊，頁 8。

年底，軌道電車需求更爲迫切，奧斯瓦爾德（Osward）於 12 月底，代表一個由
多國組成的委員會，以有軌電車公司（Electric Tramway Syndicate）名義，提出
在城區免稅修築電車申請，都統衙門原則上同意將租界以外的城區部分經營特
許權授予該公司，但要求公司方面立即提出詳細方案與最終條款。〔註72〕幾經
協商後，公司任命德璀琳擔任董事長，於 7 月 15 日通過資格審核。〔註73〕

〔註72〕〈第 156 次會議〉，1901 年 6 月 12 日，收入劉海岩等編，《八國聯軍佔領實錄：
天津臨時政府會議紀要》，上冊，頁 315。

〔註73〕德璀琳表示，21 年後可賣出，條件由公司成員商訂；德璀琳願建議公司負擔電
車沿線街道照明費用的二分之一，其他地區可降低收費標準至成本以下；可建
議公司於支付各股東 7％股息後，將淨利潤的一成給付予都統衙門。此外，德
璀琳聲明，公司將接受上述建議。都統衙門以日本領事曾公告保留日本開辦軌
道電車權利而加以拒絕。奧斯瓦爾德於 1901 年 5 月再度提出申請，都統衙門
將申請函件轉交日本駐都統衙門代表，請其就處理方針進行匯報。日本代表轉
告日本領事後，承諾將促使電車公司各股東與日本包商間達成友善協議。因日
本方面似有讓步跡象、不再堅持電車需由日本包商獨力建造，故海禮（Heyl）
代表電車電燈公司向都統衙門詢問後，都統衙門決定將天津除租界之外的都統
衙門轄區內之特許經營權授予該公司，要求該公司立即提出詳細方案與最終條
款，電車電燈公司隨即派遣司圖諾（James Stewart）、寶爾（G. Baur）爲代表，
與都統衙門協商細節，都統衙門提出八項非正式條件，要求公司方面提出具體
建議與方案，以便確定最終條款。電車公司委員會透過司圖諾、寶爾與都統衙
門協商後，都統衙門提出公司須於 1902 年 1 月 1 日以前成立等八項新條件，
大意爲，一，路線須經都統衙門批准；二，設備須經都統衙門批准；三，都統
衙門可買回所有設備，價格由公司確定；四，都統衙門可要求公司修建必要的
橋樑及馬路；五，公司養護區域涵蓋軌道、以及軌道兩旁三英尺以內；六，經
營權爲 50 年；七，繳交 1％給都統衙門；八，每段工程開工、竣工時間均需確
定。電車電燈公司於 6 月 22 日覆函後，都統衙門向特聘法律顧問埃姆斯（J. B.
Eames）徵詢意見，決定要求電車電燈公司明確答覆關於都統衙門可於何時出
價收購、公司於何種條件下願意對軌道沿線與城區其他地區提供照明、公司願
給付都統衙門之利潤比例、保證規定地段施工完成等問題。電車電燈公司董事
長德璀琳於逐項答覆後，以董事長名義函覆都統衙門，表示公司一旦接到免稅
通知，即提交合同。但在都統衙門堅持公司方面需先提交最終方案之下，德璀
琳以電車電燈公司（Electric Traction & Lighting Syndicate）名義提交經營預算
表，經都統衙門審核、對其中數點進行修改後，一致同意通過，並決定以此爲
最後條款，電車電燈公司於 7 月 15 日董事會中同意接受，全案底定。參閱〈第
89 次會議〉，1901 年 1 月 2 日。〈第 150 次會議〉，1901 年 5 月 27 日。〈第 151
次會議〉，1901 年 5 月 31 日。〈第 156 次會議〉，1901 年 6 月 12 日。〈第 157
次會議〉，1901 年 6 月 14 日。〈第 159 次會議〉，1901 年 6 月 19 日。〈第 162
次會議〉，1901 年 6 月 26 日。〈第 165 次會議〉，1901 年 7 月 1 日。〈第 166 次
會議〉，1901 年 7 月 3 日。〈第 169 次會議〉，1901 年 7 月 10 日。〈第 170 次會
議〉，1901 年 7 月 12 日。〈第 172 次會議〉，1901 年 7 月 17 日。均受入劉海岩

　　隨後，世昌洋行要求都統衙門發給公司方面一份特許經營權正式證書。〔註74〕同時要求將開工日期順延至 1902 年 7 月 31 日，都統衙門同意自 1902 年 1 月 1 日起，給予電車電燈公司四個月註冊期間，屆時如未完成註冊，都統衙門保留廢除特許經營權權利，如註冊完成，開工日期可順延至 7 月 31 日。〔註75〕世昌洋行通知都統衙門，表示他們正與香港方面聯繫，將電車電燈公司登記為有限公司，希望都統衙門能促使袁世凱對此事做出讓步，以利於公司籌資。〔註76〕

　　公司順利在香港正註冊完成後，〔註77〕世昌洋行以該公司資本大部分在歐洲募集為由撤銷登記，改為在布魯塞爾註冊，名稱變更為「天津國際電車電燈公司」，資本額為 620 萬元，與在比利時註冊的「遠東國際公司」簽訂權利轉讓合同，希望都統衙門同意此項轉讓行為。〔註78〕都統衙門原本預計於 8 月 1 日例行性會議中討論此事，〔註79〕但迄於 8 月 15 日天津移交日止，都因忙於處理天津移交事宜而未予討論。

　　為因應即將進行的天津政權移交作業，世昌洋行曾要求都統衙門將電車電燈公司所獲得的特許權列為政權移交的條件之一，獲都統衙門承諾將盡一切可能促使中國當局接受，〔註80〕也確實將「中國應明確承認與電車電燈公司、自來水公司、市區排水系統間協議」列為中國必須承認條件之一。儘管此項要求並未列入外交團所擬關於天津交收要求中，袁世凱也已認定此事「勢

等編，《八國聯軍佔領實錄：天津臨時政府會議紀要》，上冊，頁 127，頁 300，頁 304，頁 315，頁 318-139，頁 321-322，頁 329，頁 336，頁 337，頁 343 頁，348，頁 350。

〔註74〕　〈第 198 次會議〉，1901 年 9 月 18 日，劉海岩等編，《八國聯軍佔領實錄：天津臨時政府會議紀要》，下冊，頁 419。

〔註75〕　〈第 235 次會議〉，1901 年 12 月 16 日，收入劉海岩等編，《八國聯軍佔領實錄：天津臨時政府會議紀要》，下冊，頁 518-519。

〔註76〕　〈第 256 次會議〉，1902 年 2 月 14 日，收入劉海岩等編，《八國聯軍佔領實錄：天津臨時政府會議紀要》，下冊，頁 575。

〔註77〕　〈第 261 次會議〉，1902 年 2 月 26 日，收入劉海岩等編，《八國聯軍佔領實錄：天津臨時政府會議紀要》，下冊，頁 585。

〔註78〕　〈第 317 次會議〉，1902 年 7 月 18 日，收入劉海岩等編，《八國聯軍佔領實錄：天津臨時政府會議紀要》，下冊，頁 742。

〔註79〕　〈第 321 次會議〉， 1902 年 7 月 28 日，收入劉海岩等編，《八國聯軍佔領實錄：天津臨時政府會議紀要》，下冊，頁 754。

〔註80〕　〈第 269 次會議〉，1902 年 3 月 17 日，收入劉海岩等編，《八國聯軍佔領實錄：天津臨時政府會議紀要》，下冊，頁 602。

不能照準」，但世昌洋行於天津未交還前即已向都統衙門申請設立公司、並獲得通過，案卷於交收天津時亦一併移交予袁世凱，屆時世昌洋行若按照條款，向直隸總督衙門要求續辦，袁世凱勢難拒絕，因此袁世凱決定「於訂立章程之中，格外詳審、隱示限制，總以收回利益、不失主權爲宗旨」。〔註81〕

　　天津收回後，世昌洋行一如預期，向直隸總督衙門要求承認合同效力，比利時外交部也透過駐比華使楊兆鋆，希望中國能持平辦理此案。袁世凱對原章程逐條批駁，認爲世昌洋行所望太奢，「必須就我範圍、始可批准，斷難遷就、貽害地方」，因而派遣津海關道唐紹儀、直隸洋務局道員蔡紹基、天津知府凌福彭等與世昌洋行協商，袁世凱則於會後逐條審核、批駁。經數月談判，章程增刪爲二十七款，袁世凱認爲若能照章辦理，似可無損地方利權、小民生計，經轉呈外務部同意後，唐紹儀等於 1904 年 4 月 26 日簽署合同、分別備案，並代爲呈繳報效銀五萬兩。〔註82〕

　　當袁世凱接獲世昌洋行呈請立案公函時，發覺函內註明公司係在布魯塞爾註冊，相關事宜依比利時法令辦理，袁世凱認爲此項並未記載於原合同中，且規定含混不明，將來恐起爭端，因而要求刪改。公司方面認爲註冊之目的在於保護公司資產，與已訂定之合同內容無關，將來行事仍以合同內容爲準，並不牽涉比利時法令。袁世凱明白批示，認爲既與合同無關，則公司立案時不准提出此項聲明，將來電車電燈公司辦理一切事務時以原訂合同爲準，與比利時或任何其他國家法令均無關係，世昌洋行表示願意接受，全案乃定。〔註83〕

　　電車、電燈的設置對於治安及都市發展的作用，以及百姓生計、地方利權可能受洋商侵奪等後果，袁世凱知之甚詳。〔註84〕電車電燈雖有利於民生，但不能因此放任其侵蝕地方利權，在必須承認都統衙門與民間公司所簽訂合同有效性的前提下，袁世凱無法改變外商公司承辦天津電車、電燈工程的既定事實，因而只能以「取益防損、愼之於微」爲宗旨，盡力消除章程中對中國不利的部分，盡可能爭回失去的利權。

　　比較世昌洋行與都統衙門所訂舊合同 26 款（參見附錄 12）、以及袁世凱

〔註81〕〈奏陳比商承辦電車電燈摺〉，光緒三十年五月十八日，收入國立故宮博物院
　　　　故宮文獻編輯委員會編，《袁世凱奏摺專輯》，頁 1408-1410。
〔註82〕同上註。
〔註83〕〈奏陳比商承辦電車電燈摺〉，光緒三十年五月十八日，收入國立故宮博物院
　　　　故宮文獻編輯委員會編，《袁世凱奏摺專輯》，頁 1408-1410。
〔註84〕同上註。

與世昌洋行間所訂新合同 27 款（參見附錄 13），袁世凱所著重的在於確定北洋大臣對於電車電燈公司的管理權，華籍股東在公司的地位，公司的權利義務，以及公司利潤分配方式等。

舊合同有四款不見於新合同中，第一款爲解釋名詞，第三款規定公司創辦人或繼任者有優先承辦天津電車電燈事務權利，第十八款規定公司有專屬路權以便架設電車電燈器具，第十九款規定虧損時任由地方官依據公司所推算價格買回，第二十三款規定華商招股不足時由洋商遞補等條目，如照章實施，公司不僅將長期爲外人控制，中國官方尚須補償因外商營運不善造成的損失，且排除其他公司日後進入市場的可能性，對中國而言損失太大，新合同中均予以刪除。

新合同中則有六款爲舊合同所無。第十五款規定公司經營期限爲開始營運之日起五十年，期滿後公司所屬一切產業，以及與各國租界所簽訂合同、所得權利，均無償移交直隸總督；第十九款規定除非北洋大臣允許，公司不得於地方官轄區內修築電燈、車路；第二十三款規定公司所屬人員於車路上涉及民刑案件時，公司須格外賠恤；第二十四款規定電報線、電線、自來水管線因公司過失而受損時，公司須負責任；第二十六款規定公司華籍董事代表直隸總督督理公司，報繳官方之利潤全聽華籍董事辦理，公司方面只許於損及公司利益時得以抗辯；第二十七款規定合同以中英文各繕寫四套，有爭議時中英文本均可爲憑。這些條款擴大直隸總督對公司的管理權，確保中國官方無需負擔公司因疏忽造成的財物損失，同時保證公司須對所屬員工涉及民刑案件時應負擔賠償責任。

舊合同條文中，有兩款雖見於新合同，但規定完全相反。舊合同第二十款規定公司有權轉讓合同權利給以按照西洋法令登記立案之其他公司，新合同第四款則明白規定非奉有北洋大臣准許，公司不得將事業或權利轉移他人或其他公司；舊合同第二十六款規定合同適用英國法律，新合同第二十五款則規定除刑名案件之外，公司洋人與中國人民間之爭端由地方官與公司會同處理，意見不同時各派一公正人士處理，仍無法解決時由此兩人公推另一人決斷，公司與地方官之爭端由公正人士處理，地方官處理公司違約事件時無須知會各國領事或法院，外國領事或法院無權處理公司與華人、或其他公司之爭端。

如按照舊合同實施，因華籍公司不可能按照西洋法律登記，則公司將可

在外國人之間任意處分產權；既適用英國法律，則公司即使將來華股過半，仍無異於外商公司。新合同使除使北洋大臣對於公司權利移轉享有否決權之外，也為中國爭回司法管轄權。

除上述條款之外，新合同基本上將舊合同條款大體納入，但內容更具體化，或朝對中國有利方向修正。如徵用民地一項，舊合同第六款規定由地方官委託地方人士估價，公司照價收買後成為公司產業；新合同第六款則規定公司只能採取租用方式，租期至公司結束營業止，按市價先繳五年租金，房屋需另行給價。每年報效中國地方政府款項方面，舊合同第十二款規定公司先繳交營業額1％給地方政府，餘額扣除必要開銷後提撥部分備抵資本七分年利，所餘再提撥 10％給地方政府；新合同第十二款則規定公司先繳交營業額3.5％給地方政府，餘額扣除必要開之後，若公司分配股利為12％時，所有餘利需再繳交 10％給地方政府，如分配股利為15％，則所餘再提撥20％給地方政府，股利係以天津電燈車路公司股本為計算標準。

中國價購條件方面，舊合同第十四款規定自1903年1月1日起算，於滿第 21 年之日起、或滿第 21 年之日起後每屆滿七年之日前六個月內，由地方官函請承購，價格計算方式為地方官來函之日起，計算前三年平均淨利、加計 6 厘利息，並不得少於時價；新合同第十四款則規定自公司營運之日起算，滿 20 年後、或滿 20 年之日起、以每滿七年為一期，到期前一年須知會公司，買回價格為知會日期起算前三年平均利益之 15 倍、或公司扣除維護費用後之所有軟硬體建設經費中金額較高者，地方官並承諾自承購之日起繼續實施計有合同三年。

公用電燈費用方面，舊合同第十三款規定安裝電燈費用由公司負擔，安裝時需先呈請地方官核可，點燈時間為每日日落至日出、全年無休，有鋪設軌道路段，地方官應繳付燈費為公司向民間徵收燈費之半，其他路段燈費為民間定價之 75％；新合同第十三款則除點燈時間外，另規定電價以英國商部所訂電價為準，有軌道路段每一單位不得超過洋銀一角六分，其他路段不得超過洋銀兩角七分，民用電燈價格每一單位不得高於洋銀三角六分、需按錶計價。新舊兩鐵橋、官方碼頭使用電燈不收費，元旦、兩宮萬壽節公司需提供提供一定數量免費電燈，善堂、各重要官署電燈半價，此外公司並無獨佔權利，亦規定人、貨使用電車價格。

公司違約處理方面，舊合同第二十一款規定地方官可要求巡行停工，待

公司照章更正後始准復工；新合同第二十款規定待公正人士議定後，北洋大臣毋須知會領事，即可全面接管公司機器、軌道，要求公司停工、或自行接辦，俟改善後再交由公司領回。

公司董事會組織方面，舊合同規定依照華洋股份多寡分配董事席次，但不論有無華股，華董事至少需有兩人；新合同第二十二款規定華、洋董事各三人，華董由直隸總督指派、洋董由公司指派，董事會決議需至少有四位董事贊成始為通過，董事會無法決議事項交由股東大會裁定。

其餘諸如公司業務範圍、資本額、名稱、營業期限、電車營運路線、施工期限、官方補助經費項目與範圍、修建電車軌道時應注意事項、公司所屬人員應遵守法規等，新合同中均較舊合同做出相當程度的補述或加強。可以得知袁世凱所謂「核較原稟章程，爭回利益甚多」，誠屬其來有自。〔註85〕

即使袁世凱認為電車、電燈的設立有利於小民生計，亦在章程中努力將妨礙民生部分減至最輕，但電車即將帶來的改變仍使天津商界人心惶惶。1905年 5 月，天津各行商聯名陳情，提出設置電車八大害處，認為電車對於天津行人、商業、學業均有害無益，其利「不過轉運捷便、坐客安逸，本無關於國計民生、而其害有百倍於此者」，「兩利相形取其大、兩害相形取其輕，電車之利不如保民業、保商業、保學業諸利為大，安設空闊之地、較安設市埠之害為輕」，希望袁世凱禁止電車電燈公司鋪設電車軌道、或設法變通。〔註86〕天津各行商聯名陳情後，天津商務總會隨即上書袁世凱，以「順商情、保民命」為由，呼應各行商聯名訴求。天津商會表示，電車不設於內城，可知不關國計；電車於街道飛馳，可知必有礙性命。電車經營獲利屬於公司、營收又大半用於支付洋員薪俸，可知准許電車鋪設僅使洋人受益而已，對公家、

〔註85〕〈奏陳比商承辦電車電燈摺〉，光緒三十年五月十八日，收入國立故宮博物院故宮文獻編輯委員會編，《袁世凱奏摺專輯》，頁 1408-1410。

〔註86〕〈津郡各行商呈〉，光緒三十一年四月，收入天津市檔案館編輯，《袁世凱天津檔案史料選編》（天津：天津古籍出版社，1990 年 12 月第 1 版第 1 次印刷），頁 148-150。各行商聯名稟陳電車八大害，為電車接通將使東洋車、人力車失業；電車通過門前，民眾不敢穿越軌道進商號購物；電車飛馳，必傷及百姓，香港即有兩個多月撞斃 300 餘人紀錄；徵收土地將使沿線百姓流離失所；部分鐵軌係以水溝加蓋方式鋪設，恐因將來無法疏通而造成水患；東洋車、人力車失業後，稅捐必減少；學堂附近鋪設軌道，學生安全有疑慮，不敢上學；鐵軌恐造成馬路擁擠。

百姓均無利益可言。〔註87〕

　　對於天津商界的陳情，袁世凱表明電車電燈公司為都統衙門核准設立，接收天津時照案移交，因而無法禁止公司經營，只能在章程中示以限制，經唐紹儀、蔡紹基反覆修改後始定案，「其有可為吾商民爭者，無不爭之至再」。〔註88〕已盡力將電車電燈之害減至最輕，希望津門士民勿遽加排斥。〔註89〕

　　1906 年 2 月 16 日，天津環城電車路線網工程完工、正式運營。〔註90〕即使袁世凱格於形勢，不得不核准電車電燈公司設立、營業，也已就公司章程部分盡力修改，使無礙直隸總督管理權力，但仍思以其他方式作為抵制。電車部分，因技術所限，袁世凱一時無抵制之法；電燈部分，袁世凱核准由穆雲湘發起之「天津闔郡大光電燈有限公司」營業。該公司章程第三條規定：

> 本公司創辦闔郡電燈生意，以為收回利權，並防衛火患起見。……

第九條規定：

> 本公司實為收回利權起見，火油暢銷中國，後而西北各省，以天津為最夥。荒隅僻壤、幾於無處無之。迨庚子後，挨戶諭令燃燈，即此路燈一項，核計闔郡每日多銷火油，至少約在二三百箱之譜，各家院內之燈不在其列，積日累年，此項火油之價為數甚鉅，漏巵之大、此其一端。若能一律改用電燈，其利源無從外溢矣。

天津最早的路燈雖於 1880 年代即出現於英租界，〔註91〕但城區顯然並未建置路燈系統。1900 年 11 月 22 日，都統衙門批准巡捕局長提交關於馬路照明的規則，決定馬路兩側每隔 100 步距離安裝一盞燈，安裝、維修費用由裝燈屋主承擔。〔註92〕在電燈尚未普及時，只能依賴煤油點燈，每年需耗費不少經

〔註87〕〈津商會秉〉，光緒三十一年四月十三日，收入天津市檔案館編輯，《袁世凱天津檔案史料選編》，頁 147。

〔註88〕〈袁世凱為比商世昌洋行承辦天津電車電燈一案給津商會的批〉，光緒三十一年四月二十八日，收入天津市檔案館編輯，《袁世凱天津檔案史料選編》，頁 146-147。

〔註89〕1906 年 2 月 16 日，天津環城電車路線網工程完工、正式運營。參見〈本埠〉，1906 年 2 月 16 日，《大公報（天津）》。

〔註90〕〈本埠〉，1906 年 2 月 16 日，《大公報（天津）》。

〔註91〕參見劉海岩等編，《八國聯軍佔領實錄：天津臨時政府會議紀要》，上冊，頁 11。

〔註92〕〈第 72 次會議〉，1900 年 11 月 22 日，劉海岩等編，《八國聯軍佔領實錄：天津臨時政府會議紀要》，上冊，頁 93。

費採購煤油。核准大光電燈公司營業，一方面可以節省官署採購煤油費用，一方面可以打破天津電車電燈公司壟斷。

第三節　另訂新約以握實權

接收天津以後，袁世凱在必須承認都統衙門所簽訂之商業契約繼續有效的前提下，雖不能逕行廢約，但透過審核自來水公司合同，以及與天津電車電燈公司修訂舊有合同，對於利益的保護與挽回也確實獲致預期的成果。至於自始即涉嫌非法訂約者，袁世凱處理方式則以另定新合同為主，例如臨城煤礦、井陘煤礦。

一、臨城煤礦問題

以合同挽回利權者，首先為臨城礦務局。1882 年，李鴻章委託鈕秉臣組織臨內礦務局，採取官督商辦方式，開發臨城、內邱一帶煤礦，然經營不善、工法落後，導致臨城煤礦長期虧損，為擴大銷售市場，鈕秉臣有意與蘆漢鐵路公司合作。督辦鐵路大臣盛宣懷原本支持由蘆漢鐵路公司接辦，〔註 93〕因鑑於開平礦權已失，盛宣懷建議李鴻章、王文韶等，以「煤與路相鉤連，斷不可為他人捷足」，請待章程議定後再核可開工。〔註 94〕

1902 年 5 月 9 日，盛宣懷致電外務部，表示臨城礦務局總辦龔照璵等與比商蘆漢鐵路公司商談臨城礦局草合同已接近完成，內容大致為股份與股利均三分，由總公司、比利時註冊公司、礦務公司各得其一，股利八釐、股權可轉讓。盛宣懷認為比利時佔得臨城礦局三分之二股份，雖未免利權外溢，但中國在無力自辦、引入外資情況下，仍能留住部分權利，已是「較勝於無」。〔註 95〕外務部認為草合同中對於股權結構語焉不詳，要求盛宣懷與比公司另訂合辦章程後，再咨復外務部。〔註 96〕

〔註93〕 李玉，〈袁世凱與晚清直隸礦權交涉〉，《貴州師範大學學報（社會科學版）》，2001 年第 4 期，頁 68。

〔註94〕 〈寄北京慶親王李中堂行在路礦總局王中堂〉，光緒二十七年七月十九日，收入盛宣懷，《愚齋存稿》上冊，卷 56，〈電報 33〉，頁 1252 下。

〔註95〕 〈寄外務部路礦總局〉，光緒二十八年四月初六日，收入盛宣懷，《愚齋存稿》上冊，卷 57，〈電報 34〉，頁 1280 上-1280 下。

〔註96〕 〈外務部來電〉，光緒二十八年四月十二日，收入盛宣懷，《愚齋存稿》上冊，卷 57，〈電報 34〉，愚齋存稿，頁 1281 上。

　　1902 年 5 月 15 日，順德、內邱、臨城等處礦務局總辦鈕秉臣、會辦龔照
璵，與盧漢鐵路公司總工程司沙多、鐵路總公司參贊柯鴻年、副參贊王福昌
等，於北京簽訂〈辦理順德、內邱、臨城等處礦務續約〉八款，〔註 97〕兩日
後，比利時使館即將此合同中、法文本照會外務部，〔註 98〕外務部查閱過後，
認爲臨城等處煤礦係與盧漢鐵路合辦，應由督辦大臣盛宣懷與比利時公司議
定章程、咨報到部後，始能核辦。〔註 99〕

　　鈕秉臣等於 6 月 4 日將草合同簽訂始末分別呈報外務部、直隸總督衙門。
袁世凱審閱過後，認爲簽訂草合同一事本身即有爭議。其一，鈕秉臣等既稱
奉前北洋大臣李鴻章委任辦理礦務，如需增資，何以不先向現任北洋大臣請
示批准後再行辦理？其二，鈕秉臣等表示奉李鴻章面諭，將鐵路礦務合辦，
既無札文爲據、即屬空口無憑，恐係爲圖個人私利而憑空捏造。其三，原稟
中稱礦務開辦迄今已用銀 72 萬兩，後又稱用出資本銀 42 萬 5 千兩，數目前
後不符。〔註 100〕

　　至於草合同條文方面，袁世凱詳細審閱草合同各條款後，認爲內容除違
反新訂礦務章程中多項規定，亦有部分條款規定不夠完善。簽訂草合同未經
外務部授權核准，違反礦務章程第一條；未提撥成本百分之一繳交路礦總局，
違反礦務章程第二條；鈕秉臣等未經稟請立案領據，亟欲轉交接辦，違反礦
務章程第三條；草合同中未議定礦產出井稅課數目，違反礦務章程第六條。
至於草合同第四款規定臨城礦務局自置產業、房地，所有權歸屬新公司，名
爲合辦、無異於盜賣；而第六款雖規定公司提撥部分淨利報效國家，但未詳
細開列數目，種種缺失使袁世凱決定裁令作廢，責成鈕秉臣等自行設法，否
則嚴行參辦。〔註 101〕（草合同條文參見附錄 14）。

　　1902 年 9 月 6 日，比利時署理公使賈爾牒（E. de Cartier de Marchienne）

〔註 97〕〈與比國議定合辦臨城等處礦務草合同〉，光緒二十八年四月二十八日，收入
　　　　中央研究院近代史研究所編，《礦務檔》，一，直隸，頁 486 下-490 上。
〔註 98〕〈照送順德內邱臨城等處礦務續約〉，光緒二十八年四月初十日，收入中央研
　　　　究院近代史研究所編，《礦務檔》，一，直隸，頁 485 下。
〔註 99〕〈臨城等處礦務應由盛宣懷議定合辦章程〉，光緒二十八年四月十五日，收入
　　　　中央研究院近代史研究所編，《礦務檔》，一，直隸，頁 486 上。
〔註 100〕〈鈕秉臣與比人所訂合辦臨城等處礦務草合同應即作廢〉，光緒二十八年五月
　　　　初五日，收入中央研究院近代史研究所編，《礦務檔》，一，直隸，頁 493 下
　　　　-494 上。
〔註 101〕同註 218，頁 494 上-494 下。

致函袁世凱，表示將於 9 日赴天津，屆時當面商談臨城礦務合同案，〔註102〕袁世凱雖於次日立即回函，表示該草合同係鈕秉臣等擅自與蘆漢鐵路公司訂立，與中國礦章多有不符，已批令作廢在案，〔註103〕但賈爾牒為求挽回，除仍舊前往天津會晤袁世凱外，隨後亦要求外務部將臨城煤礦原合同告知北洋大臣。〔註104〕新任署理公使葛飛業（Baron E. de Gaiffier D'Hestroy）復正式照會袁世凱，詳述蘆漢鐵路公司辦理臨城煤礦各項證據，要求准許開辦、勿攔阻草合同實施。〔註105〕

外務部接獲葛飛業函電後，雖向袁世凱說明盛宣懷曾於本年 5 月 15 日致函外務部，表示蘆漢鐵路公司因無力自行開礦，不得不與比公司合辦，沙多因時間有限，乃派遣柯鴻年代總公司簽署，並將合同送外務部查閱，其後柯鴻年親自將合同送至外務部，說明新合同只規範新舊股東如何交替，章程仍待盛宣懷與比公司另訂後送外務部核辦等事，〔註106〕但袁世凱仍無法接受。

袁世凱的基本立場為「臨城等處為直隸總督屬境，該處礦務為直隸總督管轄，本督部堂應有節制之權」，未經直隸總督核准，任何人均不得與他國人私立合同，否則直隸總督即有權勒令作廢。龔照瑗雖曾奉李鴻章指派辦理礦務，但袁世凱否認龔照瑗有議定合同權力，對於葛飛業所提及之各項文件，以直隸總督衙門並無存檔為由不予承認，同時說明已令鈕秉臣退回沙多先前墊付之銀三萬兩、或以礦務局所存之火車用煤做抵。〔註107〕袁世凱認定此事「若不認真查辦，恐相率效尤，直隸原有各礦悉被盜賣，坐令利權旁落，土地日漸侵削」，〔註108〕朝廷接獲奏報後，決定依袁世凱建議撤廢草合同、歸還

〔註102〕〈函陳婉拒比使約談臨城礦務事〉，光緒二十八年八月十一日，收入中央研究院近代史研究所編，《礦務檔》，一，直隸，頁 495 上-495 下。

〔註103〕同上註，頁 495 下-496 上。

〔註104〕〈請將臨城礦務合同敘明達知袁大臣〉，光緒二十八年八月二十三日，收入中央研究院近代史研究所編，《礦務檔》，一，直隸，頁 496 下。

〔註105〕〈鈕秉臣等擅訂合辦礦務合同業經批令作廢〉，光緒二十八年九月初九日，收入中央研究院近代史研究所編，《礦務檔》，一，直隸，頁 500 上-500 下。

〔註106〕〈臨城礦務事請酌核辦理〉，光緒二十八年九月初六日，收入中央研究院近代史研究所編，《礦務檔》，一，直隸，頁 497 上-497 下。

〔註107〕同註 106，頁 500 下。草合同第七款規定「如遇無論何項事故，致本合同不能成議，著礦務局歸還三萬兩之款，交比公司代理人沙多收回，或以礦務局所存美質火車合用之煤斤按市價做抵」。

〔註108〕〈奏請廢礦務員私立草約摺〉，光緒二十八年九月二十日，收入國立故宮博物院故宮文獻編輯委員會編，《袁世凱奏摺專輯》（三），頁 715 下-717 上。

墊款，以免他國群起效尤。〔註 109〕

　　草合同作廢之議成後，袁世凱召沙多赴天津會面，要求沙多遵照路礦總局奏定礦章，另擬中外合辦章程。〔註 110〕回任駐華比使姚士登（Maurice Joostens）見勢難挽回，決定修改草合同內容，令沙多將新合同呈交袁世凱審核。〔註 111〕袁世凱審閱後認為有多處仍未臻周延，〔註 112〕乃袁世凱派遣前、後任津海關道唐紹儀、梁敦彥與沙多議定詳細章程，歷經兩年時光與多次商議，始議定條文 18 款。〔註 113〕

　　章程內容議定後，袁世凱奏報外務部，認為臨城礦務局章程係將舊約作廢後另訂之新約，內容縱有與現行礦章不盡相符之處，但已頗為周延，且中國府庫空虛，不能不借洋款辦理，於尋常開礦時附搭洋股情形不同，請外務部查核後回覆，以便畫押實施。〔註 114〕外務部審核後認為並無問題，但因臨城煤礦集股試辦時，係由前北洋大臣榮祿具奏實施，鈕秉臣私定之草合同又經現任北洋大臣奏明作廢，新合同既已改為中外合辦，仍應由北洋大臣具摺奏明後再行辦理為宜。〔註 115〕袁世凱乃於 1905 年 3 月 13 日上奏，說明籌借洋款興辦礦業之不得已，但「借款合同，要在權操自我，每一不慎、利權外落，輒與賣礦無異」。此係原約廢止後新訂合同，歷經兩年談判始令比人就範，新合同內容「於礦局利益有裨」、「於礦局主權無損」、「於公家稅課有益」、「於將來收回辦法、仍可操縱在我」。〔註 116〕（新合同參見附錄 15）。

　　比較鈕秉臣所訂草合同、與袁世凱所訂新合同，可發現兩者有相當出入。草合同共八款，第一款規定條款以法文本為主，公司股票以法郎計價；第二

〔註 109〕〈奉諭合辦臨城礦務草約作廢〉，光緒二十八年九月二十七日，收入中央研究院近代史研究所編，《礦務檔》，一，直隸，頁 503 下。

〔註 110〕〈臨城礦務已飭比員另擬合辦章程〉，光緒二十九年正月十六日，收入中央研究院近代史研究所編，《礦務檔》，一，直隸，頁 505 上-505 下。

〔註 111〕〈議改臨城礦務合同〉，光緒二十八年十二月十二日，收入中央研究院近代史研究所編，《礦務檔》，一，直隸，頁 504 上。

〔註 112〕同註 111，頁 505 上。

〔註 113〕〈咨送臨城礦務局借款辦礦合同暨函稿請核覆〉，光緒三十一年正月二十五日，收入中央研究院近代史研究所編，《礦務檔》，一，直隸，頁 508 上-513 上。

〔註 114〕同上註，頁 508 上-508 下。

〔註 115〕〈臨城等處煤礦改歸中外合辦仍須奏明辦理〉，光緒三十一年二月初一日，收入中央研究院近代史研究所編，《礦務檔》，一，直隸，頁 515 上-515 下。

〔註 116〕〈奏陳訂立煤礦借款合同摺〉，光緒三十一年二月初八日，收入國立故宮博物院故宮文獻編輯委員會編，《袁世凱奏摺專輯》（六），頁 1764 上-1765 下。

款規定股本分正股、副股，兩者數量相同；第三款規定礦務局將所屬地界、文件、產業、契書、帳冊、機器移交新公司，作爲股本，現存礦井周圍十里內不許他人開採；第四款規定礦務局將所屬房地產移交新公司；第五款規定新公司應給付礦務局銀十萬兩、以及折合銀 32 萬 5 千兩之正副股票，新公司股本必須低於 800 萬法郎、原始股東必須維持原始持股比例；第六款規定公司提撥部分盈餘爲公積金，其餘扣除八釐股息、董事酬勞後，餘款再提撥部分報效中國；第七款規定公司股票待礦務局產業移交完成後撥付股東，後再交付因三萬兩給礦務局償還債務，承辦礦務之日再交付銀七萬兩，如契約無法執行，需於 1903 年 1 月 1 日前退款；第八款規定；新公司各項條款應於 1903 年 1 月 1 日以前，與鈕秉臣等議定完成。〔註 117〕

新合同內容則做出大幅更動。約文效力方面，新合同規定兩局委派人員、北洋大臣、兩國政府分別畫押後始生效力，以華、英文各繕寫六套，有爭議時華、英文本均可爲憑。

營運方式方面，新合同規定由直隸臨城礦務局具名，向將來依此合同設立之直隸臨城礦務借款公司（合同中簡稱蘆漢公司）籌借銀 92 萬 3 千兩，一切事宜由臨城礦務局與蘆漢公司合辦，所有決策由華、洋總辦共同決定。合同有效期間非經雙方相互同意、不得各自與他人擅訂合同。開辦滿 15 年後，如臨城礦務局有意籌借洋款、清償全部借款，需先與蘆漢公司商借。如由中國官商自行籌款，蘆漢公司不得異議。

經營期限方面，草合同並未做出限制，新合同則規定爲 30 年，臨城礦務局可於公司營運滿 15 年，繳付原借款額、公司股本、以及最近五年內年平均獲利之 15 倍（但不得超過原借款額之九成）後提前終止合同。

資金運用方面，新合同規定臨城礦務局所有產業值銀 50 萬兩，全數抵押、借款 300 萬法郎（折銀 92 萬 3 千兩）、利息七厘，15 萬兩爲現銀、35 萬兩爲股本，蘆漢公司所出股本爲銀 2 萬兩。借款期限 30 年，前 15 年繳交利息、後 15 年平均攤還本利。每年盈餘先付借款利息，餘額再提撥股息每百兩銀七兩，餘款再提撥 10％爲臨城礦務局公積金，仍有餘款則前 20 年由臨城礦務局與蘆漢公司均分、後 10 年由臨城礦務局分得六成。

〔註 117〕草合同全文參見〈與比國議定合辦臨城等處礦務草合同〉，光緒二十八年四月二十八日，收入中央研究院近代史研究所編，《礦務檔》，一，直隸，頁 487 上-490 下。

稅課方面，報效銀按煤斤市價值百抽五，另納每噸釐金 84 文、稅銀 1 文，官用煤斤只納報效銀。如直隸其他煤礦有較低稅率者，准臨城礦務局一體適用。礦務材料、物件只繳關稅、免納釐金。

公司管理方面，該礦一切事宜歸北洋大臣節制，由臨城礦務局督辦、華洋總辦遵北洋大臣指示辦理，除非有礙礦產利益、否則即應遵辦。〔註118〕

依照舊合同精神，礦務局將所屬動產、不動產均移交新公司，所得僅公司股票，以及將來公司所提撥之報效部分，對公司既無管理權、也無經營權，實際上與賣礦無異。新合同則明確規定公司僅以所有動產、不動產抵押借款，對於借款期限、還款方式、買回期限、盈餘提撥、繳納稅課等是像均明確規定，最重要的是北洋大臣對公司有經營權與管理權，華洋總辦須秉承北洋大臣之意辦事，外商所享僅借款利息與將來經營利潤。

此外，袁世凱另行參奏鈕秉臣、龔照璵，指出「礦產與土地相連，賣礦產即係賣土地。我處積弱、環伺日多，如官民均得擅賣土地於外人，後患伊於胡底」。鈕秉臣繼開平賣礦之後，自係效法開平；遵化州趙文榮賣地一案，又係效法臨城，若不嚴加禁止，恐各地群起效尤，其害將無以言喻曷可勝言。因而請旨將鈕秉臣革職、令其將經辦各事料理清楚，龔照璵則請發往軍台效力、以示懲戒。〔註119〕

二、井陘煤礦問題

與開平礦務局情形類似者，尚有井陘煤礦。井陘煤礦係由該縣文生張鳳起於 1898 年招股創辦，因經營績效不佳，於 1899 年決定採用西法、與天津德人漢納根（Constantin von Hanneken）簽訂草合同。庚子拳亂平息後，張鳳起、漢納根將草合同送交德使穆默認證，經張翼准許開辦後，乃進一步簽訂正合同，並呈報外務部，再由外務部行文直隸總督，要求轉飭井陘縣令，妥為照料該礦。〔註120〕

1903 年 7 月 4 日，袁世凱致函外務部，表示合辦井陘煤礦一案，直隸總

〔註118〕臨城礦務局借款合同，參見〈臨城煤礦現與比國公司訂立借款合同繕單據陳摺〉，光緒三十一年二月初八日，收入天津社會科學院歷史研究所編；廖一中、羅眞容整理，《袁世凱奏議》（下），頁 1096-1102。

〔註119〕〈復請革盜賣礦產劣員職片〉，光緒三十一年二月初八日，收入國立故宮博物院故宮文獻編輯委員會編，《袁世凱奏摺專輯》（六），頁 1766 上-1766 下。

〔註120〕李玉，〈袁世凱與晚清直隸礦權交涉〉，《貴州師範大學學報（社會科學版）》，2001 年第 4 期，頁 69。

督衙門並無案卷可供查核，請外務部轉告張翼，速將該合同鈔送直隸總督，以便核明備案。〔註121〕

外務部依袁世凱要求，將當時前駐華德署使葛爾士（Baron von der Goltz）照會、張翼稟稿、正合同、外務部咨行張翼原文等相關文件抄送。〔註122〕袁世凱審閱後，認為大致上雖尚屬妥善，但部分內容仍有所缺失，如合同中規定開礦處 10 里內用地太廣、未敘明納稅方式與稅額、未載明礦權轉讓方式、未詳述華股股本數量等，均與現行礦章有所衝突，請外務部咨請張翼、轉告張鳳起等人將合同詳細改訂後，送直隸總督衙門備案。〔註123〕

對於袁世凱的質疑，張翼認為合同僅屬草案，內容大致與礦章並無相悖，細節部分應無需苛求，可試辦一年後再訂立詳細合同，外務部則認為無論是否試辦，合同均應訂定妥善，如係試辦、亦應於合同中切實記載，令張翼要求張鳳起等依袁世凱要求確實改訂合同。〔註124〕

漢納根於 1903 年 7 月 25 日收到路礦總局轉咨，要求改訂袁世凱所提合同中四項違反礦章部分條文，但因有事返國而未能立即改訂，遲至 1904 年 5 月 28 日始將續立合同修訂完成。〔註125〕袁世凱審核後，認為第一款規定開採範圍太大，不符礦章三十方里規定；第二款規定公司僅所買地畝完納錢糧，與礦章中礦地應照大小繳納一定數額執照費用規定不符，繳納地租方面亦未詳列；第三款規定公司為華洋合辦，股本共銀 10 萬兩，其中用於採購硬體設施之 5 萬兩已由洋員墊款，並無華股，而其餘 5 萬兩並非實招股份，此款與礦章中華股不得低於洋股規定不符；張鳳起所佔股份並未名列，等同以礦地

〔註121〕〈請抄送井陘煤礦合同〉，光緒二十九年閏五月初十日，收入中央研究院近代史研究所編，《礦務檔》，一，直隸，頁 592 下-593 上。

〔註122〕〈咨送井陘煤礦案件並請飭井陘縣覆勘礦地〉，光緒二十九年閏五月十三日，收入中央研究院近代史研究所編，《礦務檔》，一，直隸，頁 593 下。

〔註123〕〈井陘煤礦合同應行增改〉，光緒二十九年閏五月二十五日，收入中央研究院近代史研究所編，《礦務檔》，一，直隸，頁 594 上-594 下。

〔註124〕〈請轉飭漢納根等增改井陘煤礦合同〉，光緒二十九年六月十三日，收入中央研究院近代史研究所編，《礦務檔》，一，直隸，頁。596 上-596 下。

〔註125〕〈井陘煤礦案抄送漢納根稟件請速辦結〉，光緒三十年六月二十三日，收入中央研究院近代史研究所編，《礦務檔》，一，直隸，頁 600 上。張鳳起與漢納根訂立之續立合同四款，見〈漢納根與張鳳起所立井陘煤礦續添合同與定章不符〉，光緒三十年五月二十二日，收入中央研究院近代史研究所編，《礦務檔》，一，直隸，頁 598 上-599 下。

抵借洋款，與礦章規定不符，因此仍拒絕發給執照。〔註126〕

漢納根見袁世凱不肯妥協，乃親自向外務部陳情，表明合同之所以未能盡符路礦章程，主因在於中國對章程屢屢改訂，導致商家無所適從，對於礦區佔地過廣、股權結構不明等問題亦詳細解釋，希望准許發給執照，駐華德使穆默亦介入施壓。〔註127〕外務部迫於無奈，乃咨行袁世凱，希望此案從速辦結，〔註128〕但袁世凱仍不予妥協，堅持續訂合同與礦章依舊不符，無法核准發照。〔註129〕

1905年3月，張鳳起、漢納根將合同再度修訂完成後呈報袁世凱，要求核發執照。礦地佔用面積太廣方面，張鳳起等表示請領30方里礦地係新礦章規定，合同中所領礦地並未逾此限制；繳交規費方面，張鳳起等願照新礦章完納錢糧；繳交地租方面，張鳳起等表示已繳交歷年租額、並無拖欠；股權結構方面，張鳳起表示合同初擬時規定華洋股份各半、各出銀 5 萬兩，漢納根已繳足銀 5 萬兩，其墊借之款係在股本之外另行墊付，張鳳起已將該款退還漢納根，總計張鳳起已經繳足華股銀 5 萬兩，應得股權 500 股，並非虛佔股份而已；礦權不得轉讓方面，已照新礦章加入。〔註130〕袁世凱對於礦地範圍、股本結構兩項仍不滿意，要求需先呈繳地圖後始能確定是否違反礦章，以及開列詳細款項動支清單後再議。〔註131〕

對於袁世凱的疑慮，張鳳起等表示，礦地面積經再度勘查後，確認為 29 餘方里，長、寬均未違反礦章規定。股本一項，張鳳起等保證並無虛假，並將公司收支、股本、礦工數目詳細開列，連同合同全稿一併呈報。袁世凱批示礦地一項待井陘縣履勘、測算後再查核。至於股本，張鳳起等僅開具公司

〔註126〕〈漢納根與張鳳起所立井陘煤礦續添合同與定章不符〉，光緒三十年五月二十二日，收入中央研究院近代史研究所編，《礦務檔》，一，直隸，頁 597 上-598 上。

〔註127〕〈井陘煤礦案鈔送漢納根稟件請速辦結〉，光緒三十年六月二十三日，收入中央研究院近代史研究所編，《礦務檔》，一，直隸，頁 600 上。

〔註128〕〈井陘煤礦案抄送漢納根原稟〉，光緒三十年七月初六日，收入中央研究院近代史研究所編，《礦務檔》，一，直隸，頁 604 下。

〔註129〕〈漢納根等請開井陘煤礦礙難照準〉，光緒三十年七月十九日，收入中央研究院近代史研究所編，《礦務檔》，一，直隸，頁 605 上-605 下。

〔註130〕〈井陘煤礦合同應飭改訂完善〉，光緒三十一年二月二十八日，收入中央研究院近代史研究所編，《礦務檔》，一，直隸，頁 607 上-609 下。

〔註131〕〈井陘煤礦合同應飭改訂完善〉，光緒三十一年二月二十八日，收入中央研究院近代史研究所編，《礦務檔》，一，直隸，頁 609 下-610 上。

股份、收支清單，並未照礦章規定由銀行或票號出具保單，且目前股本銀 10
萬兩僅剩百餘兩，張鳳起雖表示目前應用款項由其名下墊付，但並無憑據、
且難保將來不再續借洋款，因此仍拒絕發給執照。〔註 132〕

張鳳起等為求順利開礦，乃依袁世凱要求向井陘縣提出履勘申請，並再
三保證股權結構並無問題，為因應資金需求，已另行籌集銀 5 萬兩，仍華洋
各半，提存銀行以昭公信。井陘縣令履勘後，認為礦地長寬、面積均符合礦
章規定，股本已用去銀 9 萬餘兩亦屬實情，但袁世凱仍不接受，認為張鳳起
等開列收支清單中並未分別華款、洋款，無法確實查驗，續籌之銀 5 萬兩亦
難分別其性質。至於礦地則仍須精確測量，目前仍無法發給執照，責成井陘
縣令嚴格要求張鳳起等不得擅自開挖。〔註 133〕

袁世凱雖始終不允開辦，但漢納根並不願放棄，仍多方設法活動。〔註 134〕
適臨城礦務局合同改訂完成，袁世凱乃決定參照臨城煤礦成案，將井陘煤礦
改歸官局收回合辦，令津海關道梁敦彥會同礦政調查局總勘礦師鄺榮光，與
漢納根商辦相關事宜，歷經兩年磋商，擬訂新合同 18 款。嗣後袁世凱調任外
務部尚書，乃由新任直隸總督楊士驤接辦，將合同改訂為 17 款，於 1908 年 4
月 14 日簽訂。〔註 135〕

第四節　撤廢原約以保利權

臨城、井陘兩煤礦合同，袁世凱認定應屬無效，但在開發礦藏有利經濟
的前提下，袁世凱並不堅持完全撤廢，而是透過另訂新合同、以公司資產抵
押借款方式收回控制權。但如問題涉及公司經營權、或土地所有權，如開平
煤礦、遵化旗人賣地案等，袁世凱則堅持絕不退讓，以收回土地權利為主要
目標。

〔註 132〕〈井陘煤礦改訂合同礙難照準〉，光緒三十一年四月二十六日，收入中央研究
院近代史研究所編，《礦務檔》，一，直隸，頁 611 下-612 上。
〔註 133〕〈請查核井陘煤礦案〉，光緒三十一年六月二十九日，收入中央研究院近代史
研究所編，《礦務檔》，一，直隸，頁 622 上-622 下。
〔註 134〕李玉，〈袁世凱與晚清直隸礦權交涉〉，《貴州師範大學學報（社會科學版）》，
2001 年第 4 期，頁 70。
〔註 135〕〈咨呈井陘煤礦合同暨洋文礦圖請核復〉，光緒三十四年五月十二日，收入中
央研究院近代史研究所編，《礦務檔》，一，直隸，頁 626 下-633 下。

一、開平礦權交涉

　　1875 年，李鴻章委託唐廷樞探勘開平礦苗，擬在開平開辦新式礦業，次年設立開平礦務局，屬官督商辦性質。開平煤礦於 1881 年開始出煤，產量逐年上升。但因華商自礦局開辦之始即顯財力不足，開平洋股比重日增，至 1898 年已與華股相當。

　　唐廷樞於 1892 年身故後，繼任者為江蘇候補道張翼。張翼接任開平礦務局總辦後大肆經營，沿海各通商口岸皆設置辦事處、碼頭、倉庫等，煤礦產量日增、銷路日廣，為便利煤炭運輸，1898 年 3 月 26 日總署奏准，將距開平煤礦所在地附近湯河車站僅五英里遠之秦皇島自開商埠，並委任總稅務司赫德代為籌畫，赫德派前津海關稅務司德璀琳（Gustav von Detring）前往秦皇島辦理開埠事宜。為擴大礦務局經營，張翼決心投入秦皇島碼頭建築工程，並圈地 4 萬餘畝作為興辦各項工程之用，因礦務局資金短缺，德璀琳介紹英商墨林（C. Algernon Moreing）入股，使開平洋股實質上達到總資本額半數。張翼於升任督辦直隸、熱河礦務大臣後，復聘美人胡華（Herbert C. Hoover）擔任總工程師。

　　庚子事變發生後張翼避居天津租界，旋為聯軍捕獲，為保全礦局，授權德璀琳處分礦局財產，唐紹儀亦在場見證。德璀琳開具之處理方針八款中，有「應將該公司按照英律掛號」、「新舊股東權利均等」、「中國設辦事部、英國設參謀部」等關係礦局所有權、經營權歸屬條文，張翼因不熟悉英國法律，仍舊批准辦理，德璀琳即據此與胡華訂立賣約，於 1900 年 12 月 21 日將開平礦務有限公司在倫敦註冊，並於 1901 年 2 月 19 日與張翼簽訂移交約及副約、於 1901 年 6 月 4 日簽訂開平礦務有限公司試辦章程，正式承認開平產權合法移交，甚至將移交範圍擴及開平產權以外。〔註 136〕（賣約、移交約、副約、試辦章程等文獻參見附錄 11）。

　　開平礦權移交後，張翼曾於 1902 年 4 月 30 日上摺，奏明開平礦務局已加招洋股、改為中外合辦，〔註 137〕然開平礦權之喪失，早在 1901 年時即已露

〔註 136〕關於開平礦務局成立、經營、引進外資、出賣等詳細經過，參見王璽，《中英開平礦權交涉》，頁 1-76。依王璽意見，賣約、移交約、副約係一脈相連，移交約依據賣約而來，副約又由移交約而來。賣約、移交約係英方應享權利，副約則為英方應盡義務。

〔註 137〕〈外務部收路礦大臣張翼文〉，光緒二十八年三月二十三日，收入中央研究院近代史研究所編，《礦務檔》一，頁 191 下。

端倪。1901年8月19日，即已有洋人援引開平、陝西、湖北等三家礦務公司規定，要求劉坤一應比照辦理、准許開礦。劉坤一向盛宣懷詢問詳情，〔註138〕盛宣懷表示開平本全為華股，張翼與洋商訂約、引入洋股，因洋股佔多數，雖名為華洋合辦，實已與洋人公司無異。李鴻章得知後，雖曾令張翼廢約，但為時已晚，僅將「直隸全省礦務由開平礦局辦理」一項撤除而已，〔註139〕盛宣懷並曾致電慶親王、李鴻章、行在路礦總局大臣王文韶等，以開平礦權喪失為例，請朝廷注意磁州、臨城兩處礦產，勿為他人捷足先登。〔註140〕由此可知，至遲在1901年8月時，朝廷應已得知開平礦權已然喪失訊息，但並未加以處理，直至懸掛龍旗事件發生後，開平礦權之爭始浮上臺面。

袁世凱於奉旨署理直隸總督時，〔註141〕對於開平礦權已失一事並不知情。1902年10月，開平礦務公司總經理威英（Wynne）擬在唐山無水莊開挖新礦井，為開平礦務局候補道楊善慶所阻，威英返回天津後，於11月16日令礦局降下龍旗，灤州知州葉溶光巡行至唐山，復令升起龍旗。駐津英國總領事金璋（Lionel Charles Hopkins）將此情形報告薩道義，薩道義發函外務部，表示已令英軍保護英國產業，外務部要求張翼、護理直隸總督吳重憙查明，張翼表示龍旗事件係誤會所致、現已解決，至於英商所為則係破壞中外合辦，已設法挽救。〔註142〕

唐山發生懸掛龍旗事件時，袁世凱正返鄉葬母。〔註143〕葬禮完畢後，於

〔註138〕〈峴帥來電〉，光緒二十七年七月初三日，收入盛宣懷，《愚齋存稿》，卷56，電報33，頁1250上。

〔註139〕〈又〉，光緒二十七年七月初四日，收入盛宣懷，《愚齋存稿》，卷56，電報33，頁1251下。

〔註140〕〈寄北京慶親王李中堂行在路礦總局王中堂〉，光緒二十七年7月19日，收入盛宣懷，《愚齋存稿》下，卷56，電報33，頁1252下。

〔註141〕〈內閣奉上諭〉，光緒二十七年九月二十七日，收入中國第一歷史檔案館編，《光緒宣統兩朝上諭檔》二七，頁203上。

〔註142〕王璽，《中英開平礦權交涉》，頁85-87。

〔註143〕袁世凱於1901年6月15日丁本生母憂，時在山東巡撫任內。袁世凱曾上奏請回籍葬親，但朝廷以山東形勢緊要，令其移孝作忠，只准賞假百日、在山東署撫穿孝，假滿後改為署理。袁世凱出任直督後，以生母葬期已訂，兩度上奏請回籍葬親，朝廷仍未准假，直至其母葬期將屆，始准假40日、令吳重憙護理直隸總督。袁世凱於1902年10月26日自天津啟程返鄉，同年12月4日返抵天津、銷假回任。參見〈內閣奉上諭〉，光緒二十七年五月初一日，收入中國第一歷史檔案館編，《光緒宣統兩朝上諭檔》二七，頁96下；〈懇准回籍終制營葬摺〉，光緒二十八年2月初四日，《袁世凱奏議》上冊，頁

同年 11 月 20 日自原籍河南項城啓程北返，先轉赴漢口、江寧、上海等處，參訪鐵廠、槍砲廠等新式工業建設，並與張之洞、盛宣懷、呂海寰會面，〔註144〕盛宣懷告以開平華商正因經營權之爭而興訟，且天津傳出消息，輪船招商總局、電報總局將交由張翼接掌，致使兩局股價頓跌，希望袁世凱努力維持，免蹈開平覆轍，則袁世凱此時當已明白開平礦權業已喪失。〔註145〕抵達上海後，袁世凱與薩道義會晤，質問何以不准開平懸掛龍旗，薩道義表示開平已賣與洋商、在英國註冊，現爲英國公司，天津總領事館存有確實憑據。袁世凱返抵天津後，駐天津英國代理總領事施密士（J.L.Smith）將張翼發德璀琳代理移交洋文憑單，德璀琳出賣礦局洋文合同，張翼移交礦局洋文合同各一件抄送直隸總督衙門。袁世凱詳細審閱後，發覺洋文合同中第一款、第二節規定「所有自胥各莊至蘆台之運煤河道、河地，及開平礦務局他處之運河，並開平礦務局所有在通商口岸或他處之地畝、院宇等等（詳載細單），以及利權與此相關者，並開平礦務局在彼處所有一切利益，均行移交。自此日起，開平礦務有限公司或其接理人即永遠執守」。袁世凱審閱地畝清單，發覺單中所開秦皇島地畝、碼頭範圍廣達 13500 英畝，且即爲 1898 年間經總署奏准、預備自開口岸之秦王島。（移交地畝清單參見附錄 11）。

因河道、口岸等土地均列入移交項目中，袁世凱急召張翼詢問實情，張翼堅稱開平礦務局仍是中外合辦公司，並未售予英國公司，已派遣狀師赴英國提告。但張翼的說法顯然與英國署理公使濤訥理（R. G. Townley）所述不符，濤

453-455；〈懇恩賞假回籍營葬摺〉，光緒二十八年八月二十一日，《袁世凱奏議》上冊，頁 634-635；〈內閣奉上諭〉，光緒二十八年二月初八日；〈內閣奉上諭〉，光緒二十八年八月二十四日；〈內閣奉上諭〉，光緒二十八年九月十七日；〈內閣奉上諭〉，光緒二十八年九月十七日，均收入中國第一歷史檔案館編，《光緒宣統兩朝上諭檔》二八，頁 244 上。

〔註144〕〈恭報銷假回任接印日期摺〉，光緒二十八年十一月初六日，收入天津社會科學院歷史研究所編，廖一中、羅眞容整理，《袁世凱奏議》中冊，頁 674-675。

〔註145〕〈寄開封袁宮保〉，光緒二十八年十月十三日，收入盛宣懷，《愚齋存稿》，卷 59，電報 36，頁 1305 下。由張翼掌管輪船招商總局、電報總局一事，袁世凱表示絕對無法接受。爲此，袁世凱於銷假回任後即上奏朝廷，詳述輪船招商局創辦經過、經營績效，請將輪船招商局仍舊歸北洋節制，一切要務仍舊歸北洋核示辦理，日常行政就近秉承盛宣懷之意妥愼辦理，獲朝廷首肯。參見〈開封袁宮保來電〉，光緒二十八年十月十七日，收入盛宣懷，《愚齋存稿》，卷 59，電報 36，，頁 1306 下；〈輪船招商總局要務由北洋經理片〉，光緒二十八年十一月初七日，收入天津社會科學院歷史研究所編，廖一中、羅眞容整理，《袁世凱奏議》中冊，頁 676。

訥理堅稱開平礦務局已為英國公司，即使提起告訴亦無法改變，即便中國勝訴，亦不過補償中國舊股份而已。袁世凱又召英國公司總辦威英赴總督衙門，威英所呈繳之各項合同與施密士錄送者符合，且聲明張翼、德璀琳已將開平礦務局全部出售，合同內所載河道、地畝及口岸均歸英國籍公司管理，袁世凱以合同非張翼簽訂、應屬無效，且礦務局並未收到出售後價金，不能視為已售出相詰；威英表示張翼曾令德璀琳代理，事後親自簽訂移交合同條件，合同當然有效，至於價金方面，墨林已將 5 萬英鎊送交礦局，並有英國領事作證。

袁世凱對於開平礦權拱手讓人一事甚為不滿，但外商指證歷歷，似無挽回空間，為免利權旁落，袁世凱於 1903 年 3 月 13 日上奏，指出「礦地乃國家產業、股資乃商人血本，口岸、河道、土地乃聖朝疆域，豈能任憑一、二人未經奏准，私相授受」。張翼等為求自保，對於產權問題支吾其詞，外商則正可乘機從容佈置，恐造成「人之佔據日久，我之辦法更窮」局面，聲明不承認張翼與胡華簽訂之私約。如英人必欲合辦，應由外務部另訂中外合辦章程後專案奏准，「庶可藉資挽救、早圖轉圜，而我之產、地、利權，不致憑空斷送於外人之手」。

即使認為應將中國無法承認開平礦權轉移，尤其無法坐視土地利權轉移外國公司的立場，明白告知英國，但袁世凱對於英國不可能輕言放棄亦了然於胸，因此態度並不傾向於強硬到底，而是希望仿照曹州教案條約中，許德國在山東開礦一事，採取事後補救措施，即使迫於情勢、無法拒絕英國合辦開平礦務，但能藉由訂立詳細章程挽回利權。〔註146〕

袁世凱參奏張翼後，獲得朝廷正面回應，同意令外務部與英國磋商，同時責令張翼設法挽回。但延至 1903 年底，收回礦產一事依然毫無眉目，眼見英商對於秦皇島口岸與開平煤礦投入鉅資、認真經營，袁世凱擔憂即使將來能收回礦權、地權，恐亦無力補償英商損失。期間濤訥理曾拜訪袁世凱，堅稱張翼出讓之秦皇島地段為英國產業，經袁世凱嚴詞駁斥後，濤訥理無詞可

〔註146〕〈奏陳英商私佔產地情形摺〉，光緒二十九年二月十五日，收入國立故宮博物院故宮文獻編輯委員會編，《袁世凱奏摺專輯》（三），頁 830 下-833 上。奏摺中同時附上張翼委託德璀琳經辦開平礦務局移交憑單、出賣礦局合同、移交礦局合同等文件中譯本，及德璀琳開具之開平礦務局產業清單，但《袁世凱奏摺專輯》中並未收錄，上述檔參見，〈英商依據私約侵佔開平礦產請飭外務部聲明歸復摺〉，光緒二十九年二月十五日，收入天津社會科學院歷史研究所編，廖一中、羅真容整理，《袁世凱奏議》中冊，頁 742-748。

辯、悻悻然離去，使袁世凱堅信英人亦知張翼係擅賣公產，更堅信「我如不
究詰，彼正可逐步經營」。為此，袁世凱再度參奏張翼。

　　二度參奏張翼奏摺中，首先說明秦皇島為中國北方不凍港，開埠足以抵制
俄國在奉天青泥窪經營港口，侵吞天津與營口商利之圖謀，因此地位相當重要；
繼而力陳私賣土地、官產之風不可坐視，否則「群起效尤者尚復何所顧忌」；三
則申明此案如處理不善，不但將為列國恥笑，亦且使各國看透中國面對國產被
侵佔而仍一籌莫展，而虎視眈眈、爭相效法。因此，「為疆域計、為利權計、為
目前之時局與將來之後患計，皆有必須挽回，萬無棄擲之理」，強烈建議朝廷必
須要求張翼設法收回礦產，同時與英國磋商、設法補救。〔註147〕

　　濤訥理要求袁世凱准許另開新礦失敗後，曾轉而向外務部交涉，但外務部
未予核准，〔註148〕可見外務部亦曾努力避免礦權進一步喪失，但張翼的推託延
遲卻使礦權問題遲遲無法解決。袁世凱二度參奏引起朝廷相當重視，上奏兩日
後即頒佈上諭，重申嚴令張翼收回開平礦權，授權袁世凱負責督飭。〔註149〕

　　袁世凱奉旨後，立即要求張翼在 1904 年 2 月 18 日以前收回開平礦權及
秦皇島口岸，將墨林所支付之礦局價金 5 萬鎊繳存津海關庫，同時請朝廷收
回其督辦直隸全省及熱河礦務關防，追繳張翼私提之煤斤稅釐銀 10 萬兩，並
指示津海關道唐紹儀協助收回秦皇島口岸，以便開辦商務。〔註150〕

　　期限將屆前，袁世凱照會張翼，令其迅速查照辦理，〔註151〕張翼乃赴天津
與唐紹儀會合，與英商公司代表那森（Major Nathan）簽訂六條協定，規定英國
公司不侵害中國主權及地方官事權；照納釐稅、照常報效；公司每年帳目呈報
北洋大臣、公司遵守中國礦章；張翼與洋總辦共享決策權；不侵損秦皇島主權；
尊重中國對秦皇島主權及地方官事權，開埠事宜由津海關道比照成案、呈請北

〔註147〕〈奏請收回英商私買煤礦摺〉，光緒二十九年十月二十三日，收入國立故宮
　　　　博物院故宮文獻編輯委員會編，《袁世凱奏摺專輯》（四），頁 1141 下-1144
　　　　上。
〔註148〕〈開平公司請開新峒礙難照準〉，光緒二十九年閏五月，收入中央研究院近代
　　　　史研究所編，《礦務檔》，一，直隸，頁 208 下-209 上。
〔註149〕〈軍機大臣字寄直隸總督袁〉，光緒二十九年十月二十六日，收入中國第一歷
　　　　史檔案館編，《光緒宣統兩朝上諭檔》二九，頁 329 上-329 下。
〔註150〕〈奏飭張翼收回礦地等事摺〉，光緒二十九年十月三十日，收入國立故宮博物
　　　　院故宮文獻編輯委員會編，《袁世凱奏摺專輯》（四），頁 1157 下-1158 下。
〔註151〕〈袁世凱令張翼出面收開〉，1904 年 2 月 15 日，收入熊性美、閻光華主編，
　　　　《開灤煤礦礦權史料》（天津：南開大學出版社，2004 年 9 月第 1 版第 1 次
　　　　印刷），頁 259。

洋大臣辦理等。〔註152〕袁世凱獲報後，認為既要求收回礦權、地權，即代表英
商公司應予以註銷，將開平礦務局所有讓出之權利全數收回，秦皇島地畝、碼
頭應發還墊款，收歸中國管理。與公司商議六條，表示公司尚存，因此認定此
六項協議多係口惠，僅承認秦皇島口岸一條對中國較有實利。

　　袁世凱於等待張翼回覆期間，曾向熟悉法律之洋人諮詢，或謂張翼親赴
英國出庭、與被告對質，則較有勝算，但並無把握；或認為張翼於 1901 年立
約賣礦、親自用印畫押，事隔多年、斷難收回，即使能收回，中國恐亦難以
籌措至少 6、7 百萬兩之補償金。袁世凱雖認定此案是否結束，必須以能否收
回礦地為主，但也瞭解法律上已幾乎無收回可能。為此，袁世凱決定再度參
奏張翼，奏摺中歷數張翼出賣礦產種種非法行為，指其並非受外人所騙而誤
訂賣約，實為有心欺瞞、因而遲遲無法收回。〔註153〕

　　袁世凱三度參奏後，張翼乃加速辦理，將袁世凱無法同意六條章程一事
告知那森，但那森表示未獲授權另訂條款。此時，張翼派往英國提告之洋員
慶世理（T. H. Kingsley）已將副約原件提交法院，請張翼速與德璀琳同往倫敦
對質，張翼乃決定前往。袁世凱認為張翼親自出庭或有助於轉圜，乃請旨准
其前往。為此，朝廷特賞三品頂戴，並嚴飭張翼親赴倫敦設法收回。〔註154〕

　　張翼前往英國後，於 1905 年 3 月始回覆袁世凱，表示倫敦法院判決原告勝
訴，開平礦局以副約章程各條辦法辦理，被告需擔訴訟費用、賠償股款，德
璀琳所簽賣約作廢，以副約為主。張翼認為副約內容指明開平礦局係官督商辦，
國家主權、公司經營權均已收回，但欲撤銷中外合辦恐有困難。袁世凱接獲報
告後，認為倫敦法院所審判內容僅及於原訂主、副約，至於原訂移交、出賣合
同是否作廢，華官對於礦務有無管理全權，商埠、河道土地能否由中國收回自

〔註152〕〈張翼亟欲妥協，與那森議定合同六條〉，1904 年 3 月 22 日，收入熊性美、
　　　　閻光華主編，《開灤煤礦礦權史料》，頁 259-260。

〔註153〕〈奏陳遵飭革員收回礦產摺〉，光緒三十年二月十五日，收入國立故宮博物院
　　　　故宮文獻編輯委員會編，《袁世凱奏摺專輯》（五），頁 1314 上-1316 下。

〔註154〕〈奏陳礦案興訟遣員對質摺〉，光緒三十年十月初一日，收入國立故宮博物院
　　　　故宮文獻編輯委員會編，《袁世凱奏摺專輯》（六），頁 1583 上-1583 下。副
　　　　約係與主約同日訂定，均訂於 1901 年 2 月 19 日，參見〈副約〉，1901 年 2
　　　　月 19 日，收入魏子初編，《帝國主義與開灤煤礦》（上海：神州國光社，1954
　　　　年 1 月初版），頁 16-19。本書所收附約約文 14 款，與袁世凱奏報者數目雖
　　　　同，但文字上略有出入。袁世凱奏呈之副約文本參見〈開平礦案張翼在英質
　　　　訟事畢電請回華請旨定奪摺〉，光緒三十一年二月二十七日，收入天津社會科
　　　　學院歷史研究所編，廖一中、羅真容整理，《袁世凱奏議》下冊，頁 1121-1123。

理，英人不得干涉公司運作等重要事項均語焉不詳，因而責令張翼詳確查復。

張翼表示英國法院不以買約為憑，亦即賣約已然作廢；移交合同雖未作廢，但性質既屬詐欺，亦不足為據；官督商辦下礦產歸中國主持、利權無失；秦皇島口岸應由津海關道辦理。袁世凱對張翼說詞頗不能接受，認為移交合同中既載有移交各地段由開平礦務公司或其接理人「永遠執守」字樣，性質上即屬賣斷，既未裁定作廢、何以不能為據？依副約規定，英商享有較多利權，華官自然不能收回全權，而公司另在英國設立之分部如何由華督辦管理？因而要求張翼確實說明礦產是否能收回。張翼則再三表示中國此後即可依據副約，擁有開平礦權、秦皇島地權，倫敦分公司僅代理股務，既為公司設立，華督辦自然有權管理。

袁世凱分析副約內容後，認為張翼的解釋漏洞百出。首先，副約前言已說明開平礦局改為中英公司、按英國法律註冊，又規定募集股本按英國法律保存登記，「名為中英公司、實則全轄於英」。此外，副約第六條記載礦局事務分由倫敦、中國兩部辦理之人定奪，第七條載張翼為公司駐華督辦，第十二條載督辦負責公司與中國官場交涉事宜，則張翼所言華督辦亦有管理英國分公司權利並非實情。因此，袁世凱認定，依照副約規定，中國無法挽回礦權。

此外，袁世凱亦審核張翼於 1901 年 6 月 4 日與德璀琳所簽訂之開平礦務有限公司試辦章程。按章程規定，公司經營、人員管理之權均歸洋總辦，公司帳務係由洋總帳管理，華總辦兼任總文案，管理華文公文、翻譯事務，華總帳負責稽核帳目，中國所能督辦者僅有管轄礦工，查核新舊股東利益是否公平，華洋雇員是否和睦相處而已。尤有甚者，章程中規定督辦需宣佈礦局已在英國註冊、歸英國保護，公司名為中英合辦，實際上全在英商掌握之中。

袁世凱認為張翼既表示以副約為主，則應改訂詳細約章，聲明移賣正約均作廢，並將副約條款中公司依英國法律註冊、登記等字樣一律刪改，同時又明訂中國督辦有統轄中、英兩部之全權，中國總辦有管理公司之責任，始能符合張翼所稱收回利權之說。但張翼赴英數月、僅爭取到照副約辦事，因而知張翼在英已無能為，乃請旨詢問是否令張翼續留英國辦理，或另其與英商公司另訂由中國擁有實權之章程，或令其返國處理後續事宜。〔註155〕

〔註155〕袁世凱提及之試辦章程，參見〈開平礦案張翼在英質訟事畢電請回華請旨定奪摺〉，光緒三十一年二月二十七日，收入天津社會科學院歷史研究所編，廖一中、羅真容整理，《袁世凱奏議》下冊，頁 1123-1126。

　　朝廷接獲袁世凱奏摺後，雖仍舊令袁世凱嚴飭張翼全數收回礦產、切實訂妥章程。但張翼不遵諭旨，於1905年8月上旬決定自行返國，〔註156〕不久即致函袁世凱，表示已無可再爭。鑑於薩道義已委託唐紹儀提出調停，因而請旨令張翼發往北洋調用，仍由袁世凱督飭籌畫商辦事宜，即便無法收回全權、亦希望不致損失太多。〔註157〕

　　開平礦權交涉一事令商部開始警覺喪失礦產危機。1905年9月15日，商部上奏，請飭下各省將軍督撫，與各省內籌設礦政調查局，詳細探勘轄區內各處礦苗，呈報商部登記，以杜絕民間私相售賣情形。〔註158〕朝廷接受商部建議，令各省遵辦、令商部嚴加稽查、隨時請旨辦理，「總期權自我操、利不外溢，是為至要」。〔註159〕袁世凱在商部上奏之前，已委請津海關道梁敦彥設立勘礦局，延聘礦師勘查直隸礦產，接獲寄諭後，即再要求梁敦彥遵照辦理，梁敦彥乃出示曉諭，明白禁止民人私賣礦地，欲自行集資開礦者需事先將辦法、章程呈報各地方官，或逕行向勘礦局申報。〔註160〕

　　探討開平礦務局一案時，論者多以《礦務檔》，以及袁世凱三度參奏張翼之奏摺為主要依據，其研究結果亦與史料中所呈現的面向甚為相似，多認為袁世凱以廢約為主要目的，乃以透過張翼在英國興訟方式加以進行，廢約不成後則開辦灤州煤礦為抵制之道。然隨著新史料的出版，袁世凱處理開平一案的全貌乃得以呈現。

　　袁世凱於1904年3月31日第三度參奏張翼前，已知開平在法律上幾乎沒有收回可能，也瞭解即使開平能收回，補償金額也非當時中國財力所能負擔，故並不對收回開平抱有真正期望〔註161〕。袁世凱於1904年8月中旬透過唐紹

〔註156〕〈復陳礦案對質人員回華片〉，光緒三十一年七月十一日，收入國立故宮博物院故宮文獻編輯委員會編，《袁世凱奏摺專輯》（七），頁1960上-1960下。

〔註157〕〈復陳開平礦案涉訟情形片〉，光緒三十一年十二月二十二日，收入國立故宮博物院故宮文獻編輯委員會編，《袁世凱奏摺專輯》（八），頁2197上-2197下。

〔註158〕〈請飭清釐礦產以保利權摺〉，光緒三十一年八月十七日，收入朱壽朋編，《光緒朝東華錄》，光緒31年乙丑，頁112，總頁5396。光緒朝東華錄中並未記錄商部原奏標題，標題係依據《光緒宣統兩朝上諭檔》而改。

〔註159〕〈軍機大臣字寄商部各直省將軍督撫〉，光緒三十一年八月十七日，收入中國第一歷史檔案館編，《光緒宣統兩朝上諭檔》三一，頁122下-123上。

〔註160〕〈直隸全省勘礦局示禁私售礦產文〉，收入甘厚慈編，《北洋公牘類纂》，卷19，路礦，頁1467-1468。

〔註161〕〈那森致開平公司董事部函〉，1904年4月12日，收入熊性美、閻光華主編，

儀向那森表示，如公司方面接受由直隸總督出任公司總裁，同時擔任倫敦董事部董事，並得派遣官方代表進入即將組成的中國董事部，而該董事同時擔任中國官股代表，公司另承諾繳清應付款項約銀 20 萬兩，則可令張翼撤回告訴，中國政府亦能給予公司支持。〔註 162〕由此可知，對袁世凱而言，撤廢原約並非唯一、或最後目的，袁世凱希望的結果是希望透過控制英國與中國董事部，將開平公司置於直隸總督管轄之下，則合同不廢而廢，秦皇島地畝亦等同收回。

倫敦高等法院於 1905 年 3 月 1 日判決張翼勝訴後，袁世凱並不滿意。張翼逕自返國後，袁世凱瞭解採取法律途徑已無法解決問題，乃令新任津海關道梁敦彥向開平公司提出另訂新約要求，表明絕不承認張翼所訂正、副各約立場，要求本中英合辦意旨另訂詳細合同。

產權方面，公司股本應改爲中國因辦理開平煤礦向英商籌借之款項；秦皇島碼頭收回前由中英合辦公司代辦，但須歸中國管理，中國可於賠付英公司代墊款項後立即收回；秦皇島附近地段除公司自購部分外，一律交還中國政府；運煤河道權歸中國；移交約中所開列地段如尚未使用，一律交還中國政府；與開平煤礦有關之所有抵押各礦一概塗銷，公司改在商部註冊。

經營權方面，公司管理權歸北洋大臣所有，中英各派總辦及總工程師各一員，應辦事項需雙方同意後方可實施。

盈餘分配方面，公司盈餘經提存公積盈餘後，餘款 10％作爲股東股利，9％報效中國國家，其餘款項由股東會決定運用方式。

買回期限方面，三十年後中國有權按原價贖回。〔註 163〕

英國董事部董事長特納（Turner, W. F.）於收到那森轉交之條款內容後，認爲公司如因此而取得中國官方身份，則無異於由中國提供股價、獲利保證，因此條款並非全然不可接受，授權那森以袁世凱提出的建議爲基礎進行交涉，但前提爲協議達成後必須停止一切訴訟，中國政府須全力支援開採煤礦，新合同不得違反英國法令。

此外，公司方面認爲可以接受的條款內容爲：

《開灤煤礦礦權史料》，頁 262。
〔註 162〕〈那森致開平公司秘書電〉，1904 年 8 月 23 日那森致開平公司秘書電，收入熊性美、閻光華主編，《開灤煤礦礦權史料》，頁 269。
〔註 163〕袁世凱所提條件，參見〈袁世凱向開平公司提出的解決開平礦案的條件〉，1905 年 8 月-9 月，〈那森致開平公司秘書電〉，1905 年 9 月 20 日，收入熊性美、閻光華主編，《開灤煤礦礦權史料》，頁 297-298。

產權方面，經營期滿後中國應對股份及債券資本額負清償責任；公司可宣布煤礦為中國政府產業。

經營權限方面，貸款清償前歐洲董事部對全部經營活動享有優勢控制權；外國總辦由倫敦董事部任免，不對中國負責；袁世凱只能享有政治方面的控制權，雖有權提名一位中國總辦，但不得享有技術、營業等管理權。

盈餘分配方面，盈餘提撥公積金數額由倫敦董事部決定，股利、報效中國官方數額可接受袁世凱提議，餘額則由股東會在董事部建議下決定分配方式。

買回期限方面，中國可於五十年後照原價買回，三十年後公司可以每股溢價一鎊收購股票後，由中國以票面價值贖回債券。〔註164〕

如袁世凱所提條件全部實施，則開平煤礦與秦皇島地畝將收歸中國所有，開平煤礦名義上雖仍為中英合辦，但從此權歸北洋大臣，中國同意採借款方式辦理公司，但並未提供任何擔保品，英商僅有借款利息與公司盈餘等收入，不管將來開平公司市值如何，中國屆時均以借款原額買回，其精神與處理天津電車電燈公司、臨城煤礦案時如出一轍，均意在使北洋大臣對於外商、或中外合辦公司享有經營、管理、人事等實質上的控制權，但較諸臨城煤礦以公司產業做抵借款，利權的潛在損失更形縮小。特納所提出之條件則與之相反，意在使北洋大臣表面上得到控制權，但無法介入公司經營，雙方認知差異過大，因此始終無法達成共識。

開平礦權收回無望後，袁世凱始決定另開新礦以為抵制，於 1906 年 10 月 21 日札關內外鐵路總局，以滿足北洋官家用煤需求為名，要求在鐵路附近灤州一帶查勘礦苗，選定最佳礦苗後、立即籌款開辦。礦地擇定後，袁世凱即令天津官銀號督辦周學熙招股籌辦。〔註165〕天津官銀號於 1907 年擬妥公司辦法及招股章程，定名為「北洋灤州煤礦有限公司」，以係專為北洋官用，規定開礦範圍不受礦務章程規定、不得過 30 方里限制，並規定概不招募洋股、股份不得轉售洋人、洋人亦不得透過華人買股。〔註166〕礦章經袁世凱批准後，

〔註164〕特納所提條件，參見〈特納致那森函〉，1905 年 10 月 20 日，收入熊性美、閻光華主編，《開灤煤礦礦權史料》，頁 297-298。

〔註165〕王璽，《中英開平礦權交涉》，頁 113-114。

〔註166〕〈天津官銀號詳呈灤州煤礦有限公司招股章程〉，1907 年 4 月，收入甘厚慈編，《北洋公牘類纂》，卷 19，路礦，頁 1458-1460。類纂中不著錄日期，係筆者依《周學熙集》所著錄而加，參見〈天津銀號詳呈灤州煤礦有限公司招股章程〉，1907 年 4 月，收入周學熙著，虞和平、夏良才編，《周學熙集》（武漢：華中師範大學，1999 年 10 月第 1 版第 1 次印刷），頁 261。

於 1907 年 4 月轉咨農工商部核准立案。〔註167〕

　　周學熙於進呈章程時，曾附帶說明，表示自己曾任開平礦務局總辦、熟知內情，明瞭開平礦務局已於唐山、林西兩處開煤，而唐山 10 里內不許他人開採，林西並無此規定，故擇定灤州煤礦西界爲唐山 10 里以外、東界爲林西 6 里以外，預定開井之處已徵購民地，不佔用開平原購地畝。同時指出開平礦局移交約中雖開列半壁店、馬家溝、無水莊、趙各莊等地名，但開平礦局僅於該處購買民地、並未獲准開礦，甚至並未在灤州衙門辦理過戶，其產權尚未經官方承認、遑論開礦，因此將上述地點列爲灤州煤礦範圍，與開平煤礦並不相關。〔註168〕

　　袁世凱審核過後，於 1907 年 6 月 5 日批准開辦辦法及招股章程，〔註169〕並立即轉呈農工商部要求立案，於同年 6 月 21 日獲得同意，〔註170〕公司於 1908 年 5 月 8 日正式成立。〔註171〕

二、遵化旗人賣地案

　　袁世凱所關心的利權外流並不僅止於礦權，土地權利亦然。俄國北京傳教士團都主教英諾肯提（Bishop Innokenty Figurovsky）於 1904 年 11 月請華人代爲稟告署遵化直隸州知州齊耀琳，表示已向漢軍鑲白旗人趙文榮購得前耿王府旗地，將作爲修道院用途，已經繳納契稅、備案完成，要求齊耀琳曉諭各佃戶交租。齊耀琳調閱地籍資料後，發覺該地係由耿裕安於 1878 年購入，戶部備案時註明許收租、不許私自典賣，歷年來皆由耿裕安派遣趙連安代表收租，趙文榮係趙連安之叔，隱瞞該地段係耿家所有事實，將其盜賣。趙文榮所賣之地除已開墾坡地約 7、80 頃外，其餘皆爲高山，包含舊煤礦坑三座，共約 5、60 里地，內含居民村落 30 餘區，目前英諾肯提已派人前往勘查。

　　袁世凱審閱賣契，發現僅記載價銀 10200 兩，並未載明做爲教堂公產用

〔註167〕王璽，《中英開平礦權交涉》，頁 114。

〔註168〕〈天津銀號詳開辦灤州煤礦擬呈辦法章程文附再稟並批〉，收入甘厚慈編，《北洋公牘類纂》，卷 19，路礦，頁 1453-1455。

〔註169〕〈天津銀號籌議灤礦開辦是一併章程股單息摺請發執照卷〉，光緒三十三年四月二十五日，收入熊性美、閻光華主編，《開灤煤礦礦權史料》，頁 322。

〔註170〕〈袁世凱札天津官銀號文〉，光緒三十三年五月十三月，收入熊性美、閻光華主編，《開灤煤礦礦權史料》，頁 322。

〔註171〕〈直隸總督楊士驤札灤州公司文〉，光緒三十四年四月初九日，收入熊性美、閻光華主編，《開灤煤礦礦權史料》，頁 322。

途，至於契約內則明訂各處山場、村落均歸英諾肯提管轄，可以任便修造、遷移。經調閱案卷、詳細審核後，發覺此項土地交易案有許多不合規矩之處。依中國慣例，洋人不許在內地購置田產，教士買地建教堂需在賣契內寫明「賣為教堂公產」字樣，不得專列教士、教民姓名，教士亦不得購買國家與民間禁地、公產。此次購地事件中，賣契專列英諾肯提姓名、亦未聲明做為教堂公產，與定章不符；教堂佔地有限，不需數十里地；該地段接近陵寢重地，又經戶部判定不許典賣，則應屬禁地。袁世凱要求齊耀琳向英諾肯提詳細聲明該地不許買賣，派員赴該地會合齊耀琳駁阻前來收地之洋人；請旨飭下鑲白旗都統捉拿趙文榮、追繳價款，並請要求左翼監督溥善撤銷契約。〔註172〕

奏摺呈遞後，朝廷以陵寢重地恐被滋擾，立即依議下旨徹查。〔註173〕袁世凱派遣知府李順德前往會見英諾肯提，聲明該地係禁地公產、不許買賣，但英諾肯提不以為然。袁世凱即令李順德前往遵化州，令英諾肯提所派收地洋員回京，轉告齊耀琳曉諭中外人等，土地不許擅自交接，田租轉交州署暫存，並致函英諾肯提詳細說明。英諾肯提始終堅持賣契既已完納契稅，即為准許買賣憑證，駐華俄使雷薩爾亦認為即使溥善確有疏失，中國政府仍不能不承認已蓋印之契約，此項賣地案即屬合法，要求令英諾肯提享有其契約權利。

袁世凱認為，此項賣地案不合往例者有七：

> 同治四年會訂章程，教士買地需寫明教堂公產字樣，此案契內僅有主教英諾肯提之名，一也。禁地公產不准誤買，亦於光緒二十二年議行有案，此項地畝，戶部斷歸耿承租，照恩賞地畝例不准典賣，二也。趙文榮係耿姓所用莊頭之族人，盜賣耿姓之地有干例禁，三也。照例賣主需將舊契一併點交買主始可交割，此案訊無舊有印契，四也。耿王府圈地印冊載明柔嘉公主祭田字樣，據榮輝供稱，此冊

〔註172〕〈奏陳查辦旗民私賣旗地摺〉，光緒三十年十一月初三日，收入國立故宮博物院故宮文獻編輯委員會編《袁世凱奏摺專輯》（六），頁 1629 上-1630 下。齊耀琳原稟中將鑲白旗佐領郭文翰誤認為鑲黃旗，袁世凱即依鑲黃旗入奏，查明後再另電軍機處要求修正，並奏報英諾肯提於左翼完納契稅時，係以俄國佐領正黃旗滿洲都統榮輝所出示圖片為準。朝廷即令值年旗查明榮輝究屬何旗，並嚴令繳銷原賣契。參見〈軍機大臣字寄值年旗轉傳正黃旗滿洲鑲黃旗漢軍鑲白旗漢軍各都統左翼監督〉，光緒三十年十一月初七日，收入中國第一歷史檔案館編，《光緒宣統兩朝上諭檔》三十，頁 204 上-204 下。
〔註173〕〈軍機大臣字寄鑲黃旗漢軍都統左翼監督〉，光緒三十年十一月初六日，收入中國第一歷史檔案館編，《光緒宣統兩朝上諭檔》三十，頁 200 下。

俄主教曾已收存，祭田自係禁地公產，俄主教當深知其不可售賣，
五也。左翼專管旗人稅契，買主在本旗佐領處取具圖片為憑，俄主
教不應冒充旗人朦混取用圖片，六也。佃戶閻利等六十餘人在州呈
訴攬屋墾地自費工本，被趙文榮盜賣，佃等失業，七也。

認為以上七種違規情形，僅犯其一就應判定買賣契約無效，何況所犯者有七
項之多，因而已將稅契撤銷，土地交由遵化州署看管。至於犯案之佐領榮輝、
左翼監督溥善均革職，所存圖片印契銷毀，榮輝、耿華森、英壽、成格、趙
文榮等五名涉案人犯押解直隸按察使司收禁，但為免俄國干涉，將待結案後
再行論罪。款項方面，除英諾肯提扣留未繳款項外，餘款勒令趙文榮如數歸
還，連同左翼契稅銀 1200 兩均存放津海關道，令英諾肯提領回結案。

　　袁世凱令齊耀琳向英諾肯提聲明契約無效、土地應歸還，並請外務部駁
斥雷薩爾，但截至 1905 年 3 月 13 日，英諾肯提、俄國公使均認為契約有效，
不肯領回款項，英諾肯提復前往上海，因此尚難結案。〔註174〕

　　此案雙方各執一詞，袁世凱認為俄國違例在先、買地在後，因此契約自
始歸於無效；俄方認為既已完納契稅，代表地方官吏認可俄國合法取得土地。
袁世凱令津海關道梁敦彥向駐津俄國領事來覺福（N. Laptew）婉商，來覺福
轉述雷薩爾之意，希望以中國捕獲之走私軍火俄人一案相交換，袁世凱認為
私運軍火一案事關中立，無法同意，決定逕自與英諾肯提商議。

　　1905 年 7 月，英諾肯提由上海北返，袁世凱仍令梁敦彥前往磋商，經再
三談判後，英諾肯提同意領回地價、繳還契約。袁世凱建請將該地段充公獲
准，〔註175〕將趙文榮等人釋放，限期三個月內繳還所有款項，〔註176〕本案就
此結案。

第五節　網羅幕僚以佐洋務

　　袁世凱除重視外交人才培養之外，對於既有外交人才也刻意提拔，山東

〔註174〕〈奏陳查辦主教誤買禁地摺〉，光緒三十一年二月初五日，收入國立故宮博物
　　　　院故宮文獻編輯委員會編《袁世凱奏摺專輯》（六），頁 1761 下-1763 下。
〔註175〕〈奏陳辦結遵化地案情形摺〉，光緒三十一年七月二十九日，收入國立故宮博
　　　　物院故宮文獻編輯委員會編《袁世凱奏摺專輯》（七），頁 1981 上-1982 上。
〔註176〕〈又陳審明私賣禁地案犯片〉，光緒三十一年七月二十九日，收入國立故宮博
　　　　物院故宮文獻編輯委員會編《袁世凱奏摺專輯》（六），頁 1982 下-1983 上。

巡撫任內刻意拔擢能調和民教衝突之地方官員,如陽穀縣知縣胡建樞、茌平縣知縣豫咸因「遇有教案,尤能不激不隨,持平辦理」,建請朝廷破格錄用;〔註177〕開缺沂州府知府定城於本任時「遇有教士把持詞頌,必力與爭執、不稍假借」,請送部引見;〔註178〕蓬萊縣知縣李於鍇「辦理教案、尤為持平,士民莫不感悅、教民亦皆敬服,故所治境內,民教極能相安」,請旨破格擢用;〔註179〕登萊青道李希傑,袁世凱稱其「整頓權務、既能潔己奉公,辦理交涉、復能泛應曲當」,因拳亂期間保護煙台有功,奏請破格拔擢;〔註180〕已故山東登萊青道劉含芳在任時「聯絡邦交、輯和民教,尤能消彌猜釁、杜患無形」,請旨建立專祠。〔註181〕

至於對辦理交涉有幫助的官員,袁世凱也設法將其奏調至山東,如與德國交涉路礦章程時,袁世凱奏調記名副都統廕昌前往辦理。廕昌為滿洲正白旗人,同文館生出身,後派往德國學習陸軍,學成後任天津武備學堂教習。助袁世凱辦理路礦交涉期間「於會議時悉心核酌、逐條爭持,挽回利權、計已逾半」,袁世凱認為廕昌熟悉德國律法,又素為德國人敬重,請旨將其留在山東辦理洋務。即使朝廷拒絕讓廕昌留在山東,〔註182〕袁世凱仍不忘籠絡,與其結成兒女親家。〔註183〕

直隸總督任期中,袁世凱仍留意提拔辦理洋務人才。使美大臣、四品卿

〔註177〕〈密保知縣胡建樞等請破格錄用片〉,光緒二十六年二月初六日,收入天津社會科學院歷史研究所編,廖一中、羅真容整理,《袁世凱奏議》上,頁45-66。

〔註178〕〈明保道員達斌等請送部引見片〉,光緒26年三月初七日,收入天津社會科學院歷史研究所編,廖一中、羅真容整理,《袁世凱奏議》上,頁94-95。

〔註179〕〈明保知縣莊洪烈等請送部引見摺〉,光緒二十六年十二月十八日,收入天津社會科學院歷史研究所編,廖一中、羅真容整理,《袁世凱奏議》上,頁251。

〔註180〕〈奏覆遵旨保薦東省賢才摺〉,光緒二十七年四月初十日,收入國立故宮博物院故宮文獻編輯委員會編,《袁世凱奏摺專輯》(二),頁260上。

〔註181〕〈已故道員劉含芳遺愛在民據情懇建專祠摺〉,光緒二十七年四月初十日,收入天津社會科學院歷史研究所編,廖一中、羅真容整理,《袁世凱奏議》上,頁286。劉含芳長女劉溫卿適周學熙,袁世凱八子克珍娶周馥之女,周學熙為周馥之子,劉含芳亦為袁世凱姻親之一。參見袁靜雪原作,〈袁世凱的家庭與妻妾子女〉,《傳記文學》第57卷第1期,頁151。

〔註182〕〈請調副都統廕昌等赴東襄辦交涉事宜摺〉,光緒二十六年四月十四日,收入天津社會科學院歷史研究所編,廖一中、羅真容整理,《袁世凱奏議》上,頁117。朝廷同意唐紹儀調赴山東,但不許廕昌留在山東,僅許將來有事可准袁世凱隨時奏請派往。

〔註183〕袁世凱七女復禎嫁廕昌之子,但年代已不可考,按時間推算當在民國以後。參見袁靜雪原作,〈袁世凱的妻妾子女〉,《傳記文學》第57卷第1期,頁151。

衙道員伍廷芳於收回天津交涉期間，受袁世凱委託代請美國介入，天津之所以能順利接收，伍廷芳出力甚大，因而奏請破格擢用。〔註184〕

段芝貴爲北洋武備學堂出身，後留學日本，返國後初任北洋新建陸軍講武堂教官，成爲袁世凱小站班底之一。〔註185〕袁世凱轉任直隸總督後，奏保段芝貴以候補道留直任用，段芝貴雖非袁世凱外交幕僚，但於日俄戰爭期間奉袁世凱令前往日軍陣營觀戰，與日軍統帥大山岩達成尊重中國主權、不妨礙華民生計等諸多共識，「擔負危險、堅苦卓絕，有非人所及之者」，因而奏請交軍機處存記、遇缺簡放。〔註186〕

陸徵祥爲廣方言館生出身，後轉赴北京同文館，就讀一年肄業，〔註187〕爲總理衙門選派赴俄，初任學習員、累遷四等翻譯官、三等翻譯官、二等翻譯官，號爲俄國通。〔註188〕中俄於1901年初就東三省交收一事進行協商時，陸徵祥陪同駐俄公使楊儒與俄國多次協商，楊儒受傷後即將使館事務與中俄交涉交由其代辦。袁世凱因參與對俄交涉而得知陸徵祥其人，陸徵祥於1903底年返國後拜會袁世凱，正式與袁世凱結識，袁世凱雖有意羅致入幕，但因日俄戰爭爆發、陸徵祥調回俄館而未果。陸徵祥雖未成爲袁世凱外交幕僚之一，袁世凱仍以其外交才幹而加意保舉，1905年時保薦陸徵祥出任駐荷蘭公使。〔註189〕

除提拔洋務人才外，袁世凱亦極爲重視外交人才的籠絡與招攬。袁世凱駐朝時代，中國尚未建立職業外交官制度，袁世凱對於洋務並不瞭解，駐朝期間親與各國職業外交官交手，因而深知辦外交得人與否爲極重要因素，在

〔註184〕〈密保使臣伍廷芳請破格擢用片〉，光緒二十八年六月二十一日，收入天津社會科學院歷史研究所編，廖一中、羅眞容整理，《袁世凱奏議》中，頁565。
〔註185〕段芝貴簡歷，參見「維基百科-段芝貴」條，網址爲：http://zh.wikipedia.org/wiki/%E6%AE%B5%E8%8A%9D%E8%B2%B4。
〔註186〕〈段芝貴請記名簡放片〉，光緒三十三年七月初四日，收入天津社會科學院歷史研究所編，廖一中、羅眞容整理，《袁世凱奏議》（下），頁1511-1512。
〔註187〕北京敷文社編，《最近官紳履歷彙錄》（臺北：文海出版社，民國59年出版），頁250上。
〔註188〕陸徵祥早年經歷，參見唐啓華，〈陸徵祥與辛亥革命〉，收入中國史學會編，《辛亥革命與20世紀的中國》（北京：中央文獻出版社），上冊，頁850-852。
〔註189〕石建國，《陸徵祥傳》（河北：河北人民出版社，1999年12月第1版第1次印刷），頁16-68。袁世凱調任外務部尚書後，復上奏保薦陸徵祥，稱其「通達時務，慮事精詳，上年在海牙舉行例二次保和會派爲專使，凡於國體有關事項，據理力爭，曾不少詘，尤能洞察列強情勢，剀切敷陳，確有見地」。參見李劍農，《中國近百年政治史》（臺北：台灣商務印書館，民國81年9月臺1版第19次印刷），頁376。

出任地方督撫，可以招納幕賓、組織幕僚團隊後，袁世凱即將其認為有潛力的人才以奏調、或保舉方式引進轄區內任官，使他們在身份上既是自己的幕僚、亦是自己的下屬。〔註190〕

　　袁世凱所網羅之外交人才中，最為其器重者當屬唐紹儀。唐紹儀為第三批留美幼童出身，〔註191〕美國哥倫比亞大學肄業，袁世凱與其關係建立於駐韓期間。袁世凱於甲申事變期間，認識當時在朝鮮擔任外務顧問穆麟德之秘書（P. G. von Möllendorff）、官拜幫辦稅務委員的唐紹儀，對其膽識甚為欽佩。1885年袁世凱出任駐韓委員時，即挑選唐紹儀擔任其隨員與西文秘書，〔註192〕唐紹儀因而成為袁世凱最早網羅的外交幕僚之一。

　　袁世凱本身並非洋務人才出身，對洋務不可能有很深的認識，唐紹儀在袁世凱與西方國家駐韓使節、及各界人士的交涉中出力甚多，因而甚得袁世凱倚重，1889年出任相當於漢口總領事的龍山商務委員；〔註193〕袁世凱於1891年10告假返籍時，委託唐紹儀代理通商交涉事宜；〔註194〕袁世凱於甲午年間返國後，使事亦由唐紹儀代辦；〔註195〕兩年後唐紹儀改任駐朝鮮總領事，在袁世凱的器重與保薦下，唐紹儀在10年內由秘書成為清朝駐朝鮮最高代表。〔註196〕

　　唐紹儀於1898年卸任返國後，袁世凱正於小站練兵，即邀請唐紹儀協助徐世昌負責營務處；袁世凱出任山東巡撫後，亦以「血性忠誠、才識卓越，曩在朝鮮隨臣辦理交涉商務，十數年間深資臂助」為由，請旨奏調唐紹儀襄辦山東外交與商務。〔註197〕1901年11月7日，袁世凱甫於接獲上諭調署直

〔註190〕這種既是幕僚、又是下屬官員的身份，可名之為「僚從」，參見李志茗，《晚清四大幕府》（上海：上海人民出版社，2002年5月第1版第1次印刷），頁278。

〔註191〕李喜所、劉集林等著，《近代中國的留美教育》，頁22。

〔註192〕張煥宗，《唐紹儀與清末民國政府》（石家莊：河北人民出版社，1998年8月第1版第1次印刷），頁2-5。

〔註193〕姜新，〈晚清袁世凱與歸國留學生關係淺析〉，收入蘇志良、張華騰、邵雍主編，《袁世凱與北洋軍閥》，頁185-186。

〔註194〕〈唐紹儀의臨時代理職務通報〉，西紀1891年10月10日，收入高麗大學校亞細亞問題研究所舊韓國外交文書編纂委員會，《舊韓國外交文書》（漢城：高麗大學校出版部，1971年2月20日印刷）第九卷（清案2），頁67。

〔註195〕〈總理代理任命件〉，西紀1894年7月19日，收入高麗大學校亞細亞問題研究所舊韓國外交文書編纂委員會，《舊韓國外交文書》，第九卷（清案2），頁320。

〔註196〕同註194，頁186。

〔註197〕駱寶善，〈唐紹儀與袁世凱〉，珠海市政協、暨南大學歷史系編，《唐紹儀研究

隸總督，即於 11 月 13 日上奏，以唐紹儀「才識卓越、血氣忠誠，深諳外交、能持大體，洵爲洋務中傑出之員，環顧時流、實罕其匹」爲由，請將唐紹儀以道員交軍機處記名簡放。〔註198〕袁世凱於 11 月 20 日交卸山東巡撫職務、次日啓程赴直隸履新，〔註199〕交卸前 4 日復奏准將唐紹儀隨調北洋，繼續輔佐袁世凱處理洋務事宜。〔註200〕

唐紹儀追隨袁世凱前往直隸，袁世凱先委以兼辦洋務局、善後局各事宜，後出任津海關道，先後在交收天津、各國擴充天津租界、天津電車電燈公司合同、處理中外官方與民間糾紛、督察稅釐、清理金融，〔註201〕甚至推行新政等內政、外交事務方面輔佐袁世凱，〔註202〕袁世凱稱譽其「公忠亮直、力果心精，熟悉各國情形、頗能維持大局」。〔註203〕袁世凱雖未與唐紹儀結親，但對唐紹儀極爲優遇，不僅時時因公奏請嘉獎、於年度出具考語時給予佳評，甚至唐紹儀原配張氏、女兒唐四姑在庚子年間於天津受難，亦特爲請旨旌表，〔註204〕唐紹儀亦盡心盡力協助袁世凱處理洋務。

1904 年 9 月 26 日，唐紹儀奉旨開去津海關道差使，以副都統銜派赴西藏，預備處理英軍入侵西藏事件，袁世凱以天津聯軍迄未撤退、交涉事務繁雜，自己健康狀況不佳，有賴唐紹儀持續辦理對外交涉爲由，說明唐紹儀「才識

論文集》（廣東：廣東人民出版社，1989 年 12 月第 1 版第 1 次印刷），頁176-180。奏調理由參見〈請調副都統廕昌等赴東襄辦交涉事宜摺〉，光緒二十六年四月十四日，收入天津社會科學院歷史研究所編，廖一中、羅眞容整理，《袁世凱奏議》上，頁 117。

〔註198〕〈道員唐紹儀請交軍機處記名簡放片〉，光緒二十七年十月初三日，收入天津社會科學院歷史研究所編，廖一中、羅眞容整理，《袁世凱奏議》（上），頁367。袁世凱保舉理由包括唐紹儀在山東清理教案有成，毓賢任內、庚子期間各法國主教共索賠逾百萬兩、經唐紹儀居間協調後降至 17 萬 9 千兩等。

〔註199〕〈恭報交卸府篆起程日期摺〉，光緒二十七年十月初十日，收入國立故宮博物院故宮文獻編輯委員會編，《袁世凱奏摺專輯》（二），頁 376-377。

〔註200〕〈又請調唐紹儀佐理事務片〉，光緒二十七年十月初六日，收入國立故宮博物院故宮文獻編輯委員會編，《袁世凱奏摺專輯》（二），頁 369-370。

〔註201〕姚洪卓，〈1901 到 1904 年的天津海關道──唐紹儀〉，珠海市政協、暨南大學歷史系，《唐紹儀研究論文集》，頁 59-69。

〔註202〕張煥宗，《唐紹儀與清末民國政府》，頁 24-25。

〔註203〕〈謹將本屆應核司道府提鎮各員出具切實考語繕單恭呈御覽〉，光緒二十九年十二月，收入中國第一歷史檔案館編，《光緒朝硃批奏摺》（北京：中華書局，1995 年 10 月第 1 版第 1 次印刷），第 19 輯，頁 763 上下。

〔註204〕〈又請旌表拳亂殉難烈女片〉，光緒二十九年十二月十八日，收入國立故宮博物院故宮文獻編輯委員會編，《袁世凱奏摺專輯》（五），頁 1248 下-1249 上。

卓越、志趣正大，而深諳交涉、冠絕輩流，將來東方結局應付極難，留備擘劃、實亦必不可少之才」，希望朝廷收回成命，讓唐紹儀續留北洋，唯未獲准許。〔註205〕即使唐紹儀自此離開直隸，袁世凱仍於調任外務部尚書前，以唐紹儀「在津海關道任內佐臣籌辦中立、創始經營，孚洽中外、厥功甚偉」，請旨賞給頭品頂戴。〔註206〕

其次則為楊士琦。楊士琦為捐報道員出身，拳亂初起時曾上書袁世凱，請痛剿拳匪，因而受到注意。袁世凱出任直隸總督後，以楊士琦擔任洋務總文案，深為倚重。〔註207〕楊士琦於1902年時奉袁世凱命與俄國交涉關外鐵路交還事宜時「逐段接收、諸臻妥善」，袁世凱先奏請送部引見；〔註208〕後楊士琦受袁世凱委託駐上海辦理電政、輪船招商事宜，袁世凱以其「守潔才長、商情悅服，實屬不可多得」為由，請破格擢用。〔註209〕升任四五品京堂後，袁世凱恐其留京日久、輪、電事務無人主持，請指令其速回上海總理輪船超商事宜、並仍參贊電政。〔註210〕楊士琦授商部右參議，行將入京供職時，袁世凱以輪船、電政目前初上軌道，不可遽易生手為由，於知會商部後，奏請仍留楊士琦駐滬，繼續辦理輪電事宜。〔註211〕

除唐紹儀、楊士琦最受倚重外，袁世凱幕府中尚有不少外交人才。蔡紹

〔註205〕〈奏請暫留賢員襄助洋務摺〉，光緒三十年八月二十一日，收入國立故宮博物院故宮文獻編輯委員會編，《袁世凱奏摺專輯》（六），頁1536-1537。關於西藏問題與唐紹儀奉派入藏，參閱郭廷以，《近代中國史綱》（臺北：曉園出版社，年）上冊，頁405-406。

〔註206〕〈唐紹儀等請分別給獎片〉，光緒三十三年七月初四日，收入天津社會科學院歷史研究所編，廖一中、羅真容整理，《袁世凱奏議》（下），頁1509。

〔註207〕〈楊士琦履歷單〉，光緒二十九年，收入秦國經主編，唐益年、葉秀雲副主編，《清代官員履歷檔案全編》（上海：華東師範大學出版社，1997年10月第1版第1次印刷），第七冊，頁270下。

〔註208〕〈奏陳敬舉人才以備使任摺〉，光緒二十九年六月初七日，收入國立故宮博物院故宮文獻編輯委員會編，《袁世凱奏摺專輯》（四），頁992上-993下。

〔註209〕〈密保道員楊士琦片〉，光緒二十九年九月初八日，收入天津社會科學院歷史研究所編，廖一中、羅真容整理，《袁世凱奏議》（中），頁844。本奏片奉旨留中。

〔註210〕〈派京堂楊士琦總理招商局仍參贊電政片〉，光緒二十九年十月十五日，收入天津社會科學院歷史研究所編，廖一中、羅真容整理，《袁世凱奏議》（中），頁850。

〔註211〕〈商部右參議楊士琦仍駐滬辦理輪電事宜片〉，光緒二十九年十一月十九日，收入天津社會科學院歷史研究所編，廖一中、羅真容整理，《袁世凱奏議》（中），頁870。

基爲第一批留美幼童出身，〔註212〕返國後即調赴朝鮮任職、爲袁世凱最早網羅的外交幕僚之一，袁世凱任直隸總督後亦將其調赴北洋辦理洋務，並曾兩度代理津海關道，〔註213〕每受袁世凱委託與各國武官、領事商辦要案，「折衝餘樽俎之間、於邦交國體、裨益匪淺」，奏請交軍機處存記。〔註214〕1907 年 5 月，袁世凱以其「諳練老成、熟悉洋務」，再度奏請補授山海關道。〔註215〕

梁如浩爲第三批留美幼童出身，〔註216〕美國紐澤西州史蒂文工學院肄業。〔註217〕1881 年歸國後先任天津西局兵工廠繪圖員，1883 年隨穆麟德赴朝鮮籌設海關，袁世凱駐朝後即擔任其幕僚，爲其最早網羅的外交幕僚之一，此後即追隨袁世凱辦理洋務，庚子後受袁世凱指派接收關內鐵路，在其經營之下，關內鐵路成爲北洋重要財源之一。歷任奉錦山海關道、天津海關監督、津海關道、上海海關道等外交相關職務。〔註218〕

劉永慶爲袁世凱同鄉，文童出身，袁世凱駐朝時即調赴朝鮮，成爲袁世凱最早網羅的外交幕僚之一，旋出任隨辦交涉商務委員、襄辦朝鮮龍山交涉通商事務、辦理朝鮮仁川交涉通商事宜等。袁世凱返國後，劉永慶仍追隨袁世凱，小站練兵時總理軍米局，武衛右軍調山東駐防時亦隨軍前往。袁世凱調任直隸總督後，委派劉永慶總理兵備處事宜，以其「才識閎通、志趣正大，辦理洋務、遇事能持大體」，奏請加恩錄用、送部引見。〔註219〕

阮忠樞爲舉人出身，袁世凱尚未發跡前即已相識，後爲李鴻章推薦入新建陸軍，管理軍制、餉章、文牘、機務，成爲袁世凱重要參謀人員。〔註220〕

〔註212〕溫秉忠編，〈最先留美同學錄〉，收入《近代史資料》（北京：新華書店，1982年 4 月第 1 版第 1 次印刷），頁 13。

〔註213〕（日）佐藤鐵治郎著，孔祥吉、（日）村田雄二郎整理，《一個日本記者筆下的袁世凱》，頁 230。

〔註214〕〈附請獎勵辦理洋務各員片〉，光緒三十一年十二月十八日，收入國立故宮博物院故宮文獻編輯委員會編，《袁世凱奏摺專輯》（八），頁 2171-2172。

〔註215〕（日）佐藤鐵治郎著，孔祥吉、（日）村田雄二郎整理，《一個日本記者筆下的袁世凱》，頁 230。

〔註216〕李喜所、劉集林等著，《近代中國的留美教育》，頁 22。

〔註217〕張學繼，《袁世凱幕府》（北京：中國廣播電視出版社，2005 年 1 月第 1 版第 1 次印刷），頁 58。

〔註218〕馬昌華主編，《淮系人物列傳——文職、北洋海軍、洋員》，頁 224-225。

〔註219〕〈劉永慶履歷單〉，光緒二十九年，收入秦國經主編，唐益年、葉秀雲副主編，《清代官員履歷檔案全編》，第七冊，頁 271 上-272 上。

〔註220〕參閱「文津在線」（http://www.nlcbook.com/HistoryCeleb/rzszdz.htm）。

阮忠樞自小站練兵時代即擔任袁世凱文案，袁世凱奏摺多出其手、與袁世凱親如家人，〔註221〕以其「襄辦洋務、考求東西政術，遇事殫精研思、發舒讜議」，奏請交軍機處存記。〔註222〕

直隸候補道孫寶琦為二品蔭生出身，曾入李鴻章幕府，〔註223〕後在北洋銀錢所、育才館、武備學堂任職，袁世凱稱其「於各國政治條約，均能悉心講求，亦不墮世俗趨末略本習氣，堪稱幹濟之才」，〔註224〕於山東巡撫任內時奏保、請交吏部帶領引見。〔註225〕孫寶琦於 1902 年 7 月 12 日奉旨出使法國，於 1905 年 11 月 12 日卸任，〔註226〕使法三年期間「熟習外交、研求政法」，袁世凱復奏請充任幫辦津鎮鐵路大臣，〔註227〕並於 1906 年 9 月署理順天府尹。〔註228〕此外，孫寶琦亦為袁世凱幕府中唯一以聯姻方式結納的洋務人才。〔註229〕

陳昭常為進士出身，〔註230〕曾隨薛福成出使英國，在駐英使館任職 4 年、遊歷英、德、法、俄、美、日各國。1989 年初，雲貴總督崧蕃奏調陳昭常赴雲南辦理洋務，中途為廣西巡撫黃槐森截留任職，歷任廣西右江兵備道、督練公所督辦、洋務局總辦、總理行營營務處等職務。1899 年丁母憂、次年起復，先後任長春知府、山海關道員，庚子期間隨駕西狩，深獲賞識。〔註231〕袁世凱以其「學問優長、才具明敏，於各國商情尚能講求」為由，奏請調赴直隸隨辦商約，並擔任洋務文案。〔註232〕

〔註221〕張學繼，《袁世凱幕府》（北京：中國廣播電視出版社，2005 年 1 月第 1 版第 1 次印刷），頁 299-300。

〔註222〕〈附請獎勵辦理洋務各員片〉，光緒三十一年十二月十八日，收入國立故宮博物院故宮文獻編輯委員會編，《袁世凱奏摺專輯》（八），頁 2171-2172。

〔註223〕馬昌華主編，《淮系人物列傳——文職、北洋海軍、洋員》，頁 193。

〔註224〕〈奏覆遵旨保薦東省賢才摺〉，光緒二十七年四月初十日，收入國立故宮博物院故宮文獻編輯委員會編，《袁世凱奏摺專輯》（二），頁 260 上。

〔註225〕〈孫寶琦履歷單〉，光緒二十七年，收入秦國經主編，唐益年、葉秀雲副主編，《清代官員履歷檔案全編》，第六冊，頁 617 下-618 下。

〔註226〕故宮博物院明清檔案部、福建師範大學歷史系合編，《清季中外使領年表》，頁 8。

〔註227〕〈附請准孫寶琦幫辦鐵路片〉，光緒三十二年閏四月二十九日，收入國立故宮博物院故宮文獻編輯委員會編，《袁世凱奏摺專輯》（八），頁 2241。

〔註228〕魏秀梅，《清季職官表附人物錄》，頁 937。

〔註229〕袁世凱七子克齊娶孫寶琦之女、六女籙禎嫁孫寶琦之姪，但成婚年代已不可考，按時間推算當在民國以後。參見袁靜雪原作，〈袁世凱的妻妾子女〉，《傳記文學》第 57 卷第 1 期，頁 150-151。

〔註230〕魏秀梅，《清季職官表附人物錄》，頁 913。

〔註231〕參閱「文津在線」（http://www.nlcbook.com/HistoryCeleb/csczjc.htm）。

〔註232〕〈調道員陳昭常赴直隸隨辦商約片〉，光緒二十九年十月十五日，收入天津社

梁敦彥爲第一批留美幼童出身，〔註233〕美國耶魯大學肄業，〔註234〕返國後先入天津電報學堂擔任教習，後爲張之洞網羅入幕，復出任江海關道。〔註235〕庚子以後，梁敦彥轉調直隸、擔任候補知府，成爲袁世凱幕僚，唐紹儀於1904年開去津海關道差使後，推薦梁敦彥繼任，〔註236〕袁世凱於1905年中以其「辦事精詳、長於交涉」，因查辦遵化賣地案有功，請旨賞加二品銜，〔註237〕復於年末出具考語時，稱其「才明心細、學貫中西，辦理交涉案件、悉能因應咸宜」。〔註238〕

趙秉鈞爲行伍出身，早年投效左宗棠，隨赴新疆、屢立戰功，在邊防上出力甚多，1889年起分發直隸任官，袁世凱督直後派任爲保定巡警局總辦，接收天津時即以巡警代替駐軍，因辦理巡警有功，袁世凱先奏請免補知府、以道員留直隸補用，〔註239〕復以其辦理交涉案件時能「持平就裡、中外翕如」，請旨交軍機處存記。〔註240〕

富士英爲上海廣方言館生出身，1898年赴日就讀早稻田大學，1902年返國後即爲袁世凱延攬，在直隸總督衙門辦理外務工作。〔註241〕1905年7月考驗留洋學生、分別給予出身時，富士英奉袁世凱令赴奉天辦事，「到奉後辦理巡警事宜，內政外交、悉資擘畫」，卻因此而錯過考驗時間，袁世凱乃奏請賞給主事，日後再由學務大臣補行考驗、送部引見、給予出身。〔註242〕

　　　　會科學院歷史研究所編，廖一中、羅眞容整理，《袁世凱奏議》（中），頁851。
〔註233〕李喜所、劉集林等著，《近代中國的留美教育》（天津：天津古籍出版社，2000年10月第1版第1次印刷），頁18。
〔註234〕張學繼，《袁世凱幕府》，頁58。
〔註235〕李喜所、劉集林等著，《近代中國的留美教育》，頁18。
〔註236〕李恩涵，〈唐紹儀與晚清外交〉，《中央研究院近代史研究所集刊》第四期上冊，頁83。
〔註237〕〈附請賞給梁敦彥二品銜片〉，光緒三十一年七月二十九日，收入國立故宮博物院故宮文獻編輯委員會編，《袁世凱奏摺專輯》（七），頁1982。
〔註238〕〈謹將本屆應核司道府提鎮各員出具切實考語繕單恭呈御覽〉，光緒三十一年十二月，收入中國第一歷史檔案館編，《光緒朝硃批奏摺》（北京：中華書局，1995年10月第1版第1次印刷），第22輯，頁108下。
〔註239〕張學繼，《袁世凱幕府》，頁226-228。
〔註240〕〈又陳道員交軍機處存記片〉，光緒三十一年八月十二日，收入國立故宮博物院故宮文獻編輯委員會編，《袁世凱奏摺專輯》（七），頁2005-2006。
〔註241〕中國海鹽門戶網站：
　　　　http://www.haiyan.gov.cn:82/gate/big5/www.haiyan.cn/portal
　　　　/html/20040921348434/20041011310958.html）。
〔註242〕〈又陳錄用遊學畢業學員片〉，光緒三十一年八月二十一日，收入國立故宮博

　　金邦平爲天津北洋西學學堂出身，1899 年畢業後赴日留學，先後就讀東京高等商業學校、早稻田大學，1905 年學成返國，參加 7 月舉辦之留洋學生考驗合格，賜進士出身、授翰林院檢討，袁世凱奏請留於北洋供職，擔任文案、北洋常備軍督練處參議等。〔註243〕金邦平於日俄戰爭期間「議查公法、研求局外條例。每遇疑難重要之件，該員考訂論辨、深中窾綮，於中立一意、贊劃實多」，袁世凱奏請於保送知府後，免補知府而以道員留於直隸補用。〔註244〕

　　蔡廷幹爲第二批留美幼童出身，返國後於任職於大沽砲台魚雷隊，甲午戰爭中負責指揮威海衛魚雷艇隊，〔註245〕被日軍所俘、戰爭結束後獲釋，再度赴美考察，因通報錯誤，朝廷誤以爲其棄職潛逃，下旨革職嚴拿、拿獲立即正法。袁世凱得知蔡廷幹返抵香港後，將其調至天津面談，認爲蔡廷幹「於西國政法藝術頗有心得，而才識亦優，實爲不可多得之才」，請旨消去嚴拿正法罪名，將蔡廷幹留於北洋差遣任用。〔註246〕

　　劉燕翼自接收天津以來即隨袁世凱辦理商約、洋務等事，雖因丁憂回籍守制，袁世凱仍奏請起復，將劉燕翼調往北洋辦理洋務，〔註247〕一年後即以其「熟諳條約、兼涉公法，遇有疑難重要之件，該員昕夕勾稽、援據約章、剖析事案」，奏請交軍機處存記，〔註248〕後又以日俄戰爭期間籌辦中立，「所有中立重要文件，皆賴該員襄助經理，用力獨多、機宜悉合」，保舉劉燕翼以海關道記名、遇缺簡放。〔註249〕

　　江蘇候補知府蔡匯滄「才長心細、爲守兼優」，袁世凱先請旨將其調至北

物院故宮文獻編輯委員會編，《袁世凱奏摺專輯》（七），頁 2009-2010。

〔註243〕邱啓炘，〈金邦平的清末民初歲月〉，收錄於「中國黟縣」網站，網址爲：
　　　　http://yixian.gov.cn/dt2111112483.asp?DocID=2111119318

〔註244〕〈金邦平請俟保送知府後以道員留直補用片〉，光緒三十三年七月初四日，收入天津社會科學院歷史研究所編，廖一中、羅眞容整理，《袁世凱奏議》（下），頁 1510-1511。

〔註245〕李喜所、劉集林等著，《近代中國的留美教育》，頁 19。

〔註246〕〈又請銷蔡廷幹罪名緣由片〉，光緒三十一年六月十八日，收入國立故宮博物院故宮文獻編輯委員會編，《袁世凱奏摺專輯》（七），頁 1938。

〔註247〕〈附陳揀員隨辦商約洋務片〉，光緒三十年九月十七日，收入國立故宮博物院故宮文獻編輯委員會編，《袁世凱奏摺專輯》（六），頁 1571。

〔註248〕〈附請獎勵辦理洋務各員片〉，光緒三十一年十二月十八日，收入國立故宮博物院故宮文獻編輯委員會編，《袁世凱奏摺專輯》（八），頁 2171-2172。

〔註249〕〈劉燕翼請以海關道記名簡放片〉，光緒三十三年七月初四日，收入國立故宮博物院故宮文獻編輯委員會編，《袁世凱奏議》（下），頁 1507-1508。

洋，擔任商約、電報、輪船等洋務文案，〔註250〕兩年後，儘管蔡匯滄已年逾六旬，袁世凱仍以其「明通樸實、爲守俱優。……於各國條約、素所究心，遇事研求反覆、不厭精詳。……派令綜理商埠、洋務各事，皆能籌畫周詳、條理精密」爲由，奏請軍機處存記。〔註251〕

陶葆廉爲舉人出身，1903 年 7 月出任浙江高等學堂監督，後轉任兵部員外郎、學部諮議、陸軍部軍計局郎中等職，〔註252〕袁世凱以其「周歷各省。益考求古今治術源流、中外交涉情弊，兼綜並貫」，袁世凱奏請調赴直隸差委，〔註253〕將其納入幕府。

程經世爲童生出身，〔註254〕入同文館主修德文，〔註255〕於德國裁減北京至海軍隊時，成功索回廊坊、楊村、北戴河、山海關各處軍營，以及天津德國廢棄軍營，袁世凱奏請以道員資格遇缺即補。〔註256〕

淩福彭爲進士出身，初任戶部七品小京官、軍機章京，〔註257〕於天津收回前即出任天津府知府，往來保定、北京之間，籌畫各項應辦事宜，後隨袁世凱赴天津部署接收善後事宜，井井有條，於護理天津道、並代理津海關道期間「河工洋務，考求有素、因應適宜」，袁世凱於其調補保定府知府後、仍將其調署天津，以辦理交涉事宜，因而奏請送部引見。〔註258〕

袁樹勳爲文童出身，然年幼失學、曾投效湘軍。〔註259〕甲午之役隨劉坤

〔註250〕〈又陳遴員辦理北洋事務片〉，光緒二十九年正月十八日，收入國立故宮博物院故宮文獻編輯委員會編，《袁世凱奏摺專輯》（三），頁 787。
〔註251〕〈奏陳保舉辦理交涉人才摺〉，光緒三十一年九月初二日，收入國立故宮博物院故宮文獻編輯委員會編，《袁世凱奏摺專輯》（七），頁 2022-2023。
〔註252〕參閱浙江大學網站，網址爲：
http://www.zju.edu.cn/~piclib/fazhan/fz01/jxcqxz.htm。
〔註253〕〈又請飭陶葆廉來直差委片〉，光緒三十一年十二月十五日，收入國立故宮博物院故宮文獻編輯委員會編，《袁世凱奏摺專輯》（八），頁 2151-2152。
〔註254〕丁韙良編，《同文館題名錄》，第七次，光緒 24 年刊本，頁三十二。
〔註255〕同上註，頁六。
〔註256〕〈又陳程經世以道員遇缺片〉，光緒三十二年五月二十八日，收入國立故宮博物院故宮文獻編輯委員會編，《袁世凱奏摺專輯》（八），頁 2272。
〔註257〕北京敷文社編，《最近官紳履歷彙錄》（臺北：文海出版社，民國 59 年出版），頁 200 上。
〔註258〕〈保定府知府淩福彭卓異引見臚陳政績片〉，光緒三十三年二月初十日，收入天津社會科學院歷史研究所編，廖一中、羅眞容整理，《袁世凱奏議》（下），頁 1458-1459
〔註259〕〈袁樹勳履歷單〉，光緒 24 年，收入秦國經主編，唐益年、葉秀雲副主編，《清代官員履歷檔案全編》，第六冊，頁 449 上-449 下。

一赴山海關，戰後劉坤一以堪任使才保舉，授天津府知府，後隨兩宮西狩，旋補授蘇淞太道，任職達五年之久，1906 年轉任順天府府尹。〔註260〕袁世凱以袁樹勳於江海關道任內、在上海籌辦中立，使上海在日俄戰爭期間「安靖無虞、保全甚大」，請賞給頭品頂戴、一品封典，〔註261〕將其納入幕府。

增韞為蒙古鑲藍旗人，附生出身，曾任奉天新民廳同知，新民府知府、直隸按察使等，〔註262〕於日俄戰爭期間擔任新民府知府，「措置從容、妥籌因應，據理爭論、保全甚多」，因而奏請交軍機處存記。〔註263〕

沈桐為進士出身，初任內閣中書，隨伍廷芳使美、擔任二等參贊，並曾代理駐美公使，駐外時間長達七年，返國後以道員銜留直隸補用、並交軍機處存記，袁世凱委以洋務學堂差使。周馥出任兩江總督後，借調沈桐至南洋，「歷辦交涉、悉當機宜，總辦學務、士林稱頌」，袁世凱視之為不可多得之才，因而具摺保薦沈桐、交軍機處存記。〔註264〕

顏世清為進士出身，初任直隸候選道。〔註265〕袁世凱收回天津後，於 1902 年 9 月 2 日設立洋務局，延請顏世清擔任官報局總辦、洋務局會辦、總督署總文案等職。因辦事認真、出力尤多，袁世凱奏請於分省後歸候補班補用。〔註266〕

曹嘉祥為第三批留美幼童出身，〔註267〕於美國攻讀理化，返國後在北洋海軍供職，曾參與甲午海戰。〔註268〕袁世凱收回天津後，曹嘉祥以候選道銜

〔註260〕〈清故署兩廣總督山東巡撫袁公神道碑〉，收入陳金林、齊德生、郭曼曼編輯，《清代碑傳全集》，下冊，頁 1354 中-1355 上。

〔註261〕〈唐紹儀等請分別給獎片〉，光緒三十三年七月初四日，收入天津社會科學院歷史研究所編，廖一中、羅真容整理，《袁世凱奏議》（下），頁 1509。

〔註262〕北京敷文社編，《最近官紳履歷彙錄》（臺北：文海出版社，民國 59 年出版），頁 322 下。

〔註263〕〈又陳保薦賢良並請擢用片〉，光緒三十一年二月初十日，收入國立故宮博物院故宮文獻編輯委員會編，《袁世凱奏摺專輯》（六），頁 1773。

〔註264〕〈奏為敬舉人才恭摺密陳仰祈聖鑒事〉，光緒三十二年三月十二日，收入中國第一歷史檔案館編，《光緒朝硃批奏摺》（北京：中華書局，1995 年 10 月第 1 版第 1 次印刷），第 22 輯，頁 338 上-338 下。

〔註265〕北京敷文社編，《最近官紳履歷彙錄》（臺北：文海出版社，民國 59 年出版），頁 334 下。

〔註266〕〈北洋辦理洋務出力人員三年期滿擇優請獎摺〉，光緒三十一年十二月十八日，收入天津社會科學院歷史研究所編，廖一中、羅真容整理，《袁世凱奏議》（下），頁 1225-1226。

〔註267〕溫秉忠編，〈最先留美同學錄〉，收入《近代史資料》（北京：新華書店，1982 年 4 月第 1 版第 1 次印刷），頁 16。

〔註268〕順德檔案館編〈從梁敦彥、曹嘉祥談到清代官費留學幼童〉，收於「順德志資

入直隸洋務局任職，因表現出色，袁世凱奏請加二品銜。〔註 269〕

　　對於外交人才，袁世凱盡量給予官職，令其在直隸就近辦理洋務。如暫無官職可以安排者，袁世凱則令其入直隸洋務局任職，如直隸候選知府左韻機、直隸試用同知嚴廷璋、候選同知侯良登、候選同知金朵、候選布理問雷其浚、分省補用府經歷徐遠、分省補用縣丞周寶辰、直隸試用縣丞金湯、直隸試用縣丞黃榮階、候選縣丞華世琯、文童餘俊年等，均因在直隸洋務局任職期間辦理交涉表現優良，為袁世凱奏請超擢選用。〔註 270〕

　　由袁世凱外交幕僚之出身、背景，可知袁世凱所網羅的外交人才涵蓋舊官僚、廣方言館館生、留美幼童、新式學堂學生、出洋留學學生、外館隨員、武官、生員等各層面，以保奏、奏調方式納入幕府，或任官職、無官職可安插者則令入洋務局辦事，無法納入幕府者亦不忘隨時保舉，以維持良好關係。而由袁世凱所保舉之事功來看，其幕僚人員對於袁世凱所經辦之各項交涉無不有所貢獻。袁世凱由一不諳外交之武夫蛻變為交涉能臣，當係得力於其外交幕僚之助。

第六節　培育人才以應時變

　　自小站練兵以來，袁世凱發展出自求改善之外交策略，認為自身條件改善、不使外人有藉口可以生事應為中國外交的基本方針之一，這種先自求改善的觀念反映在他對庚子後新政的支持上。

　　庚子期間，地方督撫頗有意乘機奏請推行新政。當新政之議初起時，袁世凱即提出「行新政，必以養人材為首要」的看法。〔註 271〕袁世凱此言係針對張之洞所提，陝西、湖南一帶主戰派聲音並未減輕，皆認為中國之敗係漢奸所為，或以為董福祥若能招募足夠兵力，則必然戰勝，或以為中國必須戰

　　源庫」網站，網址為 http://www.sdlib.com.cn/sdzhi/ReadNews.asp?NewsID=406。
〔註 269〕〈北洋辦理洋務出力人員三年期滿擇優請獎摺〉，光緒三十一年十二月十八
　　　　日，收入天津社會科學院歷史研究所編，廖一中、羅眞容整理，《袁世凱奏議》
　　　　（下），頁 1225-1226。
〔註 270〕〈北洋辦理洋務出力人員三年期滿擇優請獎摺〉，光緒三十一年十二月十八
　　　　日，收入天津社會科學院歷史研究所編，廖一中、羅眞容整理，《袁世凱奏議》
　　　　（下），頁 1225-1226。
〔註 271〕〈袁中丞來電〉，光緒二十六年十月三十日，收入盛宣懷，《愚齋存稿》上冊，
　　　　卷 47，〈電報 24〉，頁 1078 下。

勝始有議和希望等地方主戰派意見而來，〔註272〕認爲中國知識份子若十之七八皆如陝西、湖南士人般見識短淺，新政必無從行起。但就袁世凱所提出之培養人才觀念，可以發現其始終認爲中國擺脫困境唯一法門爲行新政，而行新政又首重培養及運用新式人才，即應由「用新人、行新政入手，如蹈常襲故、決無辦法」，〔註273〕如不變更用人制度，新政不可能成功。

袁世凱也提出由用人入手的具體辦法，其立論中心爲求才，重點在於「現在由破格中求眞才，將來由學業中求眞才」兩項。傳統科舉取士顯然已不適用，必須改變取士方法，由學校培養人才。學校人才未盛之前，先以破格錄用方式晉用科舉正途以外人才。「取士之途必須改、學校之法必須加、繁密之文必須刪、欺私之見必須除，冗散之職、無益之費必須認眞裁汰」，如此方能使眞才爲我所用。至於振興商務、精簡武備、提倡工藝、開啓民智、厚殖民生等項，亦須切實舉辦，不可有始無終、有名無實。〔註274〕

袁世凱顯然認爲實施新政確有迫切需要，除與劉、張、盛電報討論外，亦致書西安行在，認爲「和議將成、賠款甚巨，此後愈貧愈弱、勢難自立。如蹈常習故，直無辦法，宜請旨飭內外臣工各陳富強之策、以備採施」，並邀請盛宣懷上書建言，〔註275〕此種說法已接近於要求朝廷變法。張之洞對新政變法反應相當謹愼，雖贊成袁世凱意見，但認爲此時不應提新政，應由「化新舊之見」入手。〔註276〕袁世凱對於化新舊之見甚爲贊同，請張之洞本此意旨先擬訂新政大綱，以便各省可以參照，但反對劉坤一、張之洞隨後提出的各省聯銜會奏建議，認爲恐與變法上諭中令彊臣各抒己見旨意不符。張之洞提出以「親貴遊歷、遊學各國、科舉改章、多設學校、西法練兵、專官久任、仿設巡捕、推廣郵政、專用銀元」九事優先辦理，袁世凱亦大爲贊成，認爲

〔註272〕〈張香帥來電〉，光緒二十六年十月三十日，收入盛宣懷，《愚齋存稿》上冊，卷47，〈電報24〉，頁1078下。

〔註273〕〈袁中丞來電〉，光緒二十六年十一月初八日，收入盛宣懷，《愚齋存稿》上冊，卷47，〈電報24〉，頁1094上。

〔註274〕〈袁中丞來電〉，光緒二十六年十一月十六日，收入盛宣懷，《愚齋存稿》上冊，卷47，〈電報24〉，頁1108上-1108下。

〔註275〕〈袁撫台來電〉，光緒二十六年十一月二十三日，收入苑書義、孫華風、李秉新主編，《張之洞全集》第10冊，卷243，〈電牘七十四〉，頁8490-8491。

〔註276〕〈致江寧劉制台、濟南袁撫台、上海盛大臣〉，光緒26年十一月二十四日，收入苑書義、孫華風、李秉新主編，《張之洞全集》第10冊，卷243，〈電牘七十四〉，頁8490。

與自己的主張相去不遠，表示願意附名。但張之洞、劉坤一兩人相互推辭、皆不願主稿。〔註277〕

　　1901年4月21日，朝廷再頒上諭，設立督辦政務處，令張之洞、劉坤一兩人遙為參預，並以各督撫多尚未奏陳自強辦法，要求各督撫迅速條奏。〔註278〕袁世凱接獲行在友人通知，相信朝廷已料想到各督撫有聯名上奏之意，同時張、劉兩人列名參政，與其他省分不同，自然不宜聯名上奏，因而決定單銜入奏。〔註279〕

　　袁世凱於4月25日呈遞之〈遵旨敬抒管見、上備甄擇摺〉中，以培養人才為論述中心：

> ……臣權衡輕重緩急、通盤籌畫，其驟難興舉者，貴乎循序漸進、不可操切以圖，其亟需變更者，又貴乎明斷力行、不為龐言所動。核其要在於熟審治法，能慎始乃能圖終，探其本在於廣植眾材，能得人乃能行政。其餘理財講武、以次遞施，因時制宜、興利剔弊，而成效乃可得而言也。

袁世凱於奏摺中提出「慎號令、教官吏、重實學、增實科、開民智、重遊歷、定使例、辨名實、裕度支、修武備」等十項收效較易的建議。其中除辨名實、裕度支兩項較偏重制度層面改革之外，其餘八項多偏重於更張用人之法，由其具體內容中，可發現袁世凱甚為重視涉外人才的培養與進用。

　　例如如「教官吏」一項，袁世凱認為學校人才培養非一時三刻能收效，應於現有官吏之中設法改造，乃建請在京師設立課官院，簡派明白事理之王大臣總管其事，由六部、九卿、翰詹科道各衙門挑選品學敦實、才識明通者入學，授以本國史學、掌故、政治、律例、以及各國約章公法等知識。其中若有品學兼優、志趣遠大者，可於學成後派令出洋遊歷，使其得以在海外驗證所學、進而使其精實所學，待回國之後優予獎擢。〔註280〕

　　「增實科」一項，袁世凱建議將科舉錄取額度刪減兩成，三科之後遞減

〔註277〕李細珠，《張之洞與清末新政研究》（上海：上海書店出版社，2003年10月第1版第1次印刷），頁87-90。

〔註278〕〈內閣奉上諭〉，光緒二十七年三月初三日，收入中國第一歷史檔案館編，《光緒宣統兩朝上諭檔》二七，頁49下-50上。

〔註279〕〈袁撫台來電〉，光緒二十七年三月初五日，收入苑書義、孫華風、李秉新主編，《張之洞全集》第10冊，卷245，〈電牘76〉，頁8553。

〔註280〕〈遵旨敬抒管見、上備甄擇摺〉，光緒二十七年三月初七日，收入天津社會科學院歷史研究所編，廖一中、羅真容整理，《袁世凱奏議》上，頁269-270。

至四成，名額轉撥實科，先由沿海各省開始，仿科舉方式層層考試，除經濟實務外，亦必須能明儒學，成進士後，殿試試以實務、賜予出身。其精通各國文字、熟悉各國政務者，發交總理衙門、出使大臣、各省督撫差遣，一年期滿後再行考核。待三科過後，即可廢除科舉，嗣後取士方式則悉照實科章程辦理。〔註281〕

「重遊歷」一項，袁世凱建議派遣近支親貴分赴外洋各國，精心挑選留心時務之京官隨從遊歷，目標為考察各國政治、學術、風土、人情，如此既可增廣見聞，亦可同時觀察各國情勢，如此「濡染既久、智慧日生」，則華洋情形均可了然於胸，將來回國任事自能得心應手，遇有華洋交涉時則更不難於因應。各國見中國風氣日開，必然漸漸重視、親近，加上中國已洞悉外國情勢，亦可使外國心生顧忌，不致任意欺凌。京師各衙門人員如有情願出洋者，可向總理衙門呈報，詳加考察後確認其才堪造就者，可在出使經費項下撥款資助其出洋留學，回國後考核其所學，決定升遷與否。如因遠隔重洋而有所顧慮，不妨先赴日本或中國各通商口岸就近遊覽，亦足以令其對外國得到初步認識。〔註282〕

袁世凱之所以建議朝廷派遣王公大臣赴外洋游歷，著眼點在於庚子一役後，朝廷自行下旨懲處、以及北京外交團指定應懲辦禍首、合計共15人中，近支親貴即有六名。王公近在君側，如始終未能體認中外強弱之別，難保易日之後庚子事件不再重演，故而奏請派王公大臣出洋，使其增廣見聞，俾能化解潛在阻力。

「定使例」一項，袁世凱先陳述使才對一國外交的重要性，再舉例解釋英國外交人員素質之所以高出他國，原因在於「執掌既重、任用尤專，……常有數十年不離一國、亦有終其身專膺使命者，……故內外情通、洋務嫻熟，交際之間、應付鹹宜」，中國的外交制度缺點則在於「遣使向無專途，隨帶人員尤多雜染，而任滿受代、永難熟習」，因此建議應以專任、久任為改革方向。〔註283〕此項建議，一言以蔽之，即建立職業外交官制度。

〔註281〕同上註，頁 271-272。
〔註282〕同註281，頁 272-273。
〔註283〕其文曰：「各國凌我貧弱、遇事要脅，惟在辦理交涉人員善為因應，以免失機償事，是出使人員關係絕重。查各國使例、英為最善。公使一途，重諳交涉；領事一途，重習商務，雖統名為使員，而其中實隱有區別。凡膺出使之任者，必為其政府所素信、及洞悉各國情事，始可充任。抵任後考究該國風土、政

　　袁世凱自言，變法之目的在於「務使中外士庶咸知朝廷決不頑固、決不仇洋，必可有益和局，將來回鑾亦多安穩」。〔註284〕實施變法確實有助於讓中國脫胎換骨，但更重要的目的在於，藉此向列強宣示中國不再守舊排外，以換取影響列強在議和中對中國釋出善意的可能性。符合袁世凱自1899年以來即已形成之「自求改善」外交策略，以自身的改良作為改善國際地位的方法。然而朝廷對袁世凱建言的處置方式為留中，且未有進一步指示，顯然朝廷目前尚未準備好就人事制度，或人才養成方面進行大規模改革。

　　因張之洞、劉坤一奉旨參預督辦政務處，袁世凱也催促張之洞、劉坤一等儘速奏覆，希望促使朝廷能在回鑾前下詔行新政，以免各國以政府守舊頑固為由，要求中國更換執政，或提出多項變法要求，要求中國照辦，如此則必然損及國體。如能擇興辦學堂、改革科舉等幾項先辦，「則各國耳目一新、保全甚多，其弛張橫議之流，亦可稍斂」。〔註285〕以此觀之，袁世凱之所以提出變革方法，雖屬於其一貫之「用新人、行新政」思想，但更深層的思想則是希望藉由屬行新政，遏阻將來兩宮回鑾後可能發生的列強藉口干政情形，此亦其一貫之「自求改善」策略。用新人方能行新政，行新政即是自求改善，

治，一切利弊與其意向動靜，隨時刺探、據實報明本國，執掌既重、任用尤專，其階資遷擢，率不外乎本途，類由書記、翻譯、參贊以次考功遞升，常有數十年不離一國、亦有終其身專膺使命者，按其年限給假休息、差俸仍舊，有時外部缺員，亦由使員內選調任用，故內外情通、洋務嫻熟，交際之間、應付鹹宜，而本國利益在在均佔先著。中國遣使向無專途，隨帶人員尤多雜染，而任滿受代、永難熟習。似宜精選使才，先令在總理衙門當差、稍加歷練，再因缺派往各國。其隨帶各項要差人員，均由總署在於實科登進之各司員內考取充派，概不准隨意攜帶、亦不許無故調換。自使臣以下、均以久任為主，有時使臣易人，而所屬之員仍可照舊供差，仿照英例立限給假休息。總署需員，亦分別堂司、在使員中調用，庶總署、使員聯為一氣、呼吸相通，任久職專，情形透徹，遇有各國事案、自可算無遺策。且使員得人、敵情了然，既有詭謀、亦得以預為防範。該使員並可藉其土著，喉舌煽動，使他國之與我為敵者互相疑忌，藉以緩我禍機，又可相機聯絡、以分敵國之勢。其中無形之作用、裨益良多」。參見〈遵旨敬抒管見、上備甄擇摺〉，光緒二十七年三月初七日，收入天津社會科學院歷史研究所編，廖一中、羅真容整理，《袁世凱奏議》上，同上註，頁273-274。

〔註284〕〈袁慰帥來電〉，光緒二十七年三月初八日，收入盛宣懷，《愚齋存稿》下冊，卷54，〈電報31〉，頁1221上。

〔註285〕〈辛丑四月十一日濟南袁來電〉，光緒二十七年四月十一日，《張之洞存各處來電》第47函，所藏檔甲182-149，轉引自李細珠，《張之洞與清末新政研究》，頁96-97。

自求改善則可保我自有之權,「行新政」成爲「保利權」的重要途徑之一。

　　對袁世凱而言,治國以人才爲先,中國處今日之勢,「非有通曉中外情形、明達事務之人才,不足以濟艱難而備緩急」。但目前談洋務者多並無眞才實學,不足以抵禦外力,欲求老成持重、歷練完整者更不可得,〔註286〕因此除上奏建請改變選才方式外,亦致力於培養、發掘外交人才,依方式不同,又可分爲使既有官員增加處理洋務嫻熟度、在學校教育中推廣洋務知識、建立職業外交官體系三方面。

一、既有官員進修

　　袁世凱尙在山東巡撫任內時,即於 1901 年 10 月 6 日開設課吏館,考試科目分爲政治、洋務、財賦、河工等項,令候補正佐各員任選其一。優等者親自面試,通過後令入課吏館讀書,成績保持優異者酌量委用,成績低劣者罰令學習。〔註287〕同時請旨設立校士館,規定舉、貢、生、監均得應課,月課三次,首課試中國政治、史事論,二課試各國政治、藝學策,三課試四書、五經,考試成績優異者優加獎勵。爲免考生茫無頭緒,擬精選、鉛印目前流通之各國歷史、政治、藝學書籍以分發各屬,方便士子購買、學習。〔註288〕

　　調任直隸總督後,袁世凱鑑於人才養成之不易,曾上摺建議在京師官員間取已成之材再造就。設立仕學院一所,令軍機處、政務處、外務部各司員及四品以下京堂、翰林、科道、部曹與在京外省官員均可參加,仿外國談話會規模設立講論會,聘請外國學識淵博人士駐講講題包含交涉等 11 項,由參與人員自行選擇,使其漸漸熟習各國政治要領及各項專門學術,〔註289〕同時建議聘洋員駐講時不經由各國政府,洋員不具有教習身份。〔註290〕但兩道摺片均遭留中,未有進一步指示。

〔註286〕〈奏陳保舉辦理交涉人才摺〉,光緒三十一年九月初二日,收入國立故宮博物院故宮文獻編輯委員會編,《袁世凱奏摺專輯》(七),頁 2022-2023。

〔註287〕〈設課吏館片〉,光緒二十七年九月二十四日,收入天津社會科學院歷史研究所編,廖一中、羅眞容整理,《袁世凱奏議》上,頁 311-312。

〔註288〕〈設校士館片〉,光緒二十七年九月二十四日,收入天津社會科學院歷史研究所編,廖一中、羅眞容整理,《袁世凱奏議》上,頁 312-313。

〔註289〕〈請飭在京特設仕學院並附立講論會摺〉,光緒二十八年二月二十七日,收入天津社會科學院歷史研究所編,廖一中、羅眞容整理,《袁世凱奏議》上,頁 482-484。

〔註290〕〈愼延仕學院洋教習片〉,光緒二十八年二月二十七日,收入天津社會科學院歷史研究所編,廖一中、羅眞容整理,《袁世凱奏議》上,頁 484。

　　即使朝廷仍無法皆受袁世凱建議，袁世凱仍決定擴大人才培養方式。袁世凱仿山東課吏館之例，在直隸亦設置課吏館，章程中仍舊規定政治、洋務、財賦、河工等四門課業，入館者可任擇一門，其中習政治者需學習「二百年來外交掌故，及目前如何開民智、靖民氣，及律例諸學」，習洋務者需學習「外國歷史、外交、政治，以及教案、通商、條約」，兩科均需學習外交。課吏館員研究範圍以直隸一省政務為主，入館者以直隸一省候補官員為主，館生須編寫日記、研究考證，以其致用，〔註291〕每月考試兩次，成績屢列前茅者即給予差缺。〔註292〕

　　課吏館立意雖然良善，但實施不久即產生弊端。袁世凱令館生任擇一科考試，原意在令館生就其興趣自由選擇，但館生反依各科題目難易度而臨時變換應考科目；雖要求館生以日記呈現研究心得，但日記內容流於形式化，並無認真研究。至於直隸官員雖已鮮有不知公法約章者，但徒知其名、而不知其用，遇事仍然猶疑不決，仍舊以幕賓意見為主，以至仍然動輒得咎。袁世凱乃決定於四科之外，再設置「交涉」一科，令館生用心研究、詳讀公法約章，與原本四科一律定期考驗。〔註293〕

　　不久，袁世凱將課吏館改制為直隸法政學堂，依然專教直隸候補人員，並增聘洋教習、翻譯，〔註294〕其暫行章程中規定修業期限兩年，每週上課時間36小時，學習科目分為九種，其中涉及洋務者有五門，「交涉學」3小時，授以戰時、平時國際公、私法；「中國律例學」12小時，授以大清律例、各國條約、歷年交涉成案；「政治學」4小時，授以政治原理、各國政體、行政法；「憲法學」2小時，授以各國憲法意義及由來；「地理學」2小時，授以萬國政治及商業地理概要。〔註295〕正式開辦後，修業年限仍維持兩年、包含預科半年、正科一年半，每週均為30小時課程，預科每週應修世界歷史4小時。

〔註291〕〈直隸課吏館章程〉，收入甘厚慈編，《北洋公牘類纂》（臺北：文海出版社，民國55年），卷三，吏治一，頁220-223。

〔註292〕〈課吏館稟課吏章程六條並批〉，收入甘厚慈編，《北洋公牘類纂》，卷三，吏治一，頁223-224。

〔註293〕〈姚承康之整頓課吏館條陳稟並批〉，收入甘厚慈編，《北洋公牘類纂》，卷三，吏治一，頁224-226。

〔註294〕〈歐陽道弁元酌擬課吏館改設法政學堂章程稟並批〉，收入甘厚慈編，《北洋公牘類纂》，卷三，吏治一，頁226-229。

〔註295〕〈署按察司陳籌設法政學堂謹擬章程十條並請撥款開辦稟並批〉，收入甘厚慈編，《北洋公牘類纂》，卷三，吏治一，頁229-232。

正科科目中，第一學期每週應修國際公法 3 小時、中外通商史 2 小時；第二學期應修交涉約章 3 小時、國際公法 2 小時；第三學期應修交涉約章 2 小時、國際私法 2 小時。〔註296〕如此，使直隸候補官員於等待簡放過程時，充實各項關於辦理交涉相關知識，實授後即可降低因恐懼、或不熟洋務而造成中外衝突、甚至損及國家利益。

此外，為使官員開闊視野，袁世凱曾令所轄直隸各州縣官員於到任前須先赴日遊歷三個月，在日本時由留學監督隨時考核、須撰寫留學日記、陳述意見。〔註297〕袁世凱於 1905 年 7 月 20 日奏陳派遣官紳出洋遊歷辦法，解釋派員出洋原因在於「求民智之開」，官紳為民表率，如始終蒙昧如故，則民智永不能開，故非由官紳入手不可，年輕者令遊學、年長者令遊歷，既可令其直接接觸外國人事物，復可藉此影響百姓，使百姓與官員逐漸消彌對洋人敵意。袁世凱任直隸總督後，已先後派遣官費、自費學生計百餘人出洋，但因費重時長、一時間無法普及，因而決定此後直隸新進、新補人員於未到任前須先赴日本遊歷三個月，參觀行政、司法各署與學校、實業，返國後須呈驗日記，以使官員開闊視野、親自接觸外國政風民情，降低對於洋務的陌生與恐懼。〔註298〕

二、在學校教育中推廣洋務知識

袁世凱對於洋務人才的養成極為關心，任山東巡撫時期，奉上諭於各省試辦學堂，袁世凱即聘請美國人赫士擔任大學堂總教習，〔註299〕於進呈之山東省城試辦大學堂暫行章程中，規定大學堂分為備齋、正齋、專齋三部，備齋課程包含外國語言、文字、史志、地輿、算數等初級課程，正齋課程包含中外史學、中外治法學、譯學，專齋課程包含中外史學、中外政治學等外國相關知識。外國語文課程包括英文、德文、法文三種，可專習其一，或專習英文而兼習其他，每月考洋文作文一篇。學生畢業後，由總辦、總教習擇優

〔註296〕〈直隸法政學堂章程（學堂設於保定省城）〉，《北洋公牘類纂》，收入甘厚慈編，《北洋公牘類纂》，卷三，吏治一，頁 238-239。

〔註297〕（日）佐藤鐵治郎著，孔祥吉、（日）村田雄二郎整理，《一個日本記者筆下的袁世凱》，頁 363-364。

〔註298〕〈又陳分飭官紳遊歷緣由片〉，光緒三十一年六月十八日，收入國立故宮博物院故宮文獻編輯委員會編，《袁世凱奏摺專輯》（七），頁 1937-1938。

〔註299〕〈訂美國人赫士充大學堂總教習片〉，光緒二十七年九月二十四日，收入天津社會科學院歷史研究所編，廖一中、羅真容整理，《袁世凱奏議》上，頁 340-341。

呈請出洋留學，學成歸國後，經山東省考驗合格、即咨送外務部複試，合格者再奏請獎勵。〔註300〕

　　直隸總督任內，袁世凱創設師範學堂、小學堂、中學堂時，規定師範學堂學生依畢業年限分為四齋，但不論何齋，中外史略、中外地理大要均為必修，第三齋須兼習萬國公法，第四齋須兼習東洋各國新史、西洋各國新史、近世外交史、外國地理等科目。小學堂教習由師範學堂畢業生膺選，學堂修業年限四年，課程包含東洋各國史略、外國地理、萬國公法、西洋各國史略、外交史等科目。〔註301〕中學堂課程四年，需學習英文、地輿學、環球地勢、各國淺近政治學、泰西十九世紀新史等科目，〔註302〕使學生自入學伊始及接觸外國相關知識，達到培養洋務人才目的。

三、建立職業外交官體系

　　建立職業外交官體系方面，袁世凱於 1901 年 4 月 25 日呈遞之〈遵旨敬抒管見、上備甄擇摺〉中，已亟言職業外交官的重要性。袁世凱認為外務部必須多用曾經出洋人員，在外務部任職經一定年資者，應派赴駐外使館工作，以使內外互相交流、截長補短。〔註303〕1902 年 5 月 2 日，袁世凱將這個想法具體化，領銜上摺建議朝廷應重視外交人才培育。奏摺以「時艱日棘、交涉才難，事關國計安危、斷難蹈常習故，必須變通成法、以期得人而資補救」為立論中心。首先敘述外國對於外交人才的任用態度精英化、常駐化、專門化，外部與出使兩途互為表裡。袁世凱強調天下大勢錯綜複雜，外交得失與國勢強弱有絕對關係，因此各國莫不重視外交人才，善加培養、委以重任。至於中國，身處庚子變局之後，積弱之勢已極，外交上不容許再發生失誤，應在交涉人員、章程方面審慎辦理，以杜絕外國侵凌。具體方法為使外務部、

〔註300〕〈遵旨改設學堂酌擬試辦章程摺〉，光緒二十七年九月二十四日，收入天津社會科學院歷史研究所編，廖一中、羅真容整理，《袁世凱奏議》上，頁 317-340。

〔註301〕〈籌設直隸師範學堂小學堂擬訂暫行章程摺〉，光緒二十八年七月初五日，收入天津社會科學院歷史研究所編，廖一中、羅真容整理，《袁世凱奏議》中，頁 518-597。

〔註302〕〈籌設直隸各屬中學堂擬訂暫行章程摺〉，光緒二十八年七月初五日，收入天津社會科學院歷史研究所編，廖一中、羅真容整理，《袁世凱奏議》中，頁 599-604。

〔註303〕〈致保定袁制台、江寧劉制台〉，光緒二十八年二月十四日，收入苑書義、孫華峰、李秉新主編，《張之洞全集》第十一冊，卷二百四十九，〈電牘八十〉，頁 8751。

出使各國人員均由長期嫻熟洋務之人久任，致其「呼吸相通、氣脈貫注」，不致因內遷、外轉而產生斷層，始能達成無形之維持與隨時之補救等重要外交任務，保護中國外交利益。〔註304〕可知，袁世凱目的並不僅止於將外交人員任用制度化，而是從根本上建立職業外交官制度，使所有經辦外交之官員，不論國內國外，均爲久歷外交、理論與實務經驗兼備者。

在袁世凱奏摺呈遞前兩個月，駐俄公使楊儒亦曾條陳建議設立職業外交官制度，〔註305〕但並未引起重視。袁世凱、劉坤一、張之洞聯名，袁世凱主稿、領銜奏摺呈遞後，職業外交官問題終於獲得朝廷重視，令交外務部審酌辦理，外務部雖認爲奏摺內容「應付咸鹹宜，洵爲整頓部務慎重使才之要義」，

〔註304〕其文曰：「其未用也，皆儲之有素；其將用也，必採之綦精；其既用也，又委之甚專、而任之甚久。凡居外部曁出使各員，既設爲缺額、復互相調用。其居外部者，大半曾經出使；其任出使者，率多選自外部，二者交資、輪替出入，職地雖異、事寄則同，終其身周歷乎交涉之途，於本國之局勢及外邦之情形，無不爛熟胸臆。而其人又率皆習各國語言文字，彼此聯絡、情志易通，遇事見機、多佔先著，利則陰爲規取、害則預爲防維。故外部與出使兩途，各國均視之極重，從無以芒昧扞格者厠其間也。……嗣後外務部司員各缺，由出使各國大臣所屬參贊、隨意各員中，精揀久在外洋者，出具切實考語，保送外務部考究補充。如慮不敷，暫准由沿江沿海各督撫精揀曾經出洋之員、或遊學或學生，確有考究者，具體保送外務部酌量選用，缺額之外可做爲候補。其使館參隨各員缺，由外務部精選品端學優、能通洋文之司員前往補充，如慮不敷，暫准由翰林部屬府廳州縣通洋文、願出洋者，呈由外務部考察、一體選派，缺額之外，亦可做爲候補，概不准以洋務隔膜之人濫與其選。五年以後，人才日多，外無濫竽之參隨、內無隔膜之司官，則專以使館外務部之人員互相調補而已足矣。至使館參隨等員，尤宜改作實缺、久於其任，除由外務部調用、及有事故遣退外，概不准出使大臣隨意攜帶、並無故調換。有時使臣受代，所屬各員仍各照舊供職，仿照各國遣使通例，立限給假休息、派員代理、缺奉仍舊、假滿復充。三載考績，按書記、翻譯、隨員、領事、參贊等缺，擇取卓異、依次遞升。出使大臣有缺，亦可於參贊中遴員請簡，務使人人久於所事、情壹志專，得以考究所駐之國風土人情，及一切政治利弊、與其意向動靜，隨時刺探、詳報外務部，庶外務部與使員呼吸相通、氣脈貫注，雖隔萬裏、如聚一首，自可內外協謀、算無遺策。而出洋各員更事既多、歷時既久，不但勝任愉快、且可應變適機，其無形之維持、與隨時之補救，裨益尤非淺鮮」。參見〈袁世凱等奏〉，光緒二十八年三月二十五日，收入朱壽朋編，《光緒朝東華錄》五，頁42-43，總4858-4859。

〔註305〕楊儒的建議爲「（養成後）或補章京，或充隨使，內則由章京而總辦，由總辦而堂官。外則由隨員而參贊，由參贊而公使，節次擢升。又總署出使人員，均作實缺，只准內外升調，而終身不出此一途」，參見〈出使大臣楊儒奏〉，光緒二十八年正月29日，《外交檔案》02-14/12-（2）。

〔註 306〕，但並未積極辦理，直到日俄戰爭後，受日本戰勝刺激，外務部始乘改革官制時機擴展取材之道。〔註 307〕

袁世凱的用新人、行新政觀念發軔於駐紮朝鮮期間，而於 1895 年所上條陳中具體成形，觀察其於魯撫、直督任期內對於應如何培養人才之建議與種種作為，可知其確實極端重視用新人、行新政，也確實身體力行。

四、人才觀念的傳承與創新

袁世凱所實施的培養新人管道中，以新式學校教育為重心之一，認為應逐步以學校取代科舉，但改革取士之法並非袁世凱首倡。1860 年代以後，確定外國公使駐京、外人入內地遊歷傳教等規則，中外交涉需求大增，傳統科舉出身人才無法因應世變，洋務派人士如李鴻章、曾國藩、馮桂芬、左宗棠、丁日昌、鄭觀應等即已紛紛提出改革科舉制度的主張，但朝廷所願採行者極其有限。〔註 308〕以與袁世凱關係較深的李鴻章為例，李鴻章於 1863 年時已強調與外國往來交涉時，必須有通曉外語夷情者為輔，奏請於上海、廣州等處仿同文館利設置外國語學館，除外國語言語傳統文化之外，亦設置科學、技術等課程，結業後通過考驗可派往洋務部門工作。

1874 年牡丹社事件發生後，李鴻章深刻體認人才之不足造成中國始終無法振作，而救時之道則在變法與用人，一為朝廷需破格用人，不必拘守常例；二為於沿海沿邊各省廣設新式洋學局，教授民生日用、軍事製造等學問，延請博學西人擔任教習。三為科舉中增設洋務進取一格，使洋務學堂、以幾海外留學生得一晉身之途；四為對學有所成洋務人才分科授以實缺，使與科舉出身無異。〔註 309〕

李鴻章已能體認國家富強與否的關鍵，在於能否由新式學堂大量培養洋務人才，時日一久、洋務人才日多，則國家自然富強，但其議並不見容於守舊派，因而遭到強烈攻擊，朝廷格於廷議，以目前所需為出使人才，洋學特科非倉促能行為由擱置。〔註 310〕即使朝廷不願接受，李鴻章仍在自己能力所

〔註 306〕〈本部具奏摺稱為謹將臣部及出使人員章程遵旨變通辦理恭摺仰祈聖鑒事〉，光緒二十八年六月二十九日，《外交檔案》02-14/12-（2）。
〔註 307〕蔡振豐，〈晚清外務部之研究〉，頁 81-85。
〔註 308〕馮君，〈洋務派的近代人才觀〉，《廣西社會科學》2004 年 12 期，頁 148。
〔註 309〕王承仁、劉鐵軍著，《李鴻章思想體系研究》，頁 266-267。
〔註 310〕謝世誠，《李鴻章評傳》（南京：南京大學出版社，2006 年 8 月第 1 版第 1 次印刷），頁 367-368。

及範圍之內進行局部變革，如派員赴德國習陸軍，推動海軍出國留學，創辦水師學堂、電報學堂、武備學堂、魚雷學堂、西醫學堂等新式學校。〔註311〕

　　李鴻章的洋學人才觀提出時，袁世凱年歲尚幼，既未躋身廟堂之上，對於朝中新舊觀念之爭即無從得知；駐朝之後，袁世凱所見的是西方職業外交官辦理外交時的嫻熟稱職，與李鴻章所見之軍事人才為富強關鍵又不相同，但李袁兩人共事日久，袁世凱不可能不受李鴻章影響，加上袁世凱的軍人背景，因此李鴻章的的重視軍事等實學人才觀念必然影響袁世凱。

　　現存關於袁世凱人才觀的文獻，無疑以 1895 年的〈遵奉面諭謹擬條陳事件呈〉，以及 1901 年所上之〈遵旨敬抒管見、上備甄擇摺〉最為完整。前者之「儲才」部分提及應仿同文館例，於京師設置西學專門學堂，挑選京官中留心實務者入學，延聘精通西學洋人擔任教授，軍國大事可由學生議論後條陳，褒獎勇於錄取西學人事之各省主考官，招考沿海省分長於西學者入新設館院中進修，令各省舉薦人才入新設館院，取材之道應以心術、氣節為首要等；「理財」部分提出獎勵工技人才、採用新式人才等；「練兵」部分提及參用西法另訂練兵準則、設立軍事學堂培養將才、以新式學堂編練海軍「交涉」部分提及之建立職業外交官制度、聘用返國人才、擴充同文館員額、派遣熟悉時務者駐紮邊疆地區等；〔註312〕後者建議現有各級官員中挑選人才加以培養、漸進式廢除科舉考試、派遣各級官員赴外洋學習、改革外交官制度等。

　　兩相比較之下，除關於對外交涉部分為袁世凱親身體驗之外，其餘則處處可見李鴻章關於人才為變法成敗關鍵，以及改革取士之道、練兵之法的觀念，可知袁世凱的人才觀確實受李鴻章相當影響，但細較之下兩者實同中有異。李鴻章雖重視人才的培養，但所重著仍侷限於富國強兵之學，尤其特重西方軍事技藝教育，且偏重於新人的養成；袁世凱關注的範圍則較為全面，並不偏重軍事，其集眾人之智以條陳時政、強調取材以德為先的建議則為李鴻章所無。是知袁世凱的人才觀已不再侷限於實學方面，人才所應具備的不僅只是技藝，還包含論政能力、以及良好的德行。

〔註311〕同上註，頁 374-376。
〔註312〕參見〈三品銜浙江溫處道袁世凱為遵奉面諭謹擬條陳事件繕摺恭呈伏乞代奏事〉，光緒二十一年七月初一日，收入中國第一歷史檔案館藏，《錄副奏摺》光緒朝・內政・36，微捲第 423 捲，編號 3-1-7-5612-1。

　　然則，集思廣益、講究德行也非袁世凱所首倡。維新派認爲依靠舊官僚不可能變法，因而將培養與造就新式人才視爲變法成功與否的先決條件；其次，極爲強調政治人才的培養，於講學時加強學生對於政治的興趣與論政的能力；再次，認爲人才應集合爲群體始能發揮作用，合眾人之思始能挽救世變；其四，重視人才素質的整體提高等，希望能於智育之外，同時培養學生的體育、德育、美譽，以及實業教育知識等，〔註313〕其培養人才途徑則包含創辦新式學堂，以便宣傳西學與新學；組織學會，使人才能相互切磋，從而培養更多人才；刊印報紙，以便開通風氣、開啓民智；翻譯西書，使不懂外文的人也能瞭解西學之法與各種專門知識等。〔註314〕

　　袁世凱與康有爲的交往始於公車上書之後，當時袁世凱正於京津一代往來活動，於此時結識康有爲，甚至曾代遞其〈上清帝第四書〉予督辦軍務大臣榮祿，事後亦加入強學會，成爲發起人之一，〔註315〕因此對康梁的思想有所認識，彼此交換政治意見則爲必然之事。與維新派的人才觀相較，袁世凱亦關心政治人才的培養，其擬訂之各級新式學堂章程中，均包含中外政治課程，法政學堂課程則包含政治學、憲法學等政治原理；亦重視翻譯西書的作用，認爲可使鄉里之士風氣大開；亦認同集思廣益之效，其條陳中已建議朝廷將軍國大事交新式學堂各員議論後留備採擇，可知袁世凱的人才觀亦受維新派影響，然兩者間亦不盡相同，最大的差異在於維新派忽視舊官僚的作用，視之爲變法的阻礙，袁世凱則認爲培養新式人才之外，應同時令舊官僚進修西學，從而對洋務產生一定的認識。

　　論者或謂，袁世凱身爲洋務派後起之秀，其思想卻漸漸傾向維新派陣營，而介於兩者之間。〔註316〕但綜觀袁世凱於條陳章奏、及所作所爲中所反映出的人才思想，可以發現內容上既集合洋務派與維新派兩家之長，也包含自己的親身體驗，更有兩家所不及之處。三者均認同用新人方能行新政、應重視學校教育、西學應廣泛提倡等基本觀念，袁世凱另重視外交人才培養，更對

〔註313〕張玉山，〈論維新運動時期維新派的人才觀〉，《新鄉師範高等專科學校學報》，第 15 卷第 2 期，2001 年 5 月，頁 8-11。

〔註314〕曲廣華，〈戊戌維新精英對十九世紀人才思想的繼承與超越〉，《學術交流》總第 93 期，2000 年 11 月，頁 123。

〔註315〕戴逸，〈戊戌年袁世凱告密真相及袁和維新派的關系〉，《清史研究》，1999 年第 1 期，頁 85。

〔註316〕蘇全有，〈袁世凱與維新運動關係再認識〉，《許昌師專學報》，第 21 卷第 3 期，頁 92。

舊人進修新學一事獨具關懷。是知，袁世凱的人才觀雖站在兩者的基礎上發展而成，但性質與內容上已有所超越。

小 結

袁世凱就任直隸總督後，首先面對的重要問題即為使天津回復常態。天津雖屬直隸總督管轄，但因牽涉到《辛丑和約》相關規定，袁世凱並無直接與各國交涉權力，雖曾主動拜會駐京 11 國公使，表達對於接收天津的期待，但主要是透過外務部、駐外使館等單位，與外國政府溝通。袁世凱在天津接收完成前不親赴天津，透過主持洋務局的唐紹儀與都統衙門交涉，直到接收當日始以直隸最高行政長官身份出席接收典禮，一方面顧及中國對於天津的主權，一方面不破壞交涉公例。

面對北京外交團、天津都統衙門所開列的天津交收條款，袁世凱雖不得不接受，但對於諸如駐軍、電車電燈公司經營等，袁世凱均設法採用其他方式收回控制權。諸如設置巡警代替駐軍，審核公司章程時著重於加強直隸總督對公司的控制權、以及公司盈餘報效官家部分，使公司名為外商經營，實際上歸直隸總督節制。此外，亦開放民間設立電燈公司，不使比商壟斷天津電燈市場。延續其一貫的這種事後補救、徐圖抵制外交策略。

面對庚子期間因故喪失的路礦權利，袁世凱採取三種策略。天津電車電燈公司合約係合法訂立，袁世凱以重訂詳細合同限制公司經營權利；臨城、井陘礦務合同係非法訂立，袁世凱主張廢棄草合同、重訂新合同；開平煤礦、遵化旗人賣地涉及盜賣土地，袁世凱堅決主張廢約以收回土地權利。遵守約章的範圍此時也進一步擴大為「遵守法律」，除約章成案之外，中外必須共同遵守中國律例，不得稍有逾越，一改自洋務派以來行程之「謹守約章」傳統，使中國能更積極運用法律保護權益。

袁世凱雖主張藉合同示以限制，但並不堅持必須廢棄原合同，對於合乎規定的原合同仍予以尊重。袁世凱所重視者，在於合同中關於股權結構如何規定、以及中國官方所享有的權利義務，因股權結構關係公司實質上屬中資或外資，中國官方權利義務則直接影響公司經營權主導問題，唯有確實明訂、方能使企業利權不致外流。然不論以合同限制權利、或以廢約收回權利，其策略運用皆屬於事後補救，目的皆在於使直隸總督對於境內的實業權利取得

管轄權，以免損失擴大。值得注意的是，袁世凱在處理開平礦務局爭議時提出之純借款辦礦、不以產業做抵方法，當時雖仍無法落實，但確實為借外資開發中國物產提供了新的方向。

由臨城礦局、井陘礦局、開平礦局、遵化旗人賣地四案處理方式來看，袁世凱均主張廢除已訂合同，似與其一貫的遵守約章態度相衝突。然揆諸所以，三者合同於訂立過程中均違反中國既存之律例、或相關章程，訂約本身即屬非法行為，約文又侵害中國利權，乃主張廢約阻止權利外流。由此可知，面對中外之間所訂條約、合同，袁世凱對於依循合法途徑簽訂者仍舊尊重，但對於非法簽訂者則不假情面。廢除非法簽訂的約章，實為袁世凱「事後補救」策略的運用。

外交千頭萬緒，袁世凱不可能事必躬親，因此必然依賴幕僚為其佐助。駐紮朝鮮期間，袁世凱已開始招攬外交人才，出任地方督撫後，袁世凱開始廣為招納各類人才入幕，其中包括出身、背景各不相同的外交人才，凡經辦洋務卓有成效者均刻意提拔、保舉任官、延攬入幕，使外交人才在身份上既是下屬、又是幕僚，從而建立緊密的主從關係，未能安插官職者令其入洋務局服務，未能網羅者則仍維持良好關係，在經辦洋務上成為最大的助力。由袁世凱歷次奏保、延攬的人才，及這些幕僚所經辦的洋務來看，袁世凱之所以能在辦理外交上多所建樹，得力於外交幕僚之助者甚多。

此時期的袁世凱延續其一貫的用新人、行新政思想，致力於由傳統官員進修、新式學校教育、職業外交官制度引進等各種管道培養洋務人才。尚無正職的候補官員入學堂學習洋務相關知識，即將就任官員先赴日本實際驗證所學，學生則在各級新式學堂中學習國際公法、國際私法，條約成案、外國史地等課程，使洋務人才培養形成一完整體系，使學員因長期接觸而加強對洋人、洋務的認知，消除辦理涉外事務時的恐懼感。其人才思想雖繼承自洋務運動時代，也吸收了維新派的人才觀，但已超越當代只重視培養新人才，忽略既有官吏才是真正直接面對洋人與洋務的第一線人員，更應積極加強其洋務知識的缺憾。

第五章　日俄戰爭前後袁世凱
的保固主權

　　袁世凱自 1901 年底出任直隸總督以來，所經辦之重大對外交涉重點在庚子善後，將拳亂期間因種種原因損失的利權盡可能採取補救措施，因此其關注重心在直隸一省，雖然兼任北洋大臣，但對於直隸以外的全國性外交事務並未積極參與。1905 年前後，袁世凱直隸總督地位已經鞏固，開始保薦其北洋舊屬參與政務，以擴大對全國性政務的影響力。〔註1〕自此，袁世凱的影響力不再侷限於直隸一省境內，進而擴大到全國。

　　袁世凱之所以能在 1905 年前後鞏固其地位，除直隸一省應辦內政、外交事務處置得宜外，日俄戰爭爲一大關鍵。日俄戰爭時，袁世凱奉命維持遼西中立，雖因日俄兩國均蓄意干涉，而使遼西終未能眞正中立，但在袁世凱主導下，卒使遼西不被捲入戰爭。日俄戰爭的爆發使袁世凱在外交事務上的影響力不再侷限於直隸一省，也使袁世凱建立全國性聲望，此後直到擔任外務部尙書時代，袁世凱實際上均居於全國性外交事務的主導地位。

　　出任外務部尙書之後，袁世凱在總理王大臣奕劻、會辦大臣那桐的授權下，體制上須遇事呈報，實際上則主導部務。袁世凱擔任外務部尙書爲期甚短，在有限的任期中致力於改善中外交涉環境、開拓中國國際空間、修改不利於中國的法令規章、保舉或起用外交人才，使暮氣沈沈的外務部展現前所未有的新氣象。

―――――――――――――――――

〔註 1〕 李恩涵，〈唐紹儀與晚清外交〉，《中央研究院近代史研究所集刊》第四期上冊，
　　　　頁 83。

　　鑑於韓國因違約而遭日本全面監控、形同亡國，袁世凱遇事更加小心翼翼，寧可以不損及顏面的外交辭令換取實質利益，也不願因屈從國內民族主義聲浪而引發危機。面對民間針對路礦權利高漲的廢約聲浪，袁世凱雖不敢輕言廢約，以免予外人干涉藉口，但在談判時仍舊以取得控制權為目標，採取讓利爭權模式，不再以借款標的做抵，由中外出資各半，中國以地方稅擔保借款，進而以借款標的物營收擔保借款，使外商所得僅借款利息收入，實際營運與控制權均由中國掌握。

　　本章將就日俄戰爭以後，迄於開缺回籍為止，袁世凱所經辦、或主導的重要外交事務進行探討，分析袁世凱於此時其所採取的外交策略。

第一節　戰爭期間維持中立以避免後患

　　當 1901 年俄國欲逼迫中國簽約，以在東三省取得優越地位一事受挫後，袁世凱已意識到日、俄兩國間有開戰可能，也已認定無論將來日、俄勝敗如何，中國「必失地、大局必危」，〔註2〕因此必須設法防止戰爭。

　　俄國於 1901 年 4 月中俄交涉停頓後，並未明顯改變對東三省政策，仍持續與中國談判交還東三省條件，希望透過華俄道勝銀行全面控制東三省企業，並提出撤兵條件與時程表。美國、英國、日本對於俄國仍欲獨佔東三省利益甚為不安，美國認為俄國此舉形同毀棄遵守門戶開放政策的承諾，〔註3〕日、英兩國則均不願見俄國獨佔東三省，而於 1902 年 1 月 30 日簽訂英日協定。〔註4〕俄國對於美、英、日三國插足東三省事務甚為不滿，傾向於與中國從速簽署撤兵協定，力圖避免列強干涉。1902 年 4 月 8 日，〈中俄交收東三省條約〉正式簽訂，俄國同意於 18 個月內分三階段撤兵，中國則同意日後變動東三省駐軍數量時先知會俄國。〔註5〕

　　因俄國不願再度承諾遵守門戶開放政策，美國不希望東三省為一國所獨佔，乃於議定〈通商行船續訂條約〉時要求將奉天府、大東溝開埠列入約中，

〔註2〕〈袁慰帥來電〉，光緒二十七年二月十九日，收入盛宣懷，《愚齋存稿》上冊，卷54，〈電報31〉，頁1215下。
〔註3〕陳復光，《有清一代之中俄關係》（上海：上海書店，1990年），頁332-333。
〔註4〕Nish, Ian H., *Alliance in Decline, a Study in Anglo-Japanese Relations, 1908-1923*, The Athlone Press, University of London, 1972, pp.1。
〔註5〕陳復光，《有清一代之中俄關係》，頁333-336。

以免東三省爲俄國獨佔。〔註6〕依美國議約代表、駐上海總領事古納（John Goodnow）語氣，中國若接受，應可依照自開口岸章程辦理，一旦東三省口岸開放，則各國均可介入，用意似在迫使俄國儘速歸還牛莊。〔註7〕盛宣懷對此大表贊同，〔註8〕張之洞亦有意乘機商請英、美、日三國介入，勸俄國早日歸還東三省。〔註9〕袁世凱則有較多顧慮，認爲中國必須力拒俄國獨佔東三省，此時如同意美國所請，勢必同時給予日本在東北開埠權力，不但必然激怒俄國，「俄請固應堅拒，美、日亦未可輕許」。〔註10〕此外，「一國索開數處，他國援引、勢難應付」，〔註11〕爲免進退失據，不妨明白告知美使，東三省必須完全收回後，始能由中國自開商埠，目前斷不能列入約章中。

即使如此，議約大臣仍難以抵擋美、日等國開埠要求。1903年10月8日，中國與美國、日本分別訂定〈通商行船續訂條約〉、〈通商行船續約〉，共開放奉天府、安東縣、大東溝三處，由中國自行商埠通商，由中美、中日會商訂定一切章程。〔註12〕俄國爲報復中國在東三省引進美、日勢力，重新出兵佔領奉天府。〔註13〕日、俄兩國隨後針對東三省問題展開談判，日本要求介入

〔註6〕 美國要求東三省開埠一事，首見於1903年3月17日美國駐上海總領事古納，於中美修訂商約會議第8次會議中，所遞交之新商約草案第12款中，文爲「中國政府應允將直隸省之北京、盛京省之奉天府、盛京省之大孤山開埠通商，並由外國人居住，與其他已開之口岸無異」。參閱中國近代經濟史資料叢刊編輯委員會主編，中華人民共和國海關總署研究室編譯，《辛丑和約訂立以後的商約談判》（北京：中華書局，1994年10月北京第1版第1次印刷），頁168。美國最初要求開放上述三口岸，但中國不同意開放北京，美國則要求將大孤山改爲大東溝。

〔註7〕〈呂伍大臣來電〉，光緒二十九年四月初三日，收入盛宣懷，《愚齋存稿》下，卷60，電報37，頁1332上-1332下。

〔註8〕〈寄滬呂伍大臣〉，光緒二十九年四月初三日，收入盛宣懷，《愚齋存稿》下，卷60，電報37，頁1332下。

〔註9〕〈鄭州張宮保來電〉，光緒二十九年四月初七日，收入盛宣懷，《愚齋存稿》下，卷60，電報37，頁1334下。

〔註10〕〈袁宮保來電〉，光緒二十九年四月初四日，收入盛宣懷，《愚齋存稿》下，卷60，電報37，頁1333下。

〔註11〕〈直督袁世凱致外部東省俟全交後自開口岸此時不能入約電〉，光緒二十九年閏五月十四日，收入王亮編、王彥威纂輯、王敬立校，《清季外交史料》（五），卷173，頁477上-477下。

〔註12〕 約文詳細內容，參閱〈通商行船續訂條約〉，〈通商行船續約〉，均收入王鐵崖編，《中外舊約章彙編》，頁181-191，頁192-200。

〔註13〕（美）費正清、劉廣京編，《劍橋中國晚清史》（北京：中國社會科學出版社，1993年9月第1版第2次印刷），頁164-165。

東三省事務，與俄國享有相等利益，俄國無法接受，交戰乃無法避免。〔註 14〕

　　對於可能發生的戰事，外務部認爲美國既表示願意調停，大局應不致決裂。〔註 15〕袁世凱則因得知駐營口美國、日本領事曾經赴奉天考察商務，似有爲開埠預作準備之意，兩國領事離去後，俄國隨即增兵，〔註 16〕認爲批准商約只會更激怒俄國，爲免東三省有變，希望外務部待局勢明朗後再奏呈新訂商約，〔註 17〕也希望伍廷芳、呂海寰勿再寄望美國調停。〔註 18〕

　　由於戰爭已難避免，袁世凱主張一旦開戰時，中國應守局外中立，張之洞則主張名爲中立、實則暗助日本，外務部則較傾向採納袁世凱意見，令伍廷芳調查西方國家有無中立成案可供參考。〔註 19〕軍機大臣王文韶則電寄各省督撫，以日俄開戰似難避免，請各省預作籌畫。奉、直防務由北洋負責，沿海、沿江、沿邊各口岸、城鎮需加意防備。〔註 20〕

　　袁世凱接獲王文韶電報後，表示就中國現在情形，不得不謹守局外中立，而要義在於「遣兵防邊、不許客兵借境」，一旦防守不力、中立局面立即破壞，防守對象除「人之潰卒、我之土匪」外，兩國軍隊交戰可能產生之影響也必須預先籌畫。〔註 21〕目前日本已准許中國守局外中立，其餘各國亦無異議，惟俄國未必肯許，即使俄國迫於各國壓力而合作，但戰爭係在中國境內，恐俄國仍藉口乘機挑釁。但無論俄國意向如何，中國必須先從局外中立入手，也須集結兵力、嚴加防範。局外中立並非消極的擔任旁觀者，亦應擔負積極的維護秩序責任，袁世凱因而將萬國公法中關於局外中立部分擇要進呈，備

〔註 14〕同上註，頁 165。
〔註 15〕〈顧侍郎來電〉，光緒二十九年九月十六日，收入盛宣懷，《愚齋存稿》下，卷 61，電報 38，頁 1356 下。
〔註 16〕〈袁宮保來電〉，光緒二十九年九月二十七日，收入盛宣懷，《愚齋存稿》下，卷 61，電報 38，頁 1358 上。
〔註 17〕〈直督袁世凱致外部俄人甚以我允東省開埠爲憾電〉，光緒二十九年九月二十八日，收入王亮編、王彥威纂輯、王敬立校，《清季外交史料》，卷 177，頁 533 下。
〔註 18〕〈袁宮保來電〉，光緒二十九年九月三十日，收入盛宣懷，《愚齋存稿》下，卷 61，電報 38，頁 1358 下。
〔註 19〕〈楊道文駿來電〉，光緒二十九年十一月二十五日，收入盛宣懷，《愚齋存稿》下，卷 62，電報 39，頁 1370 下。
〔註 20〕〈內閣奉上諭〉，光緒二十九年十二月二十七日，收入中國第一歷史檔案館編，《光緒宣統兩朝上諭檔》二九，頁 381 下-382 上。
〔註 21〕〈密陳遵諭統籌布置情形摺〉，光緒二十九年十二月初三日，收入國立故宮博物院故宮文獻編輯委員會編，《袁世凱奏摺專輯》（五），頁 1205 上-1207 上。

外務部參酌採用。〔註22〕（局外公法摘要參見附錄 16）。

　　1904 年 2 月 8 日，日本宣布與俄國斷交，〔註23〕當日深夜日軍進攻旅順港，〔註24〕日俄戰爭就此展開。因日俄已經開戰，袁世凱致電外務部，請早日降旨宣布中立，迅速頒發中立條規。〔註25〕軍機處乃於 2 月 14 日明發上諭，要求各省將軍督撫應按照局外中立例辦理，並通飭所屬文武官員、百姓等一體遵守，〔註26〕特別要求各省及沿邊各地方應預作防備，保護通商口岸及各國人民、財產、教堂、使館等，嚴拿造謠滋事匪徒。〔註27〕另通電各國，聲明東三省為中國領土，無論戰爭結果如何，仍歸中國自主，日、俄兩國不得損及中國所屬公私財產及百姓生命；遼河以西由北洋大臣派兵駐紮，各省、沿邊、內外蒙古均按局外中立條規辦理，兩國軍隊如越界，中國有權阻擋，但目前外國軍隊尚未退兵地區，中國恐難以實施中立。〔註 28〕因局外公法摘要進呈後即奉旨留中，直至戰爭爆發仍未有進一步處置，為使各省明白今後應遵循規則，袁世凱將原進呈條規略做刪改後，以外務部名義刊印，並公告各地分別實施。〔註29〕（局外中立條規參見附錄 17）。

　　中國雖宣布守局外中立，然成功與否端視日、俄兩國態度，其次則為中

〔註22〕　〈密陳局外應擔責任片〉，光緒二十九年十二月初三日，收入天津社會科學院歷史研究所編，廖一中、羅真容整理，《袁世凱奏議》中冊，頁 877-890。本奏片於十二月初八日奉旨留中。

〔註23〕　（美）馬士著，《中華帝國對外關係史》，第三卷，頁 453。

〔註24〕　日軍於 1904 年 2 月 8 日深夜 11 時襲擊旅順港，戰事過程參見〈日軍進攻旅順之海戰，光緒二十九年十二月二十三日——三十年五月初十日〉，收入遼寧省檔案館編，《日俄戰爭檔案史料》（瀋陽：遼寧古籍出版社，1995 年 8 月第 1 版第 1 次印刷），頁 546-547。

〔註25〕　〈直督袁世凱致外部日已宣戰請旨佈告中立條規電〉，光緒二十九年十二月二十六日，收入王亮編、王彥威纂輯、王敬立校，《清季外交史料》，卷 181，頁 35 下。

〔註26〕　〈內閣奉上諭〉，光緒二十九年十二月二十九日，中國第一歷史檔案館編，《光緒宣統兩朝上諭檔》二九，頁 381 下。

〔註27〕　〈內閣奉上諭〉，光緒二十九年十二月二十九日，中國第一歷史檔案館編，《光緒宣統兩朝上諭檔》二九，頁 381 下-382 上。

〔註28〕　王芸生，《六十年來中國與日本》，第四卷，頁 181-182。

〔註29〕　〈收直督致外務部電〉，光緒二十九年十二月三十日，楊家駱主編，《清光緒朝中日交涉史料》，18，頁 H1419 上。袁世凱以外務部名義刊行之中立條規，參見〈日俄戰爭中國嚴守局外中立條規〉光緒二十九年十二月二十九日，收入王亮編、王彥威纂輯、王敬立校，《清季外交史料》，卷 181，頁 36 下-38 上。

國是否有決心及能力。奉天交涉總局於開戰之初提出〈兩國戰地及中立地條章〉，希望將戰地限制在遼東半島、極北至北緯40度附近，包含西部的熊岳、復州、金州三縣，以及東部鴨綠江岸的安東縣等，〔註30〕楊樞則於接獲外務部通知後，立即照會日本外務部，要求日軍不可進入遼河以西，並聲明不論戰爭結果如何，均不改變東三省爲中國疆土事實，日俄兩國均不得侵佔。〔註31〕日本政府隨即表明無意侵佔中國領土，不損害地方財產、保護與戰事無關之人民生命財產，〔註32〕但前提爲俄國亦必須一體遵守。〔註33〕俄國雖亦如此承諾，但認爲東三省、蒙古東北角鐵路經過處因用兵需求，實無法視爲中立區，需與軍方商定界線後再議。〔註34〕俄國遠東總督阿列克塞夫（Alexeyve）態度強硬，表示華民若仇視俄軍，俄軍必逐行消滅，自行設法保護俄國利益，〔註35〕並要求鐵路沿線60里內不許駐中國軍隊。〔註36〕儘管外務部令駐俄華使胡惟德一再與俄國政府商議，俄國始終不允認遼西爲局外中立地區。〔註37〕

局外中立爲袁世凱所促成，而袁世凱亦奉命在遼西駐軍，負責維持遼西地區中立，因而在維持局外中立上也用心極多。袁世凱所維持的中立地位，包含軍事中立、鐵路中立、貨運中立、以及行政中立等四方面。

〔註30〕 王芸生，《六十年來中國與日本》，第四卷，頁185-187。奉天交涉總局設立於光緒二十四年四月，執掌奉天對外交涉事務，隸屬於盛京將軍，於光緒三十三年改設奉天交涉司後裁撤。參見「遼寧檔案信息網——館藏檔案」，網址爲http://www.lndangan.gov.cn/gc/QZ2-JB15.htm。

〔註31〕 〈使日楊樞致日外部日俄開戰中國當嚴守中立照會〉，光緒二十九年十二月二十八日，收入王亮編、王彥威纂輯、王敬立校，《清季外交史料》，卷181，頁39下-40上。

〔註32〕 〈日外部復楊樞日俄戰爭不致損害中國主權照會〉，光緒二十九年十二月三十日，收入王亮編、王彥威纂輯、王敬立校，《清季外交史料》，卷181，頁40上。

〔註33〕 〈收出使日本楊大臣電〉，光緒三十年正月初三日，楊家駱主編，《清光緒朝中日交涉史料》，18，頁H1422下-H1423上。

〔註34〕 〈使俄胡惟德致外部俄外部言中國恪守局外俄絕不侵越電〉，光緒二十九年十二月三十日，收入王亮編、王彥威纂輯、王敬立校，《清季外交史料》，卷181，頁40上。

〔註35〕 〈收北洋大臣致軍機處外務部電〉，光緒三十年正月初四日，楊家駱主編，《清光緒朝中日交涉史料》，18，頁H1423上。

〔註36〕 〈收北洋大臣致軍機處外務部電〉，光緒三十年正月初四日，楊家駱主編，《清光緒朝中日交涉史料》，18，頁H1423上。

〔註37〕 〈收駐俄胡大臣電〉，光緒三十年正月初八日，楊家駱主編，《清光緒朝中日交涉史料》，18，頁H1426下。

一、軍事中立

　　中國雖劃定戰區，要求日俄兩國不可在戰區以外進行戰事，但俄國並不願接受，袁世凱認爲遼河係遼東、西天然界線，遼西並非俄軍必經之處，俄國如堅持不同意，一旦戰事接近山海關，恐迫使依《辛丑和約》而駐守山海關之日軍參戰，屆時必對大局有礙，希望胡惟德能盡力周旋。〔註38〕胡惟德將袁世凱意見整理成四款節略，遞交俄國外交部，外交部表示戰事由阿列克塞夫主持，應由駐華俄使雷薩爾就近與其溝通，〔註39〕但阿列克塞夫態度強硬，堅持俄軍未退之地不得視爲局外中立，同時表示俄軍將視中國態度做出適當回應。〔註40〕不久，俄國陸軍部表示因戰爭需要，遼西必須派遣巡邏隊，不論日軍動向如何，均無法承認其局外中立地位，〔註41〕俄國外交部則一再要求中國應嚴守中立。〔註42〕

　　爲防備日俄可能在中立區附近發生軍事衝突，袁世凱特別調遣軍隊駐防熱河、就近監視。雷薩爾認爲中國駐軍數量過多，極似另有所圖。〔註43〕俄國駐天津武官提出疑問，袁世凱表示「嚴防邊界、正所以嚴守局外」，中國既承擔局外責任，理應派兵防邊，一爲防範參戰國借境、一爲防止敗兵入境，〔註44〕爲使俄國安心，袁世凱同意俄國可派軍事代表前往永平、馬場、小站、熱河府等處觀察中國駐軍情形。〔註45〕俄國軍方雖曾於事後向袁世凱表示俄國不擬在遼西駐軍，〔註46〕但袁世凱並不完全相信，〔註47〕並未撤除永平駐軍。

〔註38〕〈收北洋大臣電〉，光緒三十年正月初九日，楊家駱主編，《清光緒朝中日交涉史料》，18，頁H1429上。

〔註39〕〈收駐俄胡大臣電〉，光緒三十年正月初十日，楊家駱主編，《清光緒朝中日交涉史料》，18，頁H1431下。

〔註40〕〈收北洋大臣電〉，光緒三十年正月十日，楊家駱主編，《清光緒朝中日交涉史料》，18，頁H1430上。

〔註41〕〈收駐俄胡大臣電〉，光緒三十年正月二十一日，楊家駱主編，《清光緒朝中日交涉史料》，18，頁H1437上。

〔註42〕〈收駐俄胡大臣電〉，光緒三十年正月二十四日，楊家駱主編，《清光緒朝中日交涉史料》，18，頁H1438下。

〔註43〕〈發北洋大臣電〉，光緒三十年正月二十一日，楊家駱主編，《清光緒朝中日交涉史料》，18，頁H1635下。

〔註44〕〈收北洋大臣致外務部電〉，光緒三十年正月二十二日，楊家駱主編，《清光緒朝中日交涉史料》，18，頁H1437下。

〔註45〕〈收北洋大臣致外務部電〉，光緒三十年二月初三日，楊家駱主編，《清光緒朝中日交涉史料》，18，頁H1443上。

〔註46〕〈收北洋大臣致外務部電〉，光緒三十年三月初十日，楊家駱主編，《清光緒

　　俄國除對於中國駐軍數量有疑慮外，亦反對中國軍隊中聘請日籍人員。雷薩爾照會外務部，表示北洋大臣、直隸提督軍中有日本武備教習與軍官，要求將其解聘。〔註 48〕袁世凱表示軍中並無日籍武官或武備教習，北洋各學堂中雖聘用五名日本教習，但於日俄戰前即已聘用，且並非現役軍官，又簽字承諾與中國人一體遵守中立，目前全數留在保定，應不致干預戰事，〔註 49〕直隸北境軍隊中則並無任何外國人員。〔註 50〕

　　1904 年 8 月 11 日，一艘俄國掃雷艇以機件故障為由駛入煙台港，願拆卸艦上武裝、不掛俄旗，具結不再參與戰事，但次日即為日本海軍拖去，俄軍多人被傷，煙台中國駐軍令將船拖回，日軍置之不理。袁世凱獲報後，認為中、俄均照公法行事，日本劫船、傷人，除違反公法、亦違反戰規，請外務部照會日使歸還俄艦，並懲治肇事日籍艦長。〔註 51〕

　　事發後，雷薩爾照會外務部，表示當時煙台港內停泊中國軍艦三艘，中國海軍袖手旁觀，顯然未善盡維護中立職責。〔註 52〕袁世凱認為如不參奏海軍官員，將無以謝俄國，因此擬仿辦理教案時「防範不力」成例，奏請議處、預留地步，〔註 53〕並提醒外務部此案關係甚鉅，如不力爭、將牽動全局，日本如能自行懲辦、謝罪、歸還擄去之俄艦，中國可保全國體，俄國亦不致生事，如日人不從，應請美國介入調停。〔註 54〕

朝中日交涉史料》，18，頁 H1458 下。

〔註 47〕　〈收北洋大臣致外務部電〉，光緒三十年三月十四日，楊家駱主編，《清光緒朝中日交涉史料》，18，頁 H1460 下。

〔註 48〕　〈發北洋大臣直隸提督電〉，光緒三十年二月二十三日，楊家駱主編，《清光緒朝中日交涉史料》，18，頁 H1638 下。

〔註 49〕　〈收北洋大臣致外務部電〉，光緒三十年二月二十四日，楊家駱主編，《清光緒朝中日交涉史料》，18，頁 H1451 下。

〔註 50〕　〈收北洋大臣致外務部電〉，光緒三十年二月二十四日，楊家駱主編，《清光緒朝中日交涉史料》，18，頁 H1451 下。

〔註 51〕　〈收北洋大臣致外務部電〉，光緒三十年七月初四日，楊家駱主編，《清光緒朝中日交涉史料》，18，頁 H1502 下-1503 上。袁世凱另電外務部，指出按照公法，交戰國不得在中立國領海攻擊、緝捕敵國船艦，並舉例說明，參見〈收北洋大臣致外務部電〉，光緒三十年七月初四日，楊家駱主編，《清光緒朝中日交涉史料》，18，頁 H1503 下。

〔註 52〕　〈發北洋大臣電〉，光緒三十年七月初三日，楊家駱主編，《清光緒朝中日交涉史料》，18，頁 H1644 下。

〔註 53〕　〈收北洋大臣致外務部電〉，光緒三十年七月初四日，楊家駱主編，《清光緒朝中日交涉史料》，18，頁 H1503 下。

〔註 54〕　〈收北洋大臣致外務部電〉，光緒三十年七月初八日，楊家駱主編，《清光緒

外務部將袁世凱之意告知使日楊樞，令其照會日本外務省。〔註55〕日本外務省雖表示將認真研究解決之道，但 8 月 20 日清晨，仍有 7 艘日本掃雷艇駛入煙台探查，袁世凱對此極為不滿，要求外務部轉告日使，此後不得再發生類似事件，以尊重中國中立之權。〔註56〕但袁世凱畢竟瞭解中國在煙台駐防之三艘船艦軍力不及日本，倘日本再來，既不便武力阻止、又無法口舌相爭，對國體損害更大，不如將三艘船艦以巡洋為名駛離，將煙台交地方官吏保護，如日本生事，中國可藉口不及回防、藉以保全國體。〔註57〕外務部同意後，袁世凱即令海軍提督薩鎮冰將船艦陸續駛離。

日本於 8 月 22 日對此事做出正式回應，表示俄艦進入煙台，則煙台不再屬於中立地區，日本政府不願見煙台成為俄國旅順艦隊潛逃港口，反而損及日本利益，至於傷人事件係俄國官兵率先發難，日本亦係自衛，並無責任可言，〔註58〕堅持不允交還。

11 月 17 日上午，俄國掃雷艇拉斯打勞普號駛入煙台，表示欲暫停避風，請求點收裝備、要求中國保護，為免再被日軍捕獲，隨即於晚間自行炸沈，〔註59〕部分官兵自行攜槍上岸，進入俄國駐煙台領事館避難，日本駐煙台領事要求俄館應交出該等士兵，否則即逕行拘捕。袁世凱認為，依據公法，逃兵進入中立地帶，應繳械、聽當地官員約束。〔註60〕東海關道與俄國艦長交涉結果，艦長同意繳械、具結不再參戰。〔註61〕至於已沈沒船艦，俄國認定係國產，請中國政府先予保護，袁世凱認為俄國船艦自沈於中立港內，本應自行

朝中日交涉史料》，18，頁 H1506 上。

〔註55〕〈發駐日本楊大臣電〉，光緒三十年七月初五日，楊家駱主編，《清光緒朝中日交涉史料》，18，頁 H1645 上。

〔註56〕〈收北洋大臣致外務部電〉，光緒三十年七月初十日，楊家駱主編，《清光緒朝中日交涉史料》，18，頁 H1508 下。

〔註57〕〈收北洋大臣致外務部電〉，光緒三十年七月初十日，楊家駱主編，《清光緒朝中日交涉史料》，18，頁 H1509 上。

〔註58〕〈收駐日本楊大臣致外務部電〉，光緒三十年七月十二日，楊家駱主編，《清光緒朝中日交涉史料》，18，頁 H1513 上-1513 下。

〔註59〕〈收北洋大臣致外務部電〉，光緒三十年十月十一日，楊家駱主編，《清光緒朝中日交涉史料》，18，頁 H1537 下。

〔註60〕〈收北洋大臣致外務部電〉，光緒三十年十月十一日，楊家駱主編，《清光緒朝中日交涉史料》，18，頁 H1537 下。

〔註61〕〈收北洋大臣致外務部電〉，光緒三十年十月十三日，楊家駱主編，《清光緒朝中日交涉史料》，18，頁 H1538 下。

打撈、以免危害航道，不應要求中立國港口保護，且俄艦爲俄國官兵自行炸沈，代表俄國有意放棄，更不應要求中國保護。俄國如仍欲使用，應自行打撈後交中立國安置，如俄國無法撈起，中國只能認定此艦爲俄國棄物，將來如何均由中國作主，唯斷不能任保護之責。〔註62〕

袁世凱之所以表示中國對該掃雷艇有拆卸、炸毀、棄置自由，目的在「故設難詞、駁抵俄人」，並非眞有拆船之意，而是希望中國取得自由處分權利，重點在於確認該艦爲俄國廢棄無用之物，中國無保護職責。以當時局勢，俄國不可能打撈沈船、更不可能許中國拆炸，但因沈船位置尚淺，難保日人不干涉，萬一將來旅順失陷，俄國船艦又來，日俄必因此起衝突，「辦理棘手交涉，不得不多方詰難，以卸我責任」。爲避免將來日、俄兩國藉口生事，令東海關道派艦駐守，設立號誌防止他船碰撞，暗中禁止百姓登船盜竊，但絕不可認爲保護。〔註63〕

1904年底，俄國波羅的海艦隊即將於1個月內抵達中國附近海面消息傳出後，署理兩廣總督岑春煊電奏，表示俄國所屬海參威軍港，以及旅順港目前均無法停泊戰艦，俄軍必將於中國沿海擇一港灣停泊，以福建之三都澳最有可能，建議朝廷飭下閩浙總督與南北洋大臣派遣戰艦協防，並構築砲台。〔註64〕袁世凱則不以爲然，表示「持械守中立者，遇有侵犯、必須擊阻，如仍聽之，即任縱敵之責」，派遣船艦巡弋福建沿海時，一旦遭遇俄艦，如兵力足供戰守，則不妨加以攔截，否則，在兵力不如俄國情形下，一旦開砲攔阻，不僅船艦必遭拘捕，福建沿海亦同遭大劫，俄之盟國亦有可能藉口生事。如聽任俄艦入港，日本必將譴責中國縱敵，輕可議罰、重可問罪，因此，無論何種情形，福建均深受其害。中俄、中日之間強弱懸殊，一旦發生意外，僅能持公理以爭。〔註65〕

俄國第二太平洋艦隊於1904年9月11日即自波羅的海啓程，但未及參與戰爭，旅順港已於次年1月3日爲日軍攻陷。第三太平洋艦隊於1905年2月17日啓程東航，兩艦隊於5月9日在南中國海會合，因戰況緊急、直接北

〔註62〕〈收北洋大臣致外務部電〉，光緒三十年十月十四日，楊家駱主編，《清光緒朝中日交涉史料》，18，頁H1538下-1539上。

〔註63〕〈收北洋大臣致外務部電〉，光緒三十年十月十九日，楊家駱主編，《清光緒朝中日交涉史料》，18，頁H1540下。

〔註64〕〈發北洋大臣署南洋大臣閩浙總督電〉，光緒三十年十一月十五日，楊家駱主編，《清光緒朝中日交涉史料》，18，頁H1655上。

〔註65〕〈收北洋大臣致外務部電〉，光緒三十年十一月二十日，楊家駱主編，《清光緒朝中日交涉史料》，18，頁H1551上-1551下。

上，擬經由黃海入海參威，與日本海軍於 5 月 27 日在對馬海峽接戰，次日損失殆盡。〔註66〕迄於日俄停戰，中國終未被捲入日俄海戰。

二、鐵路中立

　　營口車站位在遼河西岸，地近奉天交涉局所畫戰區北界，為南滿鐵路通往戰區必經之地，北經奉天接通關內外鐵路，戰略地位重要，又係通商口岸，因此俄國對於營口是否能確保中立極為關注，對於營口站鐵路營運也多方干涉。

　　1904 年 2 月 22 日，俄軍 13 名由營口乘火車入山海關，營口站長無法阻擋。袁世凱認為俄國依《辛丑和約》規定，有權在山海關至營口鐵路間調遣駐軍，以保護使館、北京至海通道、以及北京至山海關鐵路，但日俄已經開戰，中國既守中立，應當對此做出限制，請外務部轉告俄使，此後在營榆鐵路調兵時應先知會外務部，以免引起誤會。〔註67〕

　　俄軍對於中國的要求顯然置之不理。數週後，關內外鐵路局呈報，表示俄兵擒拿營口站英籍辦事員至對岸訊問後釋放，以及搜查鐵路員工住宅等，袁世凱請外務部照會雷薩爾，轉告營口俄軍，此後不得與鐵路公司為難，〔註68〕並請駐津俄國武官轉告該部隊長官。〔註69〕

　　即使袁世凱維護鐵路中立之意甚堅，俄國仍亟思控制營口車站。1904 年 4 月 23 日，俄國鐵路監督所羅思通知營口站，決定派員對營口所有商民往來電報、火車往來搭載客貨進行檢查，非經俄國官員同意，不許發送電報，同時查禁暗碼電報，但承諾在鐵路公司總工程司簽字保證下，可不查禁公司員工發報內容，亦認為查驗旅客身份無礙鐵路運作。袁世凱認為中國屢次聲明遼西為中立地區，俄國越河檢查傷害中立，請外務部照會雷薩爾，要求所羅思與營口站訂定章程，使路務、電政不受妨礙，〔註70〕如俄國不理會，中國

〔註66〕日俄兩國海軍戰況，參見李齊芳，《中俄關係史》（台北：聯經出版事業公司，200 年 12 月初版），頁 327-329。

〔註67〕〈收北洋大臣致外務部電〉，光緒三十年正月初七日，楊家駱主編，《清光緒朝中日交涉史料》，18，頁 H1426 上。

〔註68〕〈收北洋大臣致外務部電〉，光緒三十年二月十八日，楊家駱主編，《清光緒朝中日交涉史料》，18，頁 H1449 上。

〔註69〕〈收北洋大臣致外務部電〉，光緒三十年二月二十二日，楊家駱主編，《清光緒朝中日交涉史料》，18，頁 H1451 上。

〔註70〕〈收北洋大臣致外務部電〉，光緒三十年三月初八日，楊家駱主編，《清光緒朝中日交涉史料》，18，頁 H1457 下。

只能放任、不能表示同意。〔註71〕

　　俄國派員到站後，將所羅思具名告示張貼於車站各處及列車車廂，表示營口及附近村落全歸軍法管理，並要求營口站長於列車進站時呈報旅客人數，袁世凱明確要求營口站長禁止俄員張貼告示，亦不許向俄員呈報旅客數目。〔註72〕所羅思則表示此舉係按照戰時國際法辦理，保證不耽誤行車時刻、亦不阻礙路務電政。〔註73〕

　　1905年5月中旬，俄人因九連城一役戰敗，〔註74〕有意退出營口，營口商會請山海關道陳昭常預備接收。〔註75〕袁世凱認為營口商埠位在遼東戰區內，中國接收後，僅能管理吏治、商務，俄國一旦退出，中國如派兵保護地面，恐各國干涉，使將來更難接收，中國應對包括俄國在內之各國聲明，俄國退出營口後，無論是否願意交還，中國可逕行派員治理，以杜絕其他國家藉機干涉。〔註76〕

　　1904年7月24日，俄軍戰敗於大石橋，被迫退出營口。〔註77〕日軍於7月27日進駐，〔註78〕對於營口中立亦多方干涉。10月21日，日軍出具告示，要求對營口車站中國往來貨物一律實施軍管，先在日本山海鈔關查驗後始予放行。袁世凱認為營口車站在遼河以北，並非日軍佔領區，日本過河設關有所不宜，俄國佔有營口時並未在遼西車站設關，日本公然侵犯中國稅權，不僅損及中立、亦有礙中外商務，要求外務部向日使內田康哉交涉停辦，〔註79〕

〔註71〕〈收北洋大臣致外務部電〉，光緒三十年三月十四日，楊家駱主編，《清光緒朝中日交涉史料》，18，頁H1460下。

〔註72〕〈收北洋大臣致外務部電〉，光緒三十年三月十五日，楊家駱主編，《清光緒朝中日交涉史料》，18，頁H1460下-1461上。

〔註73〕〈收北洋大臣致外務部電〉，光緒三十年四月初七日，楊家駱主編，《清光緒朝中日交涉史料》，18，頁H1471下-1472上。

〔註74〕九連城戰役為日俄第一次大型陸上會戰，戰況參見王芸生，《六十年來中國與日本》第四卷，頁190-191。

〔註75〕〈收北洋大臣致外務部電〉，光緒三十年三月十八日，楊家駱主編，《清光緒朝中日交涉史料》，18，頁H1463上。

〔註76〕〈收北洋大臣致外務部電〉，光緒三十年四月初九日，楊家駱主編，《清光緒朝中日交涉史料》，18，頁H1473上-1473下。

〔註77〕大石橋戰役戰況，參見王芸生，《六十年來中國與日本》第四卷，頁191-192。

〔註78〕〈收北洋大臣致外務部電〉，光緒三十年六月十八日，楊家駱主編，《清光緒朝中日交涉史料》，18，頁H1496上。

〔註79〕〈收北洋大臣致外務部電〉，光緒三十年九月十三日，楊家駱主編，《清光緒朝中日交涉史料》，18，頁H1529上-1529下。

獲日本同意不設關徵稅，至於查察貨物一節，日本希望由常關派員稽查違禁品，應徵貨物稅由山海關稅務司兼常關黑澤禮吉代徵。〔註80〕外務部認為如同意日本辦法，因山海關稅務司性質上為中國雇員，此舉可略收主權，袁世凱則認為黑澤亦為日本官員，由黑澤辦理無異於由日本官員辦理，如此則損及中國主權，「遼西地面我曾請做局外，無論戰國認否，在我應先自認」，〔註81〕中國既宣布遼西為局外中立地區，則營口車站查緝違禁物品本屬中立國職責，徵收漏稅則為中國自主權利，如其他國家干預，便是侵犯中立、損及中國主權。目前稅務司雖為中國政府所雇用，一旦受日本委託徵稅，即為交戰國干預中立國行政，而中國雇員受交戰國委託，行損害中國主權之事，則更應嚴加禁止，〔註82〕要求日本停辦即為保主權、守中立之道。

　　1905年2月初，日俄兩國均不顧中國中立聲明，逕自在遼西地界新民府附近交戰，日軍擊退俄軍、進佔新民府後，派員監察電報，不許發洋文公電，不許裝卸客貨，營口日軍復勒令營口站每日裝運軍需物資400餘噸前往新民府，並聲明不接受即搶車自運。袁世凱認為，替日軍運送物資，則鐵路中立即遭破壞，一旦俄人據此詰責，必成交涉巨案，決定要求關外各車站暫停行駛新民府、營口兩站，待日本保證不以軍法行於中立車站後，再擇日恢復行駛。〔註83〕

三、貨運中立

　　除密切注意日俄兩國軍隊有無違反局外中立，物資的運送是否違反規定也是袁世凱關注的項目。戰爭初期，英商介記公司擬將8700包麵粉由天津運交營口英商點收，袁世凱即加以拒絕，得知該英商準備將其轉運旅順時，又令津海關、沿海文武官員、輪船局、鐵路局等密切查禁。〔註84〕此外，對於俄國開列之十九大類應禁運物資，〔註85〕袁世凱除要求所屬文武官員一體申

〔註80〕〈發北洋大臣盛京將軍電〉，光緒三十年九月二十八日，楊家駱主編，《清光緒朝中日交涉史料》，18，頁H1653上。

〔註81〕〈收北洋大臣致外務部電〉，光緒三十年九月二十九日，楊家駱主編，《清光緒朝中日交涉史料》，18，頁H1534上。

〔註82〕〈收北洋大臣致外務部電〉，光緒三十年十月初二日，楊家駱主編，《清光緒朝中日交涉史料》，18，頁H1535上。

〔註83〕〈收北洋大臣致外務部電〉，光緒三十一年二月初七日，楊家駱主編，《清光緒朝中日交涉史料》，18，頁H1585下。

〔註84〕〈收北洋大臣致外務部電〉，光緒三十年正月十三日，楊家駱主編，《清光緒朝中日交涉史料》，18，頁H1432下。

〔註85〕〈發南洋大臣北洋大臣電〉，光緒三十年正月十六日，楊家駱主編，《清光緒

禁外，亦請外務部轉告理藩院，通令蒙古各旗一律遵守。〔註 86〕

　　即使袁世凱有強烈意願，也採行部分措施維持貨運中立，但俄國因戰略物資需求孔急，仍舊不願遵行。俄國陸軍部表示因戰爭需要，俄軍在東三省雇車、購糧時，一旦東三省官民抵抗，將立即拘禁、嚴懲。〔註 87〕外務部表示俄軍如自向商民購辦、則絕不阻止，如強行攤派、亦無力阻止，希望俄國顧全大局，〔註 88〕

　　物資的禁運使戰地居民生活陷入困境，爲救援身處戰區之東三省商民，外務部致電袁世凱，請其以商辦爲名、以官方贊助或公開募款方式，藉由紅十字會名義赴東三省救濟百姓。〔註 89〕因上海曾於庚子年間組織濟急善會救助百姓，袁世凱乃致電盛宣懷，表示日俄開戰後，遼東一帶商民流離失所，目前已令司道等籌款招紳，仿照庚子救濟會辦法，先與駐天津日、俄領事商議，派員紳前往遼東，伺機救濟災民，上海一帶富商眾多，請盛宣懷代爲招募人員款項。〔註 90〕盛宣懷表示上海華商於前月即已籌款五萬餘兩，仿紅十字會名義進行救濟，請袁世凱與上海善會合作進行勸募、救濟工作。〔註 91〕

　　盛宣懷等所設立之組織定名爲「上海萬國紅十字會」，董事會由中西各界人士組成，章程大意爲設置戰地醫院與救傷車，接送難民離開戰區，戰國不得侵害紅十字會，請日、俄駐華公使代轉本國政府承認此會，各西洋董事亦

朝中日交涉史料》，18，頁 H1635 上。此外，日本海軍部亦開列戰時應禁運物資十一大項，要求中國不得將該等物品運往戰地，參見〈發南北洋大臣盛京將軍電〉，光緒三十年二月初二日，楊家駱主編，《清光緒朝中日交涉史料》，18，頁 H1636 上。

〔註 86〕〈收北洋大臣致外務部電〉，光緒三十年正月十八日，楊家駱主編，《清光緒朝中日交涉史料》，18，頁 H1435 上。

〔註 87〕〈收駐俄胡大臣電〉，光緒三十年正月二十一日，楊家駱主編，《清光緒朝中日交涉史料》，18，頁 H1437 上。

〔註 88〕〈發北洋大臣電〉，光緒三十年正月二十一日，楊家駱主編，《清光緒朝中日交涉史料》，18，頁 H1635 下。

〔註 89〕〈發北洋大臣信〉，光緒三十年二月初一日，《外交檔案》02-21/13-（1）。

〔註 90〕〈袁宮保來電〉，二月初五日，收入盛宣懷，《愚齋存稿》下冊，卷 63，〈電報 40〉，頁 1386 上-1386 下。庚子軍興，爲救助在京之各省官紳商民，上海紳商議設濟急善會，盛宣懷曾邀請袁世凱將此善會推廣至山東。袁世凱表示山東因天災、民亂，籌款甚爲困難，但仍捐助庫銀 3 千兩。參見〈又〉，光緒二十六年閏八月二十八日，收入盛宣懷，《愚齋存稿》下冊，卷 95，〈補遺 72〉，頁 1987 下-1988 上。

〔註 91〕〈寄袁宮保〉，光緒三十年二月初六日，收入盛宣懷，《愚齋存稿》下冊，卷 63，〈電報 40〉，頁 1386 下。

致電本國政府請求予以承認。外務部令胡惟德轉告俄國政府，並視情形向瑞士紅十字總會探詢有無知會必要。〔註92〕

　　對於中國自行籌測救濟組織，俄國外交部表示俄國紅十字會人員充足，無需中國派員加入救難，〔註93〕日本則表示若紅十字會設在戰場以外，則不排除同意。〔註94〕俄國明拒、日本婉拒，德、法等國也不願支持，外務部除令盛宣懷等再設法之外，另同意保和會所請，補簽1864年陸戰條約，商請瑞士駐英國公使向紅十字會總會代為轉達中國入會申請。

　　儘管各國均不甚同意，中國仍積極籌備加入紅十字會事宜，由胡惟德在俄國主持其事。〔註95〕籌畫期間，朝廷決定先撥款救濟災民，袁世凱認為紅十字會宗旨在治傷與救難，日、俄兩國尚未同意設立紅十字會，如將款項用於救濟，恐名實不符、難以開支。應先請外務部取得日、俄兩國同意後再領款開辦，如日、俄終不願允許，再請外務部代奏，將款項移作救難用途，如此較為妥善。〔註96〕

　　即使百姓陷入困境，俄國仍因戰略需求，公告禁止奉天府所產豆子、油餅等運往蓋平、營口地區。〔註97〕袁世凱認為依據公法，由中立區運送糧食赴戰區，如為接濟軍需、則為違禁品，如在戰區內運送、或由戰區運往中立區，均非違禁，俄國禁運命令可置之不理，俄國此舉應係擔憂營口失守，物資為日軍所獲，應由奉天府依公法向俄員理論，一面令商民聯名陳情、或由洋商出面承包，但因奉天為戰區，俄國隨時可實施軍管，「理喻、勢禁，均難措手，惟有盡其在我而已」，〔註98〕另令賑撫局墊款日幣1萬5千元救濟難民。〔註99〕

〔註92〕〈發駐俄胡大臣電〉，光緒三十年二月初五日，楊家駱主編，《清光緒朝中日交涉史料》，18，頁H1636下。
〔註93〕〈收駐俄大臣信〉，光緒三十年二月初八日，《外交檔案》02-21/13-（1）。
〔註94〕〈收駐日本大臣信〉，光緒三十年二月十七日，《外交檔案》02-21/13-（1）。
〔註95〕胡惟德主持加入紅十字會事宜，參見任天豪，〈胡惟德與清末民初的「弱國外交」〉（台中：國立中興大學歷史學系碩士論文，民國93年6月），頁53-57。
〔註96〕〈天津袁慰庭宮保來電〉，光緒三十年四月十三日，收入盛宣懷，《愚齋存稿》下冊，卷97，〈補遺74〉，頁2046上。
〔註97〕〈收盛京將軍奉天府尹致軍機處外務部電〉，光緒三十年四月二十四日，楊家駱主編，《清光緒朝中日交涉史料》，18，頁H1478上。
〔註98〕〈收北洋大臣致軍機處外務部電〉，光緒三十年四月二十五日，楊家駱主編，《清光緒朝中日交涉史料》，18，頁H1478下。
〔註99〕〈收北洋大臣致軍機處外務部電〉，光緒三十年四月二十五日，楊家駱主編，《清光緒朝中日交涉史料》，18，頁H1478下-1479上。

四、行政中立

戰爭初起時，中國雖有心嚴守中立，但各國因庚子經驗而不甚相信，〔註100〕天津外籍人士對於中國的中立決心也頗多懷疑，但在袁世凱隨時設法解釋、以及確實努力維持中立後，亦能相安無事。袁世凱認為懷疑中國不中立的謠言多由俄人傳播，認為應是俄國擔憂中國乘俄國力弱時機收回東三省，因而散播謠言使中國不能有所舉動，或為將來戰敗預作地步。〔註101〕因此，努力的重點在於嚴守局外中立，使俄國將來無辭可藉。

袁世凱在維持行政中立方面遭遇的挑戰不可謂不大。雷薩爾曾聲稱捕獲 4 名由山海關攜帶炸藥出關，經科爾沁蒙旗前往黑龍江齊齊哈爾車站，意圖炸毀鐵路的日本間諜，並表示日本間諜由古北口、張家口出關者甚多，以此指摘中國縱容日人、違反中立。〔註102〕袁世凱頗感無奈，認為「中立國不得偏助一國」，如僅查禁日本人前往戰區，則確實違反局外中立，日人屆時必來責問，中國無以反駁，但如日俄俱禁，俄人往來戰區數量更多，更難辦到。按照公法，交戰國人民居住中立地區者本可出境，局外中立國只有查禁結隊出境助戰責任，而不及於個人，日人並未結隊出境，則中國並無查禁義務。〔註103〕為免日俄兩國有辭可藉，袁世凱決定通飭沿邊各屬，凡參戰國人由境內前往戰區一律嚴密盤查，形跡可疑、攜帶軍火者一律扣留。〔註104〕

不僅俄人，日本亦曾試圖挑戰中國嚴守局外中立的決心。關外鐵路巡警於 1904 年 5 月起，屢次呈報日人在遼西召集鬍匪，該地巡警兵力不足以防範。袁世凱表示因俄國不肯承認遼西為局外中立地區，因此無法增兵協防，俄國亦曾召集鬍匪助戰，中國無法阻止日本仿效，只能禁止鬍匪在鐵路附近聚集，如鬍匪騷擾鐵路則格殺勿論。〔註105〕不久，熱河建昌縣令稟報捕獲王洛文等

〔註100〕〈收駐俄胡大臣電〉，光緒三十年三月初九日，楊家駱主編，《清光緒朝中日交涉史料》，18，頁 H1458 上。

〔註101〕〈收北洋大臣電〉，光緒三十年三月十一日，楊家駱主編，《清光緒朝中日交涉史料》，18，頁 H1459 上。

〔註102〕〈發北洋大臣直隸馬提督電〉，光緒三十年三月十一日，楊家駱主編，《清光緒朝中日交涉史料》，18，頁 H1639 上。

〔註103〕〈收北洋大臣致外務部電〉，光緒三十年三月十三日，楊家駱主編，《清光緒朝中日交涉史料》，18，頁 H1459 下。

〔註104〕〈收北洋大臣致外務部電〉，光緒三十年三月十六日，楊家駱主編，《清光緒朝中日交涉史料》，18，頁 H1461 下。

〔註105〕〈收北洋大臣致外務部電〉，光緒三十年四月初三日，楊家駱主編，《清光緒朝中日交涉史料》，18，頁 H1470 上。

四名受日人所託召集鬍匪之匪徒，袁世凱認為建昌縣屬局外之地，日人招匪
明顯侵犯中立，即令其妥為嚴辦。〔註106〕

　　不久，俄國人在鄭家屯購買牛隻，被日人查獲，召集匪徒前往攔截，俄
人將牛群趕至距庫倫40餘里附近時，疑似被日人劫殺。袁世凱認為俄人雖在
奉天買牛，既走避至中立區，中國即有責任保護，日本越界追捕明顯違反公
法，俄人則未違反，如俄人被害，案情則越重大，請外務部照會日使，將俄
人釋放、交由中國地方官看管，無論日使能否做到，中國均必須按照公法責
問，以先預留地步。〔註107〕如日本不肯承認，只能遣兵防堵，如日人再來、
即按土匪律逮捕治罪，以免俄人藉口。〔註108〕

　　儘管袁世凱致力於維護局外中立地位，希望使俄國將來無辭可藉，但俄
國顯然仍不滿意。1905年1月14日，俄國官報刊載外交部通告各國聲明，譴
責中國未能恪守中立，違背各國保全中國中立宗旨。胡惟德認為原因可能出
在日軍雇用華兵、華軍聘用日員、及廟島有日本軍艦停泊等事。〔註109〕袁世
凱表示日俄雙方均招匪助戰，中立國無需承擔責任，中立國聘用參戰國人，
只要無關戰務，並不違反中立、公法亦未禁止，且中國聘用日人係充當翻譯，
各海關學堂亦聘用俄籍翻譯，並未偏袒日本。〔註110〕

　　未幾，美國署使照會外務部，表示有他國政府控訴中國五項違反局外中
立行為，包含日本在東三省招鬍匪，中國聘用日本教習練兵，准日本借用廟
島，有人由煙台將禁運物資運往大連灣，漢陽鐵廠將生鐵售予日本。〔註111〕
袁世凱推測俄國此舉之意有三，將旅順失守責任歸諸中國不中立舉動，為俄

〔註106〕〈收北洋大臣致軍機處外務部電〉，光緒三十年四月二十八日，楊家駱主編，
　　　　《清光緒朝中日交涉史料》，18，頁H1480下。
〔註107〕〈收北洋大臣致外務部電〉，光緒三十年六月初九日，楊家駱主編，《清光緒
　　　　朝中日交涉史料》，18，頁H1492下。
〔註108〕〈收北洋大臣致外務部電〉，光緒三十年六月初九日，楊家駱主編，《清光緒
　　　　朝中日交涉史料》，18，頁H1492下-1493上。
〔註109〕〈收駐俄胡大臣致外務部電〉，光緒三十年十二月初九日，楊家駱主編，《清
　　　　光緒朝中日交涉史料》，18，頁H1560下-1561上。
〔註110〕〈收北洋大臣致外務部電〉，光緒三十年十二月初十日，楊家駱主編，《清光
　　　　緒朝中日交涉史料》，18，頁H1561上。
〔註111〕〈電北洋大臣〉，光緒三十年十二月十一日，楊家駱主編，《清光緒朝中日交
　　　　涉史料》，18，頁H1659上-1659下。俄國正式照會文，參見〈收駐美梁大臣
　　　　致外務部電〉，光緒三十年十二月14日，楊家駱主編，《清光緒朝中日交涉史
　　　　料》，18，頁H1565上-1565下。

國借道遼西襲擊日本預作解釋，為日後波羅的海艦隊強佔中國港口預作準備。中國雖必須辯解，但與其透過外交系統進行解釋，不如「明降諭旨、申明嚴守中立」更為有力。〔註112〕

對於俄國五項指控，袁世凱一一駁斥。召集鬍匪一事，實為俄國首創、日人繼之，中國既不能禁止俄國，亦無力制止日本，公法規定中立國人民或退職人員私自前往戰地助戰，國家無需負責。聘用日人部分，公法並不禁止聘用參戰國人員，且聘用人員為中國主權，他國不應干涉。北方聘用日人擔任翻譯，與各海關學堂聘用俄人一般，並未偏袒日本。日人借用廟島一事，地方官查明後確無此事，亦不可能准其借用。煙台口岸問題，雖常有謠言傳出，但均查無實據。〔註113〕

外務部另通知袁世凱，表示俄國尚向美國控訴，中國默許日本在煙台捕拿俄艦，以及幫助日本招募華人兩事。〔註114〕袁世凱表示煙台一案事出意外，海軍統領薩鎮冰業已嚴加議處，艦上武器與人員均按中立管收，並嚴詞要求日本歸還俄艦，中國已盡力而為。至於幫助日本招匪則並無其事，中國在戰區內無法完全實施主權，並非不願盡力，況中立地段中國軍民均嚴守中立、並無違犯。此外，俄日兩國皆有人員前往戰地，中國不能獨禁一國，在確定事實之前，不能主動認定日人出關全為助戰。〔註115〕在袁世凱催促下，外務部將俄國通知美國各項質疑，及袁世凱的駁斥發交各駐使，請其轉知駐在國政府。

然除俄國之外，日本也質疑中國未保持中立。俄軍於1905年1月上旬繞道位於遼西的牛莊、襲擊營口日軍，為日軍所敗後，小村壽太郎向外務部表示，日軍擊敗俄軍後，發現俄軍中混有張作霖所部多數中國官兵、性質多為俄軍嚮導，要求中國說明。〔註116〕袁世凱接獲消息後，認為日俄兩國自開戰以來，從未承認遼西中立，軍隊亦不時在遼西出沒，遼西中立早被侵犯，俄

〔註112〕〈收北洋大臣致外務部電〉，光緒三十年十二月十二日，楊家駱主編，《清光緒朝中日交涉史料》，18，頁H1562下-1563上。
〔註113〕〈收北洋大臣致外務部電〉，光緒三十年十二月十二日，楊家駱主編，《清光緒朝中日交涉史料》，18，頁H1563上-1563下。
〔註114〕〈發北洋大臣電〉，光緒三十年十二月十三日，楊家駱主編，《清光緒朝中日交涉史料》，18，頁H1659下-1660上。
〔註115〕〈收北洋大臣致外務部電〉，光緒三十年十二月十四日，楊家駱主編，《清光緒朝中日交涉史料》，18，頁H1566上-1566下。
〔註116〕〈發北洋大臣電〉，光緒三十年十二月十六日，楊家駱主編，《清光緒朝中日交涉史料》，18，頁H1660下。

軍繞道牛莊、日軍勢必效尤，若不加以阻止，恐過境變成駐紮。無論日俄能否承認，外務部均應照會兩國公使、切實阻止，並聲明兩國應賠償遼西居民生命、財產損失。〔註117〕

嗣後，日軍果如袁世凱預料繞道遼西，借道蒙古襲擊俄軍後路，俄國認為軍中有日人所招鬍匪，因而極為不滿，認為中國刻意放任日軍招匪，顯然破壞中立，要求嚴加查辦。〔註118〕袁世凱建議外務部先向雷薩爾聲明，已向小村詰問此事，以雷薩爾照會內容責問小村，再將小村答覆內容轉告雷薩爾，並通飭遼西各地方官及各蒙旗查禁，「以盡我中立之責而已」，餘亦無法可想。〔註119〕

1905 年 3 月 14 日，日軍大隊進駐新民府，並派遣人員採購軍需物資，袁世凱認為中國已屢次聲明遼西為中立地界，建議外務部應迅速照會小村，請其轉告日軍迅速撤兵、並停止採購，以免破壞中立。〔註120〕但日軍置之不理，甚至在新民府設置軍務署，袁世凱認為在中立地界設置軍事制度，既違反公法、亦損及中國主權，請外務部照會小村，要求日本停止設立，並要求新民府知府增韞設法阻止。〔註121〕小村照覆時表示俄國在新民府早已破壞中立，日本有權比照辦理，將來軍務結束後自當撤除。〔註122〕日軍統帥大山岩對於增韞阻攔設署也甚為不滿，認為俄國借道牛莊襲擊日軍時，以張作霖為嚮導，中俄兩國當時即已違反中立。〔註123〕對此，袁世凱表示俄軍在新民府僅過境，並未進行軍管，如容許日本設立軍務署，俄國一旦詰問，中日雙方均有過失，中國必須顧及中立，不得不預作防範，此外，如張作霖確實違反中立，不妨請日本提供確

〔註117〕〈收北洋大臣電〉，光緒三十年十二月十八日，楊家駱主編，《清光緒朝中日交涉史料》，18，頁 H1568 上。

〔註118〕〈發北洋大臣致電〉，光緒三十一年正月十八日，楊家駱主編，《清光緒朝中日交涉史料》，18，頁 H1663 下。

〔註119〕〈收北洋大臣致外務部電〉，光緒三十一年正月十九日，楊家駱主編，《清光緒朝中日交涉史料》，18，頁 H1579 下。

〔註120〕〈收北洋大臣致外務部電〉，光緒三十一年二月初九日，楊家駱主編，《清光緒朝中日交涉史料》，18，頁 H1586 下。

〔註121〕〈收北洋大臣致外務部電〉，光緒三十一年二月二十四日，楊家駱主編，《清光緒朝中日交涉史料》，18，頁 H1591 上。

〔註122〕〈發北洋大臣電〉，光緒三十一年三月初七日，楊家駱主編，楊家駱主編，《清光緒朝中日交涉史料》，18，頁 H1666 上。

〔註123〕〈收盛京將軍奉天府尹致外務部電〉，光緒三十一年三月初七日，楊家駱主編，《清光緒朝中日交涉史料》，18，頁 H1593 下。

切證據，中國必當查辦。〔註124〕嗣後，俄國果如袁世凱預期，於 5 月 26 日以日軍將新民府鐵路作為軍用、以及設置軍務署為由質問外務部，聲明如日軍在 6 月 1 日前不撤出新民府，俄國即不再承認鐵路中立。〔註125〕惟日本始終不願撤除軍務署，袁世凱亦無計可施，僅建議外務部，鐵路為中立產業，向由華官管理，與交戰國無關，如有他國侵損鐵路，則應負賠償之責。〔註126〕

第二節　善後會議據理力爭以保固主權

　　1905 年 5 月 27 日，日俄兩國艦隊於對馬海峽遭遇，俄國艦隊大敗之餘已無力再戰，政府亦因歷經久戰不利導致革命而無意再戰，日本亦已師老兵疲，無續戰之力，和議機會逐漸成熟。〔註127〕6 月 8 日，美國總統羅斯福同時照會日、俄兩國，請兩國派遣全權大使、考慮停戰議和，兩國政府立刻接受，隨後決定在美國朴資茅斯召開會議。〔註128〕外務部尚書那桐於 7 月 3 日會見英、日、俄駐華公使，聲明中國無義務接受日、俄間任何涉及東三省決議，〔註129〕另於 7 月 6 日照會日、俄兩國政府，表示日、俄曾於中國領土內作戰，如議和條件牽涉中國，而未事先與中國商議者，中國政府一概不予承認。〔註130〕但外務部並未採取進一步行動，日本亦拒絕中國參與和會。

　　戰爭中期俄軍屢次失利後，俄使雷薩爾曾託人拜訪袁世凱，希望戰爭結束前先與中國訂約，表示可為中國於戰後保住部分利權，袁世凱瞭解「此時立約，俄勝，必不算；俄敗，日人亦必不算」，對中國沒有任何好處，因而立予拒絕，並請徐世昌轉告請慶親王，如俄國要求訂約，斷不可理會。〔註131〕

〔註124〕〈收北洋大臣致外務部電〉，光緒三十一年三月初七日，楊家駱主編，《清光緒朝中日交涉史料》，18，頁 H1593 下。

〔註125〕〈發北洋大臣電〉，光緒三十一年四月二十三日，楊家駱主編，《清光緒朝中日交涉史料》，18，頁 H1669 上-1669 下。

〔註126〕〈收北洋大臣致外務部電〉，光緒三十一年四月二十三日，楊家駱主編，《清光緒朝中日交涉史料》，18，頁 H1605 下。

〔註127〕王芸生，《六十年來中國與日本》，第四卷，頁 196-197。

〔註128〕（美）馬士著，《中華帝國對外關係史》，第三卷，頁 459-460。

〔註129〕《東方雜誌》，卷2，第9期，〈軍事〉，頁 320。

〔註130〕〈致日俄兩國照會〉，光緒三十一年六月初四日，楊家駱主編，《清光緒朝中日交涉史料》（台北：鼎文書局），頁 H1324 下。

〔註131〕〈袁世凱為不與俄立約事致徐世昌函〉，1904 年 4 月 26 日，《北洋軍閥史料·袁世凱卷》，第一冊，頁 386-389。

　　戰爭接近尾聲之時，袁世凱已預料日本繼承旅大租借地、保護高麗等結果勢難禁阻，〔註132〕證諸日俄雙方於會後所簽訂朴資茅斯和約，與中國相關部分，大要爲：俄國承認日本在朝鮮的優越地位；除旅大租借地外，東三省歸還中國，日俄兩國於 18 個月內撤軍；在取得中國同意下，俄國將旅大租借地、南滿鐵路及其附屬權利讓予日本；日俄兩國可在各自鐵路沿線設置護路兵，每公里不超過 15 人等，〔註133〕袁世凱之憂慮獲得證實。外務部對於駐軍、護路兵兩項表示無法接受，〔註134〕但中國無力影響條約內容，因而亟思補救；日本則因條約中註明繼承俄國讓予之權利須先經中國政府承諾，因而不能不與中國協商，中、日雙方因而就東三省善後事宜進行交涉。〔註135〕

　　日本方面爲求愼重，派遣擁有 20 年外交官資歷的小村壽太郎爲特派全權大使，赴北京與駐華日使內田康哉共同主持對華議約；〔註136〕中國方面則諭令外務部總理大臣慶親王奕劻、外務部尚書瞿鴻磯、北洋大臣袁世凱爲全權大臣。〔註137〕袁世凱奉旨參與議約後，即於 11 月 10 日上午乘專車赴北京，〔註138〕次日入宮覲見，兩宮當面希望袁世凱於議約時先與奕劻商議，勿使中國過於吃虧，以「保固主權」爲要義。〔註139〕召對後，袁世凱即赴慶親王府拜會奕劻，商討議約之策。〔註140〕此後，袁世凱連續於 12 日、13 日入宮召對，〔註141〕並廣泛參考各大臣對於滿洲問題的意向。〔註142〕

〔註132〕〈收北洋大臣致外務部電〉，光緒三十一年正月二十六日，《清光緒朝中日交涉史料》，18，頁 H1581 上。

〔註133〕王繩祖主編，《國際關係史》（北京：世界知識出版社，1995 年 12 月第 1 版第 1 次印刷），第三卷，頁 310。

〔註134〕〈外部致胡維德俄日新約有滿洲一帶鐵路駐兵與約不符請俄廷熟籌電〉，光緒三十一年八月二十二日，清季外交史料，卷 191，頁 174 下-175 上。

〔註135〕陳志奇，《中國近代外交史》（台北：國立編譯館，民國 82 年出版），下冊，頁 1117。

〔註136〕〈擬派員與日使會商滿洲問題〉，光緒三十一年十月十二日，《申報（上海）》第一版。

〔註137〕〈清廷諭派奕劻、瞿鴻磯、袁世凱爲全權大臣與議〉，光緒三十一年十月初八日，中華民國史事紀要編輯委員會，《中華民國史事紀要，民國紀元前七年（1905）一至十二月份》（台北：國史館，民國 68 年 9 月出版），頁 840。

〔註138〕〈加派裏理會議東三省官員〉，光緒三十一年十月十六日，《申報（上海）》第三版。

〔註139〕〈袁宮保召對述聞〉，光緒三十一年十月二十五日，《申報（上海）》第二版。

〔註140〕〈袁督拜謁慶邸籌商滿洲議約事〉，光緒三十一年十月二十五日，《申報（上海）》第二版。

〔註141〕〈電傳宮門抄〉，光緒三十一年十月十七日，《申報（上海）》第一版。〈電傳

　　小村壽太郎於 11 月 16 日覲見兩宮後，[註 143] 中日雙方代表隨即於 1905 年 11 月 17 日下午正式開議，中國議約代表除三名全權大臣外，另有署理外務部右侍郎唐紹儀、署理外務部右丞鄒嘉來、商部右參議楊士琦、翰林院檢討金邦平等四名書記官；日本議約代表除兩名全權委員外，另有外務省政務局長山座圓次郎、駐華公使館書記官落合謙太郎、駐華公使館書記官鄭永邦等三名書記官。

　　雙方首先就會議形式、參與人員、記錄方式等事務性問題進行協商，同意會議時採用中日兩國語言，會後用中日兩國文字存記會議摘要，由兩國全權大臣簽署，對外嚴守秘密，會議結束後商訂下次會議時間，以及雙方書記官以五名為限，銜名須相互知照等。中國方面除與會四名書記官外，因袁世凱奏請將唐紹儀調升為會辦大臣，乃增派商部主事曹汝霖為書記官。此外，小村於會中提交日方所擬條款 11 款，要求中國於下次開議前逐款答覆，並聲明以此項條款作為大綱，俟大綱議定後再議詳細條目。[註 144]

　　日本所提條款共 11 款，大意為中國應在日俄兩國撤兵後布置行政機關、維持秩序；中國應以保護外國僑民為宗旨，從事東三省政治改良；保留戰爭中罹難日軍墳塋；非經日本政府同意，中國不得將東三省土地讓予他國、或任由其他國家佔領；指定東三省 16 處地方應開為商埠；中國承認日本繼承俄國在滿洲權利；日本繼續經營新奉、安奉鐵路，中國不阻止南滿鐵路延伸至吉林省城；日本取得鴨綠江沿岸伐木權；中國開放鴨綠江、松花江、遼河航權；奉天漁權讓予日本；中韓通商互享最惠國待遇等。袁世凱等人研究過後，於 11 月 21 日提交意見書，對於日本所提原案逐條說明立場。原案第 1、第 2 兩款侵犯中國內政，要求刪除；第 3 款無異議；第 4 款侵犯中國主權、要求刪除；第五款要求將「應開」商埠改為「自開」商埠，並由中國另訂開埠章程；第 6 款修訂為明確開立日本可繼承之俄國權利；第 7 款改為安奉鐵路由日本經營五年、新奉鐵路售予中國、吉長鐵路中國自造；第 8 款改為中日合

　　　宮門抄〉，光緒三十一年十月 18 日，《申報（上海）》第一版。

〔註 142〕〈中日滿洲約定期開議〉，光緒三十一年十月二十二日，《申報（上海）》第一版。

〔註 143〕國立故宮博物院，《清代起居注冊‧光緒朝》（台北：國立故宮博物院，民國76 年 2 月初版）第 73 冊。頁 036992。

〔註 144〕〈中日全權大臣會議東三省事宜節錄第一號〉，光緒三十一年十月二十一日，收入王亮編、王彥威纂輯、王敬立校，《清季外交史料》（六），頁 191 上-191下。

辦木植公司、章程另訂；第 9 款改爲遼河、松花江、鴨綠江一帶設有商埠地方可允內港行船；第 10 款損害中國漁民生計，應請刪除；第 11 款照案同意。另提出補充條款七款，大意爲要求日本須於日俄訂約日起 12 個月撤兵、鐵路沿線由中國自行設置護路兵；日本交還佔用之中國公私產業、以及賠償中國官民因戰爭引起之損失；中國在東三省享有完全的主權，可任意派兵駐防各地；奉天省開辦路礦前應訂定詳細章程；各地開埠時由中國訂定開埠、租界辦法；營口須恢復戰前狀態；日本官員代收之奉天稅課須交還中國等。

一、討論日本所提原案

中日雙方於 11 月 23 日進行第二次會議，開始就各項條文內容進行實質討論。〔註145〕首先討論日本原案部分。日本原案第一款爲「按照日俄和約第三款，一俟日俄兩國軍隊由東三省撤退後，中國政府應立即在該地方布置行政機關，以期維持地方治理靜謐」，第二款爲「中國政府務須以在東三省地方確切施行良政、並妥實保護外國僑寓商民之命產爲宗旨，應將東三省向來所施治政即行從事改善」，中國代表於意見書中已表明必須刪除之意。小村認爲東三省行政改革，關乎中國是否能在東三省維持治安與消除國際紛擾，影響日本安危甚鉅，兩條款內容並無干涉中國內政之意，因此僅同意將兩款合併，改由中國政府自行聲明；瞿鴻機表示中國無法接受，要求小村擱置此兩條款。〔註146〕雙方於第 12 次會議時再度討論，瞿鴻機強調中國必將在東三省改善施

〔註145〕目前關於中日東三省善後會議內容，中國方面保存史料僅有經雙方簽署認可之會議節錄，台灣中央研究院近代史研究所檔案館中收藏之〈中日東三省事宜會議錄〉爲日文抄本，《清季外交史料》中所收錄之〈中日全權大臣會議東三省事宜節錄〉者則爲中文抄本，均非原件。節錄中僅敍述各條款討論情形，並未記錄某議約大臣對某條款發表何種意見、或做出何種決定，無法就節錄內容瞭解決策出於何人。《容庵弟子記》中記載「傳聞附約之內有爭論極烈者數條，卒能極力斡旋、和平解決。論者謂：微公識力之高卓、言談之敏妙、威望之服人，不能收此效果，惜會議筆記訂定各守密秘，未能將數十萬言昭示」，則當時中國方面確有保存完整會議筆記當無疑問，唯尚待進一步發掘。至於日本方面，外務省所收藏之〈滿洲二關スル日清交涉談判筆記〉係完整會議記錄，甚至會中何人作何動作均鉅細靡遺、稍無遺漏。以下各條款會議過程，係以《清季外交史料》所收錄之會議節錄中文本爲基礎，輔以日文會議記錄，以瞭解袁世凱在各條款議定過程中採行何種策略、做出何種決策。

〔註146〕討論過程參見〈滿洲二關スル日清交涉談判筆記・第二回本會議〉，收入外務省編纂，《日本外交文書》第三十八卷第一冊（東京都：財團法人日本國際連合協會，昭和三十四年十月十五日發行），頁 211 下-213 下。中文摘要參見〈中

政，此兩條款於中國體面有礙，袁世凱亦再三聲明此兩款侵犯中國主權，恐各國將各自在其勢力範圍內援例要求，始終拒絕列入約中。小村同意將兩條合併爲一後列入會議節錄，袁世凱乃將之改寫爲中國承諾於日俄兩國撤兵後、在東三省按自治全權，自行妥籌辦法、認眞整頓後定案。〔註147〕

　　日本原案第三款爲「中國政府爲妥行保全東三省各地方陣亡之日本軍隊將士墳塋、以及立有忠魂碑之地，務須竭力設法辦理」，中國全權大臣無異議，因此照案通過。〔註148〕

　　日本原案第四款「中國政府無論如何措辭，非經日本國應允，不得將東三省地土讓給別國、或允其佔領」。小村表示中俄東三省撤兵問題、以及中美關於長江流域條約中均有類似規定，中國應無拒絕之理，瞿鴻禨則堅持應將此條刪去。小村轉而提議，如中國能確實改良東三省政治，則不至於將東三省拱手讓人，因此如中國能接受前兩款，則第四款可刪除。瞿鴻禨接受小村提議，同意嗣後另行商訂文辭、辦法，小村即將第四款刪除。〔註149〕

　　中國三位議約全權中，慶親王爲外務部總理大臣，地位本最崇隆，但自第二次會議起即長期因病缺席，日本原案前四款屬原則性問題，由瞿鴻禨主持商議，此後即大體上由袁世凱主談。

　　日本原案第五款爲「中國政府按照中國已開商埠辦法，應在東三省將下開各地方，作爲各外國人貿易、工作、以及僑寓之地：奉天省內之鳳凰城、遼陽、新民屯、鐵嶺、通江子、法庫門。吉林省內之長春、吉林省城、哈爾濱、寧古塔、琿春、三姓。黑龍江省內之齊齊哈爾、海拉爾、璦琿、滿洲里」。小村認爲中國既堅持自開，則可參考中日續訂商約中開放大東溝等商埠規定

日全權大臣會議東三省事宜節錄第二號〉，光緒三十一年十月二十七日，收入王亮編、王彥威纂輯、王敬立校，《清季外交史料》（六），頁192上-193上。

〔註147〕討論過程參見〈滿洲二關スル日清交涉談判筆記・第十二回本會議〉外務省編纂，《日本外交文書》第三十八卷第一冊，頁318下-322上。中文摘要參見〈中日全權大臣會議東三省事宜節錄第十二號〉，光緒三十一年十一月初八日，收入王亮編、王彥威纂輯、王敬立校，《清季外交史料》（六），頁214下。

〔註148〕討論過程參見〈滿洲二關スル日清交涉談判筆記・第二回本會議〉，收入外務省編纂，《日本外交文書》第三十八卷第一冊，頁211下-213下。中文摘要參見〈中日全權大臣會議東三省事宜節錄第二號〉，光緒三十一年十月二十七日，收入王亮編、王彥威纂輯、王敬立校，《清季外交史料》（六），頁192上-193上。

〔註149〕同上註。

成例，加入自日俄兩國軍隊撤退之日起六個月內須開埠完成，以及各開埠地點所指定之外國人居住地區與章程須由中日會商等兩項規定。袁世凱認爲新開商埠準備事宜須相當時日方能就緒，要求將開埠時限刪除；至於兩國會商章程問題，袁世凱表示開埠章程關係各國共同利益，不便由中日兩國約定，以免招致各國疑慮，且因開埠數量眾多，各處情形各不相同，與大東溝等處大異，仍應由中國自訂章程爲宜，雙方爲此爭執良久。在小村堅持下，袁世凱仍雖同意中國議定章程時可與日本駐京公使商議，但堅持條約中必須明訂由中國自訂章程，僅接受將中日會商議定章程一項存記於會議節錄中。〔註150〕

　　日本原案第六款爲「中國政府將俄國按照日俄和約第五款、及第六款，業經向日本國允讓之一切，概行允諾」。袁世凱等審議條文時，即將日本所能繼承之權利整理詳列、計開九款，包括日本可繼承旅大租借地；開放旅大爲通商口岸；日本租借期限應扣除俄國已租之年限；旅順開放爲中日共用軍港；中國在東三省有地主權、日本不得設置總督；日軍不得擅自出界；以中俄租借條約爲藍本另訂新約；日本繼承南滿鐵路權利時須扣除俄國已行使部分，中國仍享有中俄原約利益，中日另訂章程；中國可派員參與鐵路章程議定等。〔註151〕小村認爲日本以血戰而獲得之權利，斷難接受中國設限，且表示應首先確認租借地及鐵路權利轉移。袁世凱則詳細解釋中國之所以將日本各項應繼承權利詳細開列，原因在於俄國經營租借地與鐵路時，因章程不夠周延以至紛爭迭起，希望移交日本時能公平妥商、避免爭端。小村與內田堅不讓步，希望袁世凱勿堅持枝節問題，僅承諾將來如有應行商議事項可商酌辦理，也反對將細目存記於會議節錄中。袁世凱與之爭執良久，最後決定撤回九項細目，但在日本原案下增入日本遵守中俄間借地、造路原約、並隨時與中國會商規定，小村則要求中國須保證俄國在北滿亦遵守中俄間原約，並將此項列入會議節錄中，日本繼承俄國在南滿條約權利一事就此定案。〔註152〕

〔註150〕討論過程參見〈滿洲二關スル日清交涉談判筆記・第二回本會議〉，收入外務
　　　　省編纂，《日本外交文書》第三十八卷第一冊，頁213下-221上；中文摘要
　　　　參見〈中日全權大臣會議東三省事宜節錄第二號〉，光緒三十一年十月二十七
　　　　日，收入王亮編、王彥威纂輯、王敬立校，《清季外交史料》（六），頁193
　　　　下-194下。
〔註151〕詳細條文參見〈中日全權大臣會議東三省事宜節錄第二號〉，光緒三十一年十
　　　　月二十七日，收入王亮編、王彥威纂輯、王敬立校，《清季外交史料》（六），
　　　　頁194下-195上。
〔註152〕討論過程參見〈滿洲二關スル日清交涉談判筆記・第三回本會議〉，收入外務

日本原案第八款爲「在鴨綠江沿岸之地，由韓國交界劃分界線，其在劃界以內之木植採伐權，中國政府允讓給日本國」。袁世凱提議將此項改爲由中日兩國合辦木植公司，由中日股東均霑其利，以免危及沿江岸居民生計。〔註153〕小村對此並不表反對，但認爲應明確界定公司伐木範圍，雙方磋商後，決定將經營範圍限制在鴨綠江右岸，鴨綠江沿岸伐木問題就此定案。〔註154〕

日本原案第九款爲「中國政府允各國船隻在遼河、鴨綠江、松花江以及各該支流任便駛行」。小村表示按現行條約規定，日本臣民已享有遼河、鴨綠江通航權，僅需商議松花江航權即可。小村查閱中俄間現存條約後，發現俄國依據璦琿條約規定，得享有松花江通航特許權，除中俄兩國船隻之外，其他國家船隻一概不許航行，袁世凱表示目前璦琿條約依然有效，小村爲免抵觸日俄朴資茅斯和約第四條規定，決定撤回此款，但要求在會議節錄中註明如俄國不反對，中國同意就航權方面進行商議，本條就此結案。〔註155〕

日本原案第十款爲「中國政府允將奉天省沿海漁業權讓日本臣民」，小村表示日本漁民在朝鮮、遼東租借地沿海享有漁權，如不將奉天漁權明確界定，將來必然發生衝突。本款係瞿鴻機主談，瞿鴻機表示一旦中國讓步，各國必援引最惠國待遇，要求在他處分享漁權，中國將無以拒絕，因此不能接受。小村雖認爲各國並無要求均霑利益之權，但在瞿鴻機堅持下，同意擱置此項議題，待有妥善辦法後再議。〔註156〕隨後小村於第13次會議時，以中日雙方

省編纂，《日本外交文書》第三十八卷第一冊，頁222上-233下；中文摘要參見〈中日全權大臣會議東三省事宜節錄第三號〉，光緒三十一年十月二十八日，收入王亮編、王彥威纂輯、王敬立校，《清季外交史料》（六），頁197下-198下。

〔註153〕〈中日全權大臣會議東三省事宜節錄第二號〉，光緒三十一年十一月二十七日，收入王亮編、王彥威纂輯、王敬立校，《清季外交史料》（六），頁194下-195上。

〔註154〕討論過程參見〈滿洲二關スル日清交涉談判筆記・第七回本會議〉，收入外務省編纂，《日本外交文書》第三十八卷第一冊，頁275下-276上；中文摘要參見〈中日全權大臣會議東三省事宜節錄第七號〉，光緒三十一年十一月初三日，收入王亮編、王彥威纂輯、王敬立校，《清季外交史料》（六），頁205下-206上。

〔註155〕討論過程參見〈滿洲二關スル日清交涉談判筆記・第七回本會議〉，收入外務省編纂，《日本外交文書》第三十八卷第一冊，頁276上-276下；中文摘要參見〈中日全權大臣會議東三省事宜節錄第七號〉，光緒三十一年十一月初三日，收入王亮編、王彥威纂輯、王敬立校，《清季外交史料》（六），頁206上。

〔註156〕討論過程參見〈滿洲二關スル日清交涉談判筆記・第七回本會議〉，收入外務

歧見難以消除爲由，主動提出緩議。〔註157〕

　　日本原案第11條爲「滿韓交界陸路通商，彼此應按照最優國之例辦理」，袁世凱等並無異議，本條就此結案。〔註158〕

二、討論中國修正案

　　至中日第七次會議結束後，日本所提原案已大致商議完成，雙方隨後就中國所提補充條文進行討論。

　　中國補充條文第二款爲「中國政府爲尊重主權起見，應請日本國政府經因變亂或軍事，所有日本官民強佔、擅管中國各項公私權利、產業地方，均即退出交還。若係有意損壞、強取、擅用公私財產，應由兩國委員會同查明、分別補還，以昭公允」。內田認爲此項條款應分爲兩種情形，因軍務需要而佔用部分理當於軍務結束後交還，戰爭目前雖已結束，但日本尚未撤兵，不能視爲軍務已經結束，因而希望改爲由日本政府視情況決定是否在撤兵以前交還；至於非因軍務需求而遭毀損部分，日本同意中國政府於查明後隨提隨辦、毋須列入約中。袁世凱對於前者表示同意，對於後者則說明係爲滿足東三省官民對於救援、撫卹辦法的期待，雙方最後同意將此項條款存記於會議節錄中。〔註159〕

　　中國補充條文第三款爲「中國按應有完全主權、爲地方治安起見，在日本軍隊尚未撤完之前，得以酌派軍隊彈壓地方、防剿土匪，惟兩國軍隊有時逼近、相遇，必由兩國官員隨時彼此知照，以免誤會」。小村表示日軍有維持

　　　省編纂，《日本外交文書》第三十八卷第一冊，頁 276 下-278 上；中文摘要
　　　參見〈中日全權大臣會議東三省事宜節錄第七號〉，光緒三十一年十一月初三
　　　日，收入王亮編、王彥威纂輯、王敬立校，《清季外交史料》（六），頁 206
　　　上。
〔註157〕討論過程參見〈滿洲二關スル日清交涉談判筆記・第十三回本會議〉，收入外
　　　務省編纂，《日本外交文書》第三十八卷第一冊，頁 326 下；中文摘要參見〈中
　　　日全權大臣會議東三省事宜節錄第十三號〉，光緒三十一年十一月初八日，收
　　　入王亮編、王彥威纂輯、王敬立校，《清季外交史料》（六），頁 215 下。
〔註158〕〈中日全權大臣會議東三省事宜節錄第七號〉，光緒三十一年十一月初三日，
　　　收入王亮編、王彥威纂輯、王敬立校，《清季外交史料》（六），頁 206 下。
〔註159〕討論過程參見〈滿洲二關スル日清交涉談判筆記・第九回本會議〉，收入外務
　　　省編纂，《日本外交文書》第三十八卷第一冊，頁 291 上-297 上；中文摘要
　　　參見〈中日全權大臣會議東三省事宜節錄第九號〉，光緒三十一年十一月初六
　　　日，收入王亮編、王彥威纂輯、王敬立校，《清季外交史料》（六），頁 210
　　　上-210 下。

駐守地界治安之責，軍隊撤退之後即知會中國政府，改由中國派兵駐守，因而將此條修改爲日本撤軍後，即將地名通告中國政府，即使在日俄和約中規定之撤兵期限以內撤退，中國一經日本政府知會後，亦可派兵維持治安，另同意將日俄兩國駐軍地點繪製地圖後，於會議中提交。〔註 160〕袁世凱以維持治安爲主要論點，表示中國派兵目的在鎮壓匪徒，性質上屬地方政治，中國可在日本佔領區 10 里外駐軍，不致對日軍造成妨礙，如待日本撤軍後始派兵進駐，將形成治安空窗期；內田則認爲中國駐軍妨礙日本佔領權，日本分三期撤軍，撤軍前均將事先通知中國，撤兵完成前仍由日軍負責維持治安。爲打開僵局，中日雙方各自讓步，袁世凱同意撤回原提案，修正爲日軍未撤退地區，中國可派兵剿匪，但不得入日軍駐地 20 里內，小村則要求將中國派兵前需先與日本駐軍武官商議一項存記於會議節錄中，此款乃定案。〔註 161〕

　　中國補充條文第四款爲「奉省附屬鐵路之礦產，無論已開、未開，均應妥訂公允詳細章程，以便彼此遵守」。小村認爲本條宗旨已包含於日本原案大綱第六條中，應不必另列專條，袁世凱同意原屬俄國所取得之礦產權利部分，可比照日本原案第六條辦理，但其餘附屬鐵路之礦產則爲避免產權糾紛起見，建議將此條列入會議節錄中存記，小村接受、本條就此定案。〔註 162〕

　　中國補充條文第五款爲「所有奉省已開辦商埠，暨雖允開埠、尚未開辦各地方，其劃定租界各辦法，應由中國官員另行妥商釐定」。小村認爲可比照現行條約辦理，且日本原案第五條中已有類似規定，應毋須討論；袁世凱表示營口、安東縣情形特殊，爲免日後引起誤會，應以明文規定爲宜。小村起初僅允列入

〔註160〕討論過程參見〈滿洲二關スル日清交涉談判筆記‧第十回本會議〉，收入外務省編纂，《日本外交文書》第三十八卷第一冊，頁 297 下-299 上；中文摘要參見〈中日全權大臣會議東三省事宜節錄第十號〉，光緒三十一年十一月初七日，收入王亮編、王彥威纂輯、王敬立校，《清季外交史料》（六），頁 211 上-211 下。

〔註161〕討論過程參見〈滿洲二關スル日清交涉談判筆記‧第十三回本會議〉，收入外務省編纂，《日本外交文書》第三十八卷第一冊，頁 328 上-333 上；中文摘要參見〈中日全權大臣會議東三省事宜節錄第十三號〉，光緒三十一年十一月十二日，收入王亮編、王彥威纂輯、王敬立校，《清季外交史料》（六），頁 215 下-216 上。外交文書 328 上-332 下。

〔註162〕討論過程參見〈滿洲二關スル日清交涉談判筆記‧第十回本會議〉，收入外務省編纂，《日本外交文書》第三十八卷第一冊，頁 299 上-299 下；中文摘要參見〈中日全權大臣會議東三省事宜節錄第十號〉，光緒三十一年十一月初七日，收入王亮編、王彥威纂輯、王敬立校，《清季外交史料》（六），頁 211 下。

會議節錄中，〔註163〕後則以營口、安東開埠事宜已有條約規範，乃同意此案，但改爲開埠、劃定租界辦法應由中日兩國官員商定後結案。〔註164〕

　　中國補充條文第六款爲「營口向駐之中國官，應立即飭令赴任視事，所有事權一如未經佔據以前、完全無缺」。小村表示營口軍務尚未結束，日本無法同意中國官員前往視事、改變一切制度，僅同意日本可視情形予以通融，至於辦法則由中日兩國會商決定。〔註165〕袁世凱認爲營口爲中國領土，中國官員無法赴任並不合理；日軍佔領營口已逾一年，目前軍事行動已經停止，即應當恢復常態。小村以營口驗疫需日軍代爲執行爲由，反對中國官員赴任，袁世凱則屢屢表示天津已有相當驗疫、防疫經驗。〔註166〕在袁世凱堅持下，

〔註163〕〈中日全權大臣會議東三省事宜節錄第十號〉，光緒三十一年十一月初七日，收入王亮編、王彥威纂輯、王敬立校，《清季外交史料》（六），頁211下-212上。

〔註164〕〈中日全權大臣會議東三省事宜節錄第十三號〉，光緒三十一年十一月十二日，收入王亮編、王彥威纂輯、王敬立校，《清季外交史料》（六），頁216上。

〔註165〕討論過程參見〈滿洲二關スル日清交涉談判筆記・第十回本會議〉，收入外務省編纂，《日本外交文書》第三十八卷第一冊，頁301下-306上；中文摘要參見〈中日全權大臣會議東三省事宜節錄第十號〉，光緒三十一年十一月初七日，收入王亮編、王彥威纂輯、王敬立校，《清季外交史料》（六），頁212上-212下。

〔註166〕籌議天津交收期間，御史張元奇奏請飭下南北洋大臣變通驗疫辦法，認爲目前驗疫全由洋人主持，方法慘酷異常，應予變通。軍機處於1902年8月14日廷寄袁世凱、劉坤一等，令其遵照辦理。袁世凱查明後，表示北洋海口並未設置驗疫醫院，僅由津海關道派華醫隨同查驗，一切辦法、章程均由外人主持，庚子以後則由都統衙門派西醫管理，華官無從過問。袁世凱令津海關道唐紹儀、試用知府屈永秋負責籌畫，仿洋人辦法訂定章程，在大沽、北塘海口建造防疫醫院，由北洋醫學堂派遣畢業生及中國女醫住院經理。1903年6月間，營口鼠疫盛行、北塘亦受波及，法國、德國均有意派軍醫會同驗疫，袁世凱以〈大沽查船驗疫章程〉、以及〈查防營口鼠疫鐵路沿途設立醫院防疫章程〉規定加以婉拒，前者明訂設華醫官兩員、華女醫官一員、洋醫官一員，商船停泊口外，由醫官登船檢疫，驗出疫病者，華人由華醫官診治，洋人由洋醫官診治，民船亦由華醫官診治。後者因係臨時性質，疫病停止流行即停辦，因此僅規定檢驗辦法。袁世凱令唐紹儀添派華、洋醫師前赴北塘、大沽、秦皇島各海口分別驗疫，華船靠岸由華醫檢驗、洋船則以洋醫驗疫；爲避免鼠疫藉火車傳布，另於營口、前所、北塘、新河設鐵路檢疫所，在營口建造醫院醫治病患。因袁世凱舉措得當，天津始終未爆發鼠疫，外國亦無藉口可以介入。參見〈軍機大臣字寄北洋大臣袁南洋大臣劉〉，光緒二十八年七月十一日，收入中國第一歷史檔案館編，《光緒宣統兩朝上諭檔》二八，頁179上。〈遵旨妥籌驗疫辦法摺〉，光緒三十年十二月十四日，收入廖一中、羅眞

小村同意大體接受，但要求改列入會議節錄中，袁世凱乃將約文改寫爲中日條約簽訂後，須速訂日期使中國官員迅速赴任、並由中日共訂驗疫防疫章程，本款就此定案。〔註 167〕

中國補充條文第七款爲「日本國軍官前代收奉天稅捐等項，應即交還該地方官，以備地方善後之需」。小村認爲日本所徵收者均爲必要之稅金，且已用於公共支出，因而希望刪除；袁世凱則認爲營口常關稅應用於公共支出，洋關稅則應用於修繕遭破壞之關內外鐵路營口段、新民屯段。小村表示日本政府本即有意歸還所有代收稅款，目前僅暫時保管於正金銀行，至於常關稅中已先行支用之公共支出部分，日本政府備有詳細帳目可供查閱，袁世凱即建議將此承諾列入會議節錄中，雙方達成協議。〔註 168〕

三、中日兩國補充提案

中日第七次會議結束後，日本所提原案已大致商議完成，小村等針對中國補充提案部分提出對案六款，大意爲應從速訂定南滿相關章程，中日預先商議南滿修築鐵路事宜，允許日本建造電報線，中國應給予南滿鐵路及護路兵所需物資免稅優惠，中國應准許滿洲雜糧出口，正約、副約均得享受最惠國待遇。中國所提補充條文大致商議過後，中日雙方始就日本於第七次會議中所提之六項補充條文進行討論。

日本補充提案第一款爲「中日兩國政府，爲圖來往運輸均臻興旺便捷起見，妥訂南滿洲鐵路接聯營業章程，務須從速另訂別約」。袁世凱等對此不表異議，本條照案通過。〔註 169〕

容整理，《袁世凱奏議》下冊，頁 1063-1066。〈大沽查船驗疫章程〉、〈查防營口鼠疫鐵路沿途設立醫院防疫章程〉，收入甘厚慈輯，《北洋公牘類纂》（台北：文海出版社）（三），頁 1836-1838。

〔註 167〕討論過程參見〈滿洲二關スル日清交涉談判筆記・第十四回本會議〉，收入外務省編纂，《日本外交文書》第三十八卷第一冊，頁 333 下-337 上；中文摘要參見〈中日全權大臣會議東三省事宜節錄第十四號〉，光緒三十一年十一月十三日，收入王亮編、王彥威纂輯、王敬立校，《清季外交史料》（六），頁 217 上。

〔註 168〕討論過程參見〈滿洲二關スル日清交涉談判筆記・第十一回本會議〉，收入外務省編纂，《日本外交文書》第三十八卷第一冊，頁 307 上-308 下；中文摘要參見〈中日全權大臣會議東三省事宜節錄第十一號〉，光緒三十一年十一月初八日，收入王亮編、王彥威纂輯、王敬立校，《清季外交史料》（六），頁 213 上-214 上。

〔註 169〕〈中日全權大臣會議東三省事宜節錄第十一號〉，光緒三十一年十一月初八日，

　　日本補充提案第二款爲「中日兩國政府，以保護在南滿洲地方之鐵路利益殊爲緊要，所有關乎南滿洲地方築造鐵路各節，須由中日兩國政府彼此預先商妥訂定」。袁世凱等將條款改爲，日本政府如在鐵路合同期限內，在南滿洲建造鐵路時，需預先與中國政府商議；小村表示日本原案精神在保護南滿鐵路利益，不因中國自行建造並行路線、或支線而受到損害。袁世凱同意將此款撤回，於會議節錄中聲明，中國在收回鐵路前不建造幹路或支路。〔註170〕

　　日本補充提案第三款爲「中國政府允由旅順口至煙臺、由牛家莊至營口，並在鐵路沿線之日本電報事務，由日本經理，並允由營口至北京之中國電線桿上附加電線一條」。袁世凱等要求修正爲旅順至煙台線暫由中日合辦，中日兩國分別管理煙台、旅順端，各自收取報費，南滿鐵路沿線電報不可做商業用途，日本須歸還中國在庚子以前所擁有之硬體設施，中國有權隨時擴充郵電規模。小村表示營口至北京間附掛電線目的在於便利各國使館駐軍通信，且中國曾允許俄國在山海關與營口間鋪設電報線，並非無前例可循；袁世凱則認爲俄國架設電線目的爲庚子時期剿匪之用，屬軍事行動上不得不然，與日本要求情形不同，且擔憂各國乘機要求享受相同權利，將使中國鋪設電線主權受損，因而無法同意。〔註171〕在袁世凱堅持下，小村同意撤回此案，但要求盡快就旅順至煙臺間電報線訂定詳細章程。此外，雙方對於安東至奉天、新民屯至奉天間電報線歸屬問題亦爭執良久，小村認爲原有線路在庚子拳亂與日俄戰爭時期早已破壞殆盡，目前線路爲日軍所鋪設，袁世凱則認爲其中仍有部分爲原有線路，且內田曾承諾新奉線將歸還中國。爲免陷入僵局，雙方各自讓步，同意撤回各自提案，將電報線問題載入會議節錄中，承諾將來關於奉天陸線、旅煙海線交接問題可隨時商議辦法，本款就

　　　收入王亮編、王彥威纂輯、王敬立校，《清季外交史料》（六），頁213上。

〔註170〕討論過程參見〈滿洲二關スル日清交涉談判筆記・第十一回本會議〉，收入外務省編纂，《日本外交文書》第三十八卷第一冊，頁308下-310上；中文摘要參見〈中日全權大臣會議東三省事宜節錄第十一號〉，光緒三十一年十一月初八日，收入王亮編、王彥威纂輯、王敬立校，《清季外交史料》（六），頁213上-213下。

〔註171〕討論過程參見〈滿洲二關スル日清交涉談判筆記・第十一回本會議〉，收入外務省編纂，《日本外交文書》第三十八卷第一冊，頁310上-313下；中文摘要參見〈中日全權大臣會議東三省事宜節錄第十一號〉，光緒三十一年十一月初八日，收入王亮編、王彥威纂輯、王敬立校，《清季外交史料》（六），頁213下。

此議定。〔註172〕

　　日本補充提案第四款爲「南滿洲鐵路所需各項材料、以及護路兵隊所需一切物件，應豁免一切稅捐釐金」。袁世凱希望刪除護路兵軍需部分，小村希望將鐵路所需材料免稅一節確定，護路兵軍需部分則待中國所提補充條文第一條商定後再議，袁世凱同意。〔註173〕護路兵問題議定後，袁世凱表示護路兵軍需品並不專指軍械、彈藥，糧草、衣物等亦包含其中，應不必另立專條，小村同意撤回、本案議定。〔註174〕

　　日本補充提案第五款爲「中國政府爲圖振興滿洲地方之農商各業起見，應准滿洲地方各項雜糧出口」。袁世凱認爲各國無不希望中國白米出口，但各地方官始終反對，如同意滿洲雜糧出口，勢必無法再拒絕南方白米出口，且東三省於日俄戰後民生凋蔽，實無餘糧，因此希望修正爲滿洲雜糧出口限於運入旅大租借地內，不得轉運出洋，待將來農業發達後始可考慮解禁。在袁世凱堅持下，小村同意撤回本案。〔註175〕

　　日本補充提案第六款爲「中國政府允於正約、及另件條約所商訂之各項事宜，應向日本國按照最優之例相待」。袁世凱擬改爲中日雙方約定正約、副約均認眞執行。小村解釋此款用意爲保證中、日雙方於執行正約、附約時，彼此均得享有最惠國待遇，袁世凱乃將文句修正爲「中日兩國允，凡正約暨

〔註172〕討論過程參見〈滿洲二關スル日清交涉談判筆記・第十四回本會議〉，收入外務省編纂，《日本外交文書》第三十八卷第一冊，頁337上-339下；中文摘要參見〈中日全權大臣會議東三省事宜節錄第十四號〉，光緒三十一年十一月十三日，收入王亮編、王彥威纂輯、王敬立校，《清季外交史料》（六），頁217上。外交文書337上-339下。

〔註173〕討論過程參見〈滿洲二關スル日清交涉談判筆記・第十一回本會議〉，收入外務省編纂，《日本外交文書》第三十八卷第一冊，頁313下；中文摘要參見〈中日全權大臣會議東三省事宜節錄第十一號〉，光緒三十一年十一月初八日，收入王亮編、王彥威纂輯、王敬立校，《清季外交史料》（六），頁213下。

〔註174〕討論過程參見〈滿洲二關スル日清交涉談判筆記・第十九回本會議〉，收入外務省編纂，《日本外交文書》第三十八卷第一冊，頁373上-373下；中文摘要參見〈中日全權大臣會議東三省事宜節錄第十九號〉，光緒三十一年十一月二十一日，收入王亮編、王彥威纂輯、王敬立校，《清季外交史料》（六），頁223下-224上。

〔註175〕討論過程參見〈滿洲二關スル日清交涉談判筆記・第十一回本會議〉，收入外務省編纂，《日本外交文書》第三十八卷第一冊，頁313下-315上；中文摘要參見〈中日全權大臣會議東三省事宜節錄第十一號〉，光緒三十一年十一月初八日，收入王亮編、王彥威纂輯、王敬立校，《清季外交史料》（六），頁213下。

另件條約所載各款，遇事均以彼此相待最優之處施行」後定案。〔註176〕

　　此外，袁世凱於第 10 次會議中，另提出一增添條款，「日本政府允飭在滿洲所有日本臣民，斷不干預中國地方官吏全然自行治理之權，並切實尊重中國臣民公司產業權」。小村表示既已議定，即不能接受另行增改，袁世凱並不堅持非議不可，僅表示希望小村能善加考慮。〔註177〕袁世凱認爲日本在戰爭期間行使佔領權並無不妥，但戰爭既已結束，日本在東三省實施軍管則顯然干涉中國內政，日軍在南滿造成之人民生命財產損失也事實俱在；小村等則認爲撤兵尚未完成、日俄和約尚未實施，日本尚未繼承俄國條約權利前，軍務都不算眞正結束，且日俄和約中已規定撤兵期限，撤兵前日軍與奉天將軍之間互不干涉。〔註178〕袁世凱另提新案，要求日本設法約束在奉天臣民，勿再干預中國吏治。損壞中國官民產業，小村認爲日本臣民、日軍兩者涵蓋範圍大不相同，因而對於袁世凱將「日本臣民」四字解釋爲日軍表示無法同意。〔註179〕其後小村提出修正案，文字上大體依照袁世凱提案，僅將範圍限制爲非軍用必須者，日本政府將設法約束，此案乃定。〔註180〕

　　綜觀中日雙方所提、共 25 項條款中，絕大多數條款或撤廢原案、或改寫新案、或存記於會議節錄，多在一、或兩次會議中即達成共識。爭議最大的條款爲日本原案第七款、以及中國補充提案第一款，前者爲新奉、吉長、安奉三鐵路經營權問題，後者爲護路兵問題。

〔註176〕同上註。

〔註177〕〈中日全權大臣會議東三省事宜節錄第十號〉，光緒三十一年十一月初七日，收入王亮編、王彥威纂輯、王敬立校，《清季外交史料》（六），頁 211 上-212 下。

〔註178〕討論過程參見〈滿洲二關スル日清交涉談判筆記・第十四回本會議〉，收入外務省編纂，《日本外交文書》第三十八卷第一冊，頁 339 下-342 上；中文摘要參見〈中日全權大臣會議東三省事宜節錄第十四號〉，光緒三十一年十一月十三日，收入王亮編、王彥威纂輯、王敬立校，《清季外交史料》（六），頁 217 上。

〔註179〕討論過程參見〈滿洲二關スル日清交涉談判筆記・第十五回本會議〉，收入外務省編纂，《日本外交文書》第三十八卷第一冊，頁 343 上-343 下；中文摘要參見〈中日全權大臣會議東三省事宜節錄第十五號〉，光緒三十一年十一月十四日，收入王亮編、王彥威纂輯、王敬立校，《清季外交史料》（六），頁 218 上。

〔註180〕〈中日全權大臣會議東三省事宜節錄第十九號〉，光緒三十一年十一月二十一日，收入王亮編、王彥威纂輯、王敬立校，《清季外交史料》（六），頁 223 下。

四、鐵路問題

日本原案第七款爲「中國政府允將由安東縣至奉天省城、以及由奉天省城至新民屯所築造之鐵路，仍由日本國政府接續經營。由長春至旅順口之鐵路經來展至吉林省城一事，中國政府應不駁阻」。袁世凱等要求將條文改爲安奉鐵路須於五年內拆除，或由中國出價買回，期限內可依東省鐵路章程辦理，中國可運送軍人與軍用物資；新奉鐵路由中國買回改建；其餘各處軍用鐵路一律拆除；吉長鐵路中國自造，可先向日本貸款；南滿鐵路支路應拆除。〔註181〕小村無法接受，認爲安奉、新奉鐵路爲日本在東三省防禦體系中的極重要環節，日本希望能永遠維持，希望兩鐵路比照南滿鐵路，由日本管理，其餘依日本原案辦理；袁世凱則表示東三省爲中國領土，日軍鋪設鐵路時並未事先與中國商議，因此中國並不知情，中國有權要求日軍拆除，否則將來俄國亦可以相同理由要求在北滿或外蒙鋪設鐵路，中、日兩國屆時均無理由拒絕，因此堅持依照中國對案辦理，但同意經營期限屆滿後可以展延。

袁世凱將東三省鐵路問題分爲蒸汽車（安奉線）、人力車（新奉線）、未鋪設（吉長線）三類，關於安奉線部分完全拒絕日本要求，小村希望至少能將經營年限延長爲 25 年，袁世凱無法接受。〔註182〕雙方協商後就經營年限上各自讓步，袁世凱允讓至 10 年，期限自中日條約簽訂日起算，小村允讓至 20年，期限自安奉線開始商業運轉之日起算，雙方仍舊無法達成共識。袁世凱師法臨城煤礦模式，提議將安奉鐵路改爲中國向日本借款自造、借款辦法另訂，小村亦無法接受，另提出自安奉鐵路改良完成日起由日本經營 15 年方案，袁世凱希望改良期限能明確定義，且要求中國可派遣技師參與改良工程，但小村不願接受。中日雙方一爲主權、一爲軍事，始終無法在經營年限、改良方式、改良期限上達成共識。〔註183〕爲免談判陷入僵局，袁世凱再度提出兩

〔註181〕〈中日全權大臣會議東三省事宜節錄第二號〉，光緒三十一年十月二十七日，收入王亮編、王彥威纂輯、王敬立校，《清季外交史料》（六），頁 196 上。

〔註182〕討論過程參見〈滿洲二關スル日清交涉談判筆記・第四回本會議〉，收入外務省編纂，《日本外交文書》第三十八卷第一冊，頁 234 上-245 上；中文摘要參見〈中日全權大臣會議東三省事宜節錄第四號〉，光緒三十一年十月二十九日，收入王亮編、王彥威纂輯、王敬立校，《清季外交史料》（六），頁 202上-202 下。外交文書 234 上-245 上。

〔註183〕討論過程參見〈滿洲二關スル日清交涉談判筆記・第五回本會議〉，收入外務省編纂，《日本外交文書》第三十八卷第一冊，頁 245 下-259 下；中文摘要參見〈中日全權大臣會議東三省事宜節錄第五號〉，光緒三十一年十月三十

個新方案，其一為鐵路改良期限 2 年，改良辦法中日共訂，日本自改良之日起經營 15 年、中國於期滿後出價贖回，中國軍事用途依照既有東省鐵路章程行事，商業用途按山海關內外鐵路章程給價；其二為中日合辦安奉鐵路公司，將現有軍用鐵路售予該公司，經營期限 25 年，期滿由中國政府出價贖回。小村傾向接受第一案，但要求改良期限延長為三年，或明訂必要時可展延一年，中國不必派員參與鐵路改良事宜。

雙方雖已達成基礎共識，但對中國官員應如何參與鐵路改良事宜，以及改良期限應如何計算相持不下，袁世凱三度修正約文內容，始獲得共識，確定日本運兵回國之 12 個月時間不計，改良以兩年為限，辦法由中日共同商議，經營期限 15 年，中國可派員經理，可運送兵丁餉械，商業用途價目另訂，經營期滿後拆除、或售予中國。安奉鐵路問題就此議定。〔註 184〕

新奉鐵路問題方面，小村希望能比照安奉鐵路辦理，袁世凱表示借英款造關內外鐵路時，曾明訂不許他國建造支路，且中國本有意自造，因拳亂而暫時中止，因而不同意日本經營新奉鐵路。小村甚為不滿，表示 1899 年英俄協定中確認俄國有在長城以北修築鐵路權利，則修築新奉鐵路並不影響英國利益；袁世凱認為俄國既已放棄在滿洲權利，修築鐵路權利已不存在，且新民府在遼西地方，遼西為中立地區，日本斷無在該地鋪設鐵路之理，故中國無法接受日本要求，雙方歧見甚深。小村提出折衷辦法，新奉鐵路以遼河為界，奉天至遼河段歸日本經營，遼河至新民府屬中國，跨越遼河之鐵橋則由中日合資建造，〔註 185〕袁世凱則以英國有優先承辦關內外鐵路支路權利，以及奉天為陵寢所在、京奉線係由中國自造為由拒絕，〔註 186〕仍堅持途經奉天

〔註 184〕
日，收入王亮編、王彥威纂輯、王敬立校，《清季外交史料》（六），頁 202
下-202 下。

〔註 184〕討論過程參見〈滿洲二關スル日清交涉談判筆記・第六回本會議〉，收入外務
省編纂，《日本外交文書》第三十八卷第一冊，頁 260 上-263 上；中文摘要
參見〈中日全權大臣會議東三省事宜節錄第六號〉，光緒三十一年十一月初二
日，收入王亮編、王彥威纂輯、王敬立校，《清季外交史料》（六），頁 203
上-202 下。

〔註 185〕討論過程參見〈滿洲二關スル日清交涉談判筆記・第六回本會議〉，收入外務
省編纂，《日本外交文書》第三十八卷第一冊，頁 263 上-268 上；中文摘要
參見〈中日全權大臣會議東三省事宜節錄第六號〉，光緒三十一年十一月初二
日，收入王亮編、王彥威纂輯、王敬立校，《清季外交史料》（六），頁 204
上。

〔註 186〕討論過程參見〈滿洲二關スル日清交涉談判筆記・第七回本會議〉，收入外務

的鐵路線應由中國自造，但同意遼河以東路段可聘用兩名日本技師。〔註187〕

　　吉長鐵路問題方面，小村表示日本係以不向俄國要求長春至哈爾濱鐵路換取吉長鐵路鋪設權，日本將之視為南滿鐵路展延路線，因此希望中國同意將該路線交由日本辦理；袁世凱則表示朝廷曾兩度下旨，確定吉長鐵路由中國自造，因而僅允將來借款造路時可先向日本商借。在小村堅持下，袁世凱提出造路時可聘用日本工程人員，日本物料價格同於各國時優先採購日本物料等方案，小村仍不滿意，〔註188〕認為中國無力獨自建造、經營吉長鐵路，該路與南滿鐵路合併經營始能發揮效用，且中國建築鐵路資金不足，因此堅持應歸日本建造，袁世凱則仍堅守不足款項向日本商借、鐵道員工將來可聘用日本人、材料向日本採購等底線。〔註189〕

　　新奉與吉長鐵路經營權為日本最重視之權利，為求順利取得經營權，小村擬訂新方案，吉長鐵路所有權歸屬中國，但鐵路建造、以及經營期限內之經營權則委託南滿鐵路公司；新奉鐵路遼河以東路段比照安奉鐵路，跨遼河鐵橋則由中日兩國合辦，並聲明如中國同意接受，日本願在俄國先撤護路兵前提下，以撤退護路兵作為交換條件，亦可同時撤回要求奉天漁權一款。〔註

省編纂，《日本外交文書》第三十八卷第一冊，頁 271 上-272 下；中文摘要參見〈中日全權大臣會議東三省事宜節錄第七號〉，光緒三十一年十一月初三日，收入王亮編、王彥威纂輯、王敬立校，《清季外交史料》（六），頁 204 下-205 上。

〔註187〕討論過程參見〈滿洲二關スル日清交涉談判筆記・第十三回本會議〉，收入外務省編纂，《日本外交文書》第三十八卷第一冊，頁 326 上-326 下；中文摘要參見〈中日全權大臣會議東三省事宜節錄第十三號〉，光緒三十一年十一月十二日，收入王亮編、王彥威纂輯、王敬立校，《清季外交史料》（六），頁 215 下。

〔註188〕討論過程參見〈滿洲二關スル日清交涉談判筆記・第七回本會議〉，收入外務省編纂，《日本外交文書》第三十八卷第一冊，頁 273 上-275 下；中文摘要參見〈中日全權大臣會議東三省事宜節錄第七號〉，光緒三十一年十一月初三日，收入王亮編、王彥威纂輯、王敬立校，《清季外交史料》（六），頁 205 上-205 下。

〔註189〕討論過程參見〈滿洲二關スル日清交涉談判筆記・第十二回本會議〉，收入外務省編纂，《日本外交文書》第三十八卷第一冊，頁 322 上-325 上；中文摘要參見〈中日全權大臣會議東三省事宜節錄第十二號〉，光緒三十一年十一月初十日，收入王亮編、王彥威纂輯、王敬立校，《清季外交史料》（六），頁 214 下-215 上。

〔註190〕討論過程參見〈滿洲二關スル日清交涉談判筆記・第十五回本會議〉，收入外務省編纂，《日本外交文書》第三十八卷第一冊，頁 343 下-344 上；中文摘

190〕袁世凱則在吉長鐵路問題上堅不退讓，另要求日本將新奉軍用鐵路售予中國自行改良，並拆除其餘軍用鐵路。小村認為技師無法參與公司營運，鐵路總辦、督辦大臣、鐵路大臣又全為中國人，則日本對鐵路並無實權可言，袁世凱表示可於擬訂章程時解決雙方權利義務問題。在袁世凱堅持下，小村復提新案，同意吉長鐵路改為中日合辦，但日資須佔半數；〔註191〕袁世凱則始終堅持中國自造，款項不足部分可借用日資、借款合同比照關內外鐵路借款合同方式辦理、可聘用日本技師。〔註192〕

　　就袁世凱而言，吉長鐵路方面可以退讓的極限為中國自造，不足款項籌借日資，不超過總工程費用半數，只列入會議節錄。小村雖認為與日本立場相差太遠，〔註193〕因但始終無法說服袁世凱，乃決定退讓，同意吉長鐵路由中國自造，但工程師須由日本延聘，工程款項半數向日本借貸，還款期限25年，借款合同比照山海關內外鐵路公司借款合同辦理，中國另須聲明吉林省城一帶不許他國造路，亦不與他國合辦鐵路。袁世凱仍舊堅持底線，反對明訂工程師由日本聘僱，但同意借款未清償前由日本人擔任總工程師，且中國不提前清償，至於聲明一項因有礙主權而無法同意。小村見袁世凱堅不退讓，亦不再堅持，吉長鐵路問題乃定案。〔註194〕

要參見〈中日全權大臣會議東三省事宜節錄第十五號〉，光緒三十一年十一月十四日，收入王亮編、王彥威纂輯、王敬立校，《清季外交史料》（六），頁217下-218上。

〔註191〕討論過程參見〈滿洲二關スル日清交涉談判筆記・第十七回本會議〉，收入外務省編纂，《日本外交文書》第三十八卷第一冊，頁344下-349上；中文摘要參見〈中日全權大臣會議東三省事宜節錄第十六號〉，光緒三十一年十一月十六日，收入王亮編、王彥威纂輯、王敬立校，《清季外交史料》（六），頁218下-219上。

〔註192〕〈中日全權大臣會議東三省事宜節錄第十七號〉，光緒三十一年十一月十七日，收入王亮編、王彥威纂輯、王敬立校，《清季外交史料》（六），頁219下-220上。

〔註193〕討論過程參見〈滿洲二關スル日清交涉談判筆記・第十八回本會議〉，收入外務省編纂，《日本外交文書》第三十八卷第一冊，頁360上-360下；中文摘要參見〈中日全權大臣會議東三省事宜節錄第十八號〉，光緒三十一年十一月十九日，收入王亮編、王彥威纂輯、王敬立校，《清季外交史料》（六），頁220下-221上。

〔註194〕討論過程參見〈滿洲二關スル日清交涉談判筆記・第十九回本會議〉，收入外務省編纂，《日本外交文書》第三十八卷第一冊，頁366上-369上；中文摘要參見〈中日全權大臣會議東三省事宜節錄第十九號〉，光緒三十一年十一月二十一日，收入王亮編、王彥威纂輯、王敬立校，《清季外交史料》（六），頁

　　新奉鐵路問題方面，中國提出對案為：鐵路由中國購回自行改建，日本在遼河以東路段可聘用日籍參贊、幫辦各一員，只允列入會議節錄，〔註195〕小村則始終堅持應比照吉長鐵路辦法辦理。〔註196〕袁世凱再提新案，仍要求新奉鐵路應由日本售予中國自行改良，但同意遼河以東路段工程款項向日本借貸半數、還款期限18年，辦法比照關內外鐵路借款合同，其餘行軍鐵路則應予拆除、另要求日本應交還電報線。小村對於鐵路方面大致無異議，但認為拆除其他行軍鐵路為軍事行動結束後必然之事，可不必列入節錄中，至於電報線問題，外務部已照會日本政府、亦不必明訂。袁世凱堅持行軍鐵路問題需列入節錄中、但同意電報線問題刪除，新奉鐵路問題始定案。〔註197〕

五、護路兵問題

　　中國補充提案第一條為「中國政府為維持東方永遠和平起見，應請日本國政府將現駐軍隊從速撤退。自日俄訂約之日起，除旅大租界外，於十二個月內一律全撤。至保護鐵路兵隊，應由中國政府查照中俄兩次條約，中國承認保護之責，並保護該鐵路職事各人，所用兵隊由中國政府特選精銳、分段駐紮巡護，按每華里駐兵五名，以期周密」。袁世凱表示護路兵與日俄撤軍問題為中國所首要重視，中國政府認為日俄兩國護路兵為東三省動亂根本原因之一，希望藉此根絕動亂，12個月撤兵期限對兩國現駐東三省軍隊規模而言已足夠，兩國早日撤兵可使東三省儘速恢復秩序，日本同意後、中國將據此向俄國要求縮短撤兵期限；小村認為問題不在於撤兵期限長短，而在俄國能否遵守撤兵約定，因此要求中國須先取得俄國同意縮短撤兵期限，則日本應可配合辦理。此外，小村亦說明鐵路沿線每公里駐兵15人為日俄兩國共同議

221下-222下。

〔註195〕〈中日全權大臣會議東三省事宜節錄第十八號〉，光緒三十一年十一月十九日，收入王亮編、王彥威纂輯、王敬立校，《清季外交史料》（六），頁220下-221上。

〔註196〕〈中日全權大臣會議東三省事宜節錄第十九號〉，光緒三十一年十一月二十一日，收入王亮編、王彥威纂輯、王敬立校，《清季外交史料》（六），頁-222下。

〔註197〕討論過程參見〈滿洲二關スル日清交涉談判筆記・第二十回本會議〉，收入外務省編纂，《日本外交文書》第三十八卷第一冊，頁374上-375下；中文摘要參見〈中日全權大臣會議東三省事宜節錄第二十號〉，光緒三十一年十一月二十二日，收入王亮編、王彥威纂輯、王敬立校，《清季外交史料》（六），頁225下-226上。

定、無法改變,希望條文改爲當日本確認中國可在東三省確實保護外國人生命財產安全時,日本與俄國即同時撤退護路兵。袁世凱以主權不能受人侵奪,堅持中國自派護路兵一事無可退讓,小村不認爲中國有能力保護鐵路,表示日本並無意永久駐兵,但中國若不願接受、則日俄兩國護路兵撤退恐將遙遙無期相脅。〔註198〕

中日雙方在撤兵期限問題上互不相讓,袁世凱等乃於商議後擬訂新案,要求聲明東三省鐵路由中國設法保護,日本護路兵未經中國允許、應一概撤退,同時日本應聲明目前僅暫留專爲保護南滿鐵路之巡捕隊,不干涉中國地方行政權,亦不擅出鐵路沿線,在滿洲地方平靜後即與俄國同時撤退,但期限不能超過兩國撤兵完成後12個月,另要求將請日本政府設法與俄國政府商減撤兵期限一項列入會議節錄中。〔註199〕

對日本而言,能否取得吉長、新奉鐵路顯然比能否設置護路兵更爲重要,小村因而提議以兩鐵路經營權交換護路兵條款,並另提新款,承諾日俄兩國軍隊撤退完畢後,如俄國先撤護路兵,日本同意與俄國同時撤退。〔註200〕袁世凱無法接受,隨後再提新案,前段由中國自行聲明護路兵「有損主權、有妨治安」,請一概撤除;後段說明日本政府願配合,但撤退護路兵條件爲俄國允撤,或中俄擬妥辦法,或中國可切實保護滿洲外人安全,未撤之前護路兵不得擅出鐵路界限、亦不得干擾地方行政。小村要求刪除主權聲明與護路兵行動限制兩段,袁世凱則堅持不可刪改,至少亦需將中國認爲護路兵問題仍未解決、中國保留抗議之意列入會議節錄中,雙方歧見仍難化解。〔註201〕

〔註198〕討論過程參見〈滿洲二關スル日清交涉談判筆記・第八回本會議〉,收入外務省編纂,《日本外交文書》第三十八卷第一冊,頁279 上-289 下;中文摘要參見〈中日全權大臣會議東三省事宜節錄第八號〉,光緒三十一年十一月初四日,收入王亮編、王彥威纂輯、王敬立校,《清季外交史料》(六),頁207 上-208 下。

〔註199〕〈中日全權大臣會議東三省事宜節錄第十三號〉,光緒三十一年十一月十二日,收入王亮編、王彥威纂輯、王敬立校,《清季外交史料》(六),頁215 下。

〔註200〕討論過程參見〈滿洲二關スル日清交涉談判筆記・第十五回本會議〉,收入外務省編纂,《日本外交文書》第三十八卷第一冊,頁343 下-344 上;中文摘要參見〈中日全權大臣會議東三省事宜節錄第十五號〉,光緒三十一年十一月十四日,收入王亮編、王彥威纂輯、王敬立校,《清季外交史料》(六),頁217 下-218 上。

〔註201〕討論過程參見〈滿洲二關スル日清交涉談判筆記・第十八回本會議〉,收入外

　　小村見袁世凱態度堅決，爲免拖延進度、乃再做讓步，接受袁世凱所提護路兵撤退條件，以及護路兵行動限制兩項，前者列入約文，後者列入會議節錄，在袁世凱要求下，護路兵精確定義爲長春至旅大租借地之鐵路護衛軍隊。至於在會議節錄中保留抗議一項，小村不以爲然，袁世凱則表示中國雖暫時接受解決方案，但並未視爲完全解決，因而以此預留日後商議地步。在袁世凱堅持下，中國認爲護路兵問題未解決一項列入會議節錄，但袁世凱亦接受小村要求，同意刪除抗議字樣，護路兵問題始議定。〔註202〕

六、成果與缺陷

　　中日東三省善後會議歷經 26 天、19 次正式會議後，雙方所提 25 項條款始大致議定。爲求愼重，袁世凱親自擬定約稿漢文版，再由漢文版轉譯爲日文、法文版。〔註203〕雙方確認約文內容無誤後，〔註204〕於 1905 年 12 月 22 日簽署〈中日會議東三省事宜正約〉3 款、〈附約〉12 款，同時簽署歷次會議節錄。〔註205〕（正約、附約全文參見附錄 18）。

　　中日雙方於開議之初均承諾保密，即使兩宮諭令慶親王於會後將會議問答繕寫節略進呈，〔註206〕報紙亦有報導相關會議進度以及會議內容，但除當事人之外，朝野各界對於議約結果並不清楚。〔註207〕條約議定呈奏後，朝中

務省編纂，《日本外交文書》第三十八卷第一冊，頁 358 上-360 上；中文摘要參見〈中日全權大臣會議東三省事宜節錄第十八號〉，光緒三十一年十一月十九日，收入王亮編、王彥威纂輯、王敬立校，《清季外交史料》（六），頁 220 下-221 下。

〔註202〕 討論過程參見〈滿洲二關スル日清交涉談判筆記・第十九回本會議〉，收入外務省編纂，《日本外交文書》第三十八卷第一冊，頁 370 下-373 下；中文摘要參見〈中日全權大臣會議東三省事宜節錄第十九號〉，光緒三十一年十一月二十一日，收入王亮編、王彥威纂輯、王敬立校，《清季外交史料》（六），頁 222 下-223 下。

〔註203〕 〈宮保擬滿約稿〉，光緒三十一年十一月二十六日，《大公報（天津）》第三版。

〔註204〕 〈中日全權大臣會議東三省事宜節錄第二十一號〉，光緒三十一年十一月二十三日，收入王亮編、王彥威纂輯、王敬立校，《清季外交史料》（六），頁 226 上。

〔註205〕 〈中日全權大臣會議東三省事宜節錄第二十二號〉，光緒三十一年十一月二十六日，收入王亮編、王彥威纂輯、王敬立校，《清季外交史料》（六），頁 226 下。

〔註206〕 〈兩宮諭將議約情形隨時進呈〉，光緒三十一年十一月十五日，《申報（上海）》第三版。

〔註207〕 〈滿約已簽押矣〉，光緒三十一年十一月二十七日，《大公報（天津）》第三版。

官員對於約文內容已傳出不滿聲浪，認為損及中國利權者不在少數；〔註208〕時人如此，後世研究者亦因會議錄全文秘而不宣，僅能以會議節錄為憑進行研究，因而產生諸多誤解，認為日本所求之繼承俄國在南滿權利全然實現，甚至連開放口岸、合辦木植公司等，日俄和約中未提及之利權亦一併讓與，對於向日軍求償一事則「不吭一聲」。〔註209〕

　　比較中日兩國所提原案與會議後所簽訂之條約、會議節錄存記條目內容，日本所提共十七款要求中，僅原案第六款「中國政府將俄國按照日俄和約第五款、及第六款，業經向日本國允讓之一切，概行允諾」列入正約，中國議約代表所提出之可繼承細目雖未能列入約中，但袁世凱所提之日本須遵守中俄間借地、造路原約，遇事隨時與中國會商一項則列入正約，足以使日本無法任憑己意解釋繼承權利。

　　實質條款部分，除雙方均無爭議者，如保護陣亡日軍墳塋，另訂南滿鐵路營業章程，南滿鐵路建設材料免稅，滿韓交界陸路通商互享最惠國待遇均列入附約外，中國所要求之撤退護路兵、交還佔用官私財產、賠償戰爭損失、派兵剿匪等項雖未能完全實現，但爭取到日本承諾比照俄國處理方式辦理護路兵撤退事宜，亦爭取到中國可派兵於日軍駐地20華里外維持治安，以及日本交還因軍務所佔用之中國官私產業；開埠辦法雖須由中日兩國共同議定，但爭取到由中國聲明自開商埠，且東三省開埠早有條約可循，中外共議開埠章程亦屬慣例，並未損及主權；至於營口恢復原狀、日本交還代收稅捐等項則僅爭取至列入會議節錄中。

　　至於日本要求條款方面，中國雖無法收回安奉鐵路，但將日本經營年限減至15年，中國有權派員參與營運；中國雖允日本在鴨綠江右岸伐木，但爭取到由中日合辦木植公司，則袁世凱可引辦理天津電車電燈公司、或臨城煤礦成例，以合同內容限制日方享有之權利。至於中國應在日軍撤退後接收、改良東三省行政、不可將東三省讓與他國等損及主權條款，以及新奉與吉長兩鐵路經營權、東三省內河航行權、奉天漁權、東三省聯外電線、雜糧出口、

　　會議初期為求保密，朝廷曾對報館往來電信中關係議約部分進行檢查，直到十一月初四日始停止，參見〈停止檢查滿約電信事〉，光緒三十一年十一月初九日，《申報（上海）》第二版。

〔註208〕〈政府各大員不滿意於滿約〉，光緒三十一年十二月十九日，《申報（上海）》第二版。

〔註209〕如廖一中即持此議，參見廖一中，《一代梟雄袁世凱》，頁237-238。

日本在正附約規定事項中享最惠國待遇、南滿造路時需先與日本商議等損及利權條款，則或撤廢、或設限後改列會議節錄。

中日雙方所提各項條文中，多達 17 項條文於討論或改訂後，存記於會議節錄，其中日本所最重視之鐵路問題即多達八條，為往後中日關係留下相當後患。（會議節錄保留條文參見附錄 19）。日本於中日北京會議結束後，將其中除護路兵外之十六條照會英美等國，表示中日除正約、副約外，尚有祕密議定書。1908 年新法路問題發生後，日本即執以為憑，表示中國早已承諾不在南滿鐵路附近築平行線，因而提出抗議，此後屢屢藉此阻撓中國自建鐵路計畫，至成懸案。

論者或謂會議錄與條約性質不同，不可因雙方代表均簽署即視為條約；〔註 210〕或謂會議錄屬於正約、附約的補充解釋，或是雙方對某些問題達成的初步共識，未經雙方代表正式簽字，根本不具備正式條約效力。〔註 211〕爭議條文列入會議錄中，為小村壽太郎於第二次會議時所首倡，〔註 212〕此後袁世凱與小村在商議某些極具爭議的條文上，在己方無法接受、或對方不肯讓步時，都曾主動要求改列入會議節錄，以兩人豐富之外交經驗，不可能不知道會議節錄效力不等同於條約，之所以同意將爭議條款改列於會議錄中，目的在於預留緩衝空間，避免因歧見無法化解而延宕議約進度。然慶親王於出席第 18 次會議時，曾親口向小村壽太郎表示會議錄與條約具有相同效力，〔註 213〕袁世凱當時未就此表示反對之意，則對中日兩國而言，議事錄效力等同條約、具有約束力殆無疑義。證諸新法路案發生後不久，袁世凱調任外務部尚書，當時所爭僅在該路與南滿鐵路毫不相涉，以及日本曾表示不阻礙中國造路等語，可知袁世凱亦不能不承認會議錄確實有效。〔註 214〕

慶親王聲明兩者效力相同之時，袁世凱未能於當時及此後三次會議中提出異議，使日本視此為祕密議定書，造成日後東三省懸案，不能不說是袁世

〔註 210〕參見王芸生，《六十年來中國與日本》，第四卷，頁 231。

〔註 211〕史丁，《日本關東軍侵華罪惡史》（北京：社會科學文獻出版社，2005 年 9 月第 1 版第 1 次印刷），頁 50。

〔註 212〕〈滿洲二關スル日清交涉談判筆記‧第二回本會議〉，收入外務省編纂，《日本外交文書》第三十八卷第一冊，頁 215 上-215 下。

〔註 213〕依會議錄記載，慶親王所言為「會議錄タリトモ條約ト同樣ノ效力アルヘシ」。參見〈滿洲二關スル日清交涉談判筆記‧第十八回本會議〉，收入外務省編纂，《日本外交文書》第三十八卷第一冊，頁 357。

〔註 214〕新法路交涉過程，參見王芸生，《六十年來中國與日本》，第四卷，頁 72-85。

凱一大失策。袁世凱開缺回籍後不久，日本即提起東三省六案交涉，除間島問題外之五案均與存記條目有關；〔註215〕甚至 1915 年發生之中日二十一條交涉，其中南滿洲開礦、吉長鐵路兩款亦與存記條目有關。然就現存交涉筆記內容觀之，袁世凱對於兩宮所要求之「保固主權」，確實竭力維持，於會議時「咬文嚼字、斤斤計較」，〔註216〕也使日本終不能於俄國享有權利之外再有所多得。

第三節　尚書任內主持部務以力圖振作

　　袁世凱於 1907 年 8 月 24 日接獲軍機處電旨，令其進京陛見，於安排長蘆鹽運使周學熙擔任職務代理人後，隨即於 8 月 26 日啟程入京。〔註217〕9 月 4 日，袁世凱尚在北京，即接奉補授外務部尚書、軍機大臣上諭，雖於次日立即上摺固辭，但上諭不許。〔註218〕此後，直到 1909 年 1 月 2 日開缺回籍止，袁世凱擔任外務部尚書、兼會辦大臣，成為清季外交政策的主導者之一。

　　外務部成立於 1901 年 7 月 24 日，〔註219〕係在庚子後、於列強要求下，由總理衙門改組而成。按照體制，外務部班列六部之首，最初職權與總理衙門相若，綜理一切新式事務。員額方面，設總理外務部事務王大臣一名，終清之世皆由慶親王奕劻擔任，下設會辦大臣一員、尚書一員（通常兼任會辦大臣）、左右侍郎各一員，〔註220〕此五名官員為外務部領導核心，採集體領導制。袁世凱擔任外務部尚書期間，慶親王以首席軍機大臣身份出任外務部總理王大臣，〔註221〕但因公務繁忙，一年僅到部一次；〔註222〕會辦大臣那桐則

〔註215〕六案為新民屯至法庫門鐵路、大石橋至營口鐵路、京奉線延展至奉天城、撫順與煙台煤礦、安奉鐵路沿線礦務、間島問題。參見王芸生，《六十年來中國與日本》，第四卷，頁 182。

〔註216〕曹汝霖，《曹汝霖一生之回憶》（台北：傳記文學出版社，民國 69 年 6 月 1 日再版），頁 37。

〔註217〕〈恭報進京陛見啟程日期片〉，光緒三十三年七月二十日，收入天津社會科學院歷史研究所編；廖一中、羅真容整理，《袁世凱奏議》下，頁 1522-1523。

〔註218〕〈籲懇收回成命摺〉，光緒三十三年七月二十八日，收入天津社會科學院歷史研究所編；廖一中、羅真容整理，《袁世凱奏議》下，頁 1524-1525。

〔註219〕〈總理衙門改外務部〉，光緒二十七年六月初九日，《外交檔案》02-23/1-（1）。

〔註220〕王立誠，《中國近代外交制度史》，頁 176。

〔註221〕曹汝霖，《曹汝霖一生之回憶》，頁 38。

〔註222〕顏惠慶原著、姚崧齡譯，《顏惠慶自傳》（台北：傳記文學出版社，民國 78 年 6 月 1 日再版），頁 52-53。

每週到部一次，〔註223〕但僅處理部務，並不接見外使，〔註224〕因此外務部實際業務由尚書、侍郎、丞參、司員等官員辦理。〔註225〕外使拜會時則按慣例由尚書、侍郎、或丞參接見，由翻譯記錄問答內容，彙整後於次日呈送尚書、管部大臣核閱。〔註226〕袁世凱任尚書期間，慶親王極少到部，外務部處於袁、那雙元領導狀態，兩人合作又極爲融洽，那桐甚至將決策權授予袁世凱，自己則退居諮詢地位，使得袁世凱實際上擁有外務部決策主導權。〔註227〕袁世凱就任外務部尚書時，外務部職權雖已因官制改革而大不如前，〔註228〕但作爲實際決策者，袁世凱仍能於就其職權範圍內盡力施展抱負。

　　日俄戰爭爆發以後，日韓兩度簽署議定書，韓國成爲日本保護國，由日本設置於漢城之統監府掌理韓國外交。1907年6月15日，第二次保和會於荷蘭海牙召開時，〔註229〕韓王派遣密使赴海牙，向和會控訴日本壓迫韓國情形，引起日本不滿，因於1907年7月24日迫韓國簽署第三次日韓協約，令韓國政府立法、人事任免、行政、外交等權均歸日本統監管理，〔註230〕韓國主權喪失殆盡。

　　韓國喪失主權消息經駐韓總領事馬廷亮報告回國後，已令袁世凱極爲震

〔註223〕同上註，頁53。
〔註224〕施肇基，《施肇基早年回憶錄》（台北：傳記文學出版社，民國56年1月1日初版），頁76。
〔註225〕外務部侍郎以下設左右丞各一人、左右參議各兩人、司長四人，爲實際處理外務部公務之官員。參見同註226，頁53。
〔註226〕同註228。
〔註227〕Stephen R. MacKinnon, *Power and politics in late imperial China, Yuan shih=kai in Beijing and Tianjin, 1901-1908*, Berkeley and Los Angeles, California: University of California Press, 1980., pp.182.
〔註228〕隨著庚子後新政的展開，朝廷增設管理各項新式事務的部會，外務部職權乃大爲縮小。1906年官制改革後，朝廷共設有外務部、吏部、禮部、學部、民政部、度支部、陸軍部、法部、農工商部、郵傳部、理藩部等11部，除在遇有交涉事件時由外務部擔任公文書轉遞外，實質交涉由新設各部會依其職權進行，外務部基本上僅處於備諮詢的地位。參見王立誠，《中國近代外交制度史》，頁177。
〔註229〕第二次保和會於1907年月15日-10月18日在荷蘭海牙召開，共44國代表與會，中國亦派遣陸徵祥爲全權委員與會。參見唐啓華，〈清末民初中國對「海牙保和會」之參與（1899-1917）〉，《國立政治大學歷史學報》，第23期，民國94年5月，頁60。
〔註230〕〈日韓訂立新協定，韓政府受日本統監之指導〉，光緒三十三年六月十五日，收入中華民國史事紀要編輯委員會，《中華民國史事紀要》民國紀元前五年（1907）一至十二月份，頁397-399。

儡，而路透社報導之日本外務大臣林董希望中國以韓國爲鑑，以免他國仿效、爲中國整頓國政等語，復令袁世凱深有所感，認爲韓王派使赴保和會，被日本視爲違約行爲，因而收其主權，「實足爲吾國之暮鼓晨鐘、發人深省」。〔註231〕因此，出任外務部尚書後，行事上乃更加謹愼，避免因細故而導致外人藉口干涉。第二辰丸事件足可反映袁世凱處理對外交涉事件時的謹守分際心態。

一、二辰丸事件

　　1908 年 2 月 7 日，兩廣總督張人駿奏報，廣東水師發現日籍商船第二辰丸於中國所屬九洲洋洋面卸貨，會同拱北關官員登船檢查，發現船上載運長槍等軍火，由於二辰丸並無中國所發軍火護照，乃依據通商條約第三款規定，以日商私運軍火爲由，將船、械扣押，拖回黃埔保管。〔註232〕

　　日本駐廣州領事上野專一得知消息後，即電告日使林權助，表示二辰丸由日本航向澳門，於 2 月 5 日上午駛抵澳門附近洋面，因大潮而無法進港，乃在九洲洋面暫時下錨，下錨處並非中國領海，但廣東水師於當日即稱該洋面屬中國領海，次日復奉張人駿命，將船艦拖至黃埔，撤去船尾日本國旗、改懸掛中國國旗，並聽任中國水兵登船劫掠，事後仍不願釋放。二辰丸船長曾向上野表示軍火運送目的地爲澳門，已經澳門總督核准有案，葡萄牙駐廣州總領事穆禮時（J. D. da Costa de Moraes）亦已證實，足證二辰丸並非在中國領海走私軍械。林權助據此照會外務部、提出抗議，表示即使下錨洋面屬中國領海，亦不應阻礙日本船隻避風，更不應有拘留、劫掠等情事，提出兩廣總督應立即釋放二辰丸、交還日本國旗、懲罰非法官員、中國政府應就此事道歉等四項要求。〔註233〕此外，駐華葡署使柏德羅（Martinho de Brederode）亦照會外務部，表示二辰丸被拘捕地點爲葡萄牙領海所屬之喀羅灣，裝卸貨物又係運往澳門，中國捕拿二辰丸損及葡萄牙主權與領海權，要求立即釋放

〔註231〕〈密陳日韓新約情形摺〉，光緒三十三年七月初三日，收入天津社會科學院歷史研究所編，廖一中、羅眞容整理，《袁世凱奏議》下，頁 1498-1499。

〔註232〕〈粵督張人駿致外部辰丸私運軍火應按約充公電〉，光緒三十四年正月初六日，收入王亮編、王彥威纂輯、王敬立校，《清季外交史料》（六），頁 430 上。日人稱此船爲「第二辰丸」，中國文獻則稱之爲「二辰丸」，以下均以「二辰丸」稱之。

〔註233〕〈日使林權助致外部辰丸被粵扣留奉命抗議希飭速放照會〉，光緒三十四年正月十三日，收入王亮編、王彥威纂輯、王敬立校，《清季外交史料》（六），頁 430 上-430 下。

二辰丸。〔註234〕

　　二辰丸事件中，中日雙方所爭者主要有二，一爲卸貨當時所停泊洋面是否爲中國領海，二爲廣東水師有無權利扣押船隻、改換旗幟。張人駿表示二辰丸由九龍關稅務司雇用英籍引水人帶入虎門，性質有別與拘捕，至於撤下日旗、改掛龍旗目的在避免葡萄牙軍艦騷擾，事後亦未阻攔二辰丸重新懸掛日本國旗，要求外務部轉告林權助，本案應照海關會訊章程規定，交由會訊法庭裁決。〔註235〕外務部有意令張人駿先釋放二辰丸、僅扣押軍火，張人駿表示二辰丸所運送之軍火買主爲澳門廣和店華人譚璧理，目的在接濟匪徒，一旦釋放後恐無對證，因而反對。〔註236〕外務部探詢林權助意見，林權助拒絕會訊，要求立即釋放二辰丸。〔註237〕

　　因牽涉海關緝私權，總稅務司赫德亦提出一份節略，認爲拱北關雖設於澳門，但無權管理出入澳門之外籍船艦；中國雖有權登上停泊於領海之船艦進行檢查，但二辰丸停泊之處爲澳門外海，並非中國領海；中國無權干涉船上所掛之日本國旗；船上載運之軍火既領有執照，則中國亦無權扣押船隻、卸載貨物，日本要求並無不當之處。至於張人駿所要求之會訊，必須在兩造均同意情形下始可進行，日本方面已表明不接受，即使接受，亦不能改變二辰丸並未違法事實。赫德建議由外務部出面與林權助交涉，因中國官員犯錯在先，即使中國方面承認錯誤、釋放二辰丸、鳴砲向日本國旗致敬、賠償業主損失等，均不至於損及中國體面。〔註238〕

〔註234〕〈葡使致外部華船在葡領海捕獲日船祈飭速放照會〉，光緒三十四年正月十七日，收入王亮編、王彥威纂輯、王敬立校，《清季外交史料》（六），頁 432 上。

〔註235〕〈粵督張人駿致外部辰丸事請商日使照章會訊電〉，光緒三十四年正月十七日，收入王亮編、王彥威纂輯、王敬立校，《清季外交史料》（六），頁 431 上-432 上。「會訊法庭」創設於 1868 年，由該管領事官、粵海關監督、粵海關稅務司共同組成，針對不服粵海關裁罰者之上訴進行裁決，參見《廣州市志》，網址爲 http://www.gzsdfz.org.cn/gzsz/11/hg/sz11hg060501.htm。

〔註236〕〈粵督張人駿致外部日運槍械確係濟匪倘先放船便無質證電〉，光緒三十四年正月三十日，收入王亮編、王彥威纂輯、王敬立校，《清季外交史料》（六），頁 437 上。

〔註237〕王芸生，《六十年來中國與日本》第五卷，頁 153。

〔註238〕〈外部致張人駿稅司赫德條議處置捕獲日船辦法電〉，光緒三十四年正月二十九日，收入王亮編、王彥威纂輯、王敬立校，《清季外交史料》（六），頁 433 下-434 下。拱北關建於 1887 年，總部設在澳門，參見「珠海拱北海關」，網址爲 http://www.eyo-zh.com/haiguan.html。

　　即使日本、葡萄牙，甚至赫德均認爲中國捕獲二辰丸一事確有失當，張人駿亦瞭解二辰丸載運之軍火確由澳門官廳核准進口，但仍不爲所動，堅持二辰丸停泊之處爲拱北關緝私範圍，屬於中國領海；〔註239〕同時引用粵海關稅務司看法，認爲船上除軍火外，亦運送太古洋行托運煤斤前往香港，托運合同中有除遇危險不得駛往他口條款，但二辰丸並未在香港卸貨，種種跡象均顯示二辰丸並非暫避風浪，而是在澳門外海等候駁船接運軍火。二辰丸既未領有中國護照、又運送違禁軍火，扣留並不爲過。問題之所以無法解決，在於日領上野專一不肯照章會訊，責任並不在中國。〔註240〕

　　爲解決紛爭，那桐邀請林權助前往會談，袁世凱、聯芳、梁敦彥亦出席。外務部將張人駿意見轉告林權助，同時提出三項處理辦法：二辰丸具結候查後釋放；軍火扣存、查明後另行核辦；降下日本國旗一節於查明責任歸屬後再表達歉意。前兩項林權助均不接受，降旗一節則表示係對日本政府極大侮辱，要求應由廣東水師兵船管帶負責，並聲明僅海關有權扣押外籍船艦，不應由廣東水師扣押。在中國要求之下，林權助同意將三項提案轉告外務省，由外務省決定處置方針。〔註241〕外務部爲求慎重，認爲廣東水師降下日本國旗一事確實處理不當，因而決定將換旗與扣船分爲兩事處理，對於換旗一事以正式照會方式道歉，希望張人駿同時懲處失職官員，先辦結此事。〔註242〕

　　張人駿將事件重心定在二辰丸私運軍火接濟匪徒上，表示釋放船艦、鳴砲謝罪等，僅需一紙公文便可進行，但以駐澳葡軍僅二百餘人而言，二辰丸運送之94箱、計兩千餘挺長槍，以及4萬發子彈顯係接濟孫文等匪徒之用，如本案交涉失敗，不但條約關章均成廢紙，中國亦從此無法過問各國商船私運軍火。〔註243〕日本外務省則將處理重心放在廣東水師捕拿二辰丸與擅降日

〔註239〕〈粵督張人駿致外部先釋日船日領不肯具結不許起械電〉，光緒三十四年二月初二日，收入王亮編、王彥威纂輯、王敬立校，《清季外交史料》（六），頁437下。
〔註240〕〈粵督張人駿致外部條復赫稅司論日船事祈核示電〉，光緒三十四年二月初三日，收入王亮編、王彥威纂輯、王敬立校，《清季外交史料》（六），頁439上-439下。
〔註241〕〈日使林權助與那中堂等會商二辰丸案語錄〉，光緒三十四年二月初二日，收入王亮編、王彥威纂輯、王敬立校，《清季外交史料》（六），頁437下-438下。
〔註242〕〈外部致張人駿辰丸案換旗與扣船分別辦理電〉，光緒三十四年二月初三日，收入王亮編、王彥威纂輯、王敬立校，《清季外交史料》（六），頁441上-441下。
〔註243〕〈粵督張人駿致外部日船運械濟匪若失敗則約章成廢紙電〉，光緒三十四年二

本國旗兩事，令駐華使館參贊阿部守之助向袁世凱面交節略，認爲二辰丸是否於香港卸下煤斤，僅太古洋行有權過問，與中國政府無關。至於運送軍火一項，二辰丸只負責將軍火運送至澳門，是否用於濟匪則並不過問，日本政府未來可幫助中國防範外國軍火私運入境，但中國政府查禁軍火時不得侵害日本國旗及船隻。至於領海問題，日本政府認爲該處屬中葡未定界，即使屬於中國領海，廣東水師亦僅有警告、監視之權，無權強行捕拿、更無權降下日本國旗。因而要求中國政府迅速接受日本所提之四項要求，否則日本政府將採取適當手段，以保護國家尊嚴。〔註244〕

因張人駿堅持九洲洋面爲中國領海、軍火係濟匪之用等，外務部乃清查海圖，發現喀羅灣西部於道光年間爲葡人私佔，中國並未承認該地爲葡屬，二辰丸捕獲地點爲喀羅灣東部，因而確認該處爲中國領海，〔註245〕並轉而支持張人駿立場。外務部接獲林權助節略、並審酌過後，提出四點聲明，表示中國官員在領海內有緝私之權，二辰丸未領有中國護照，即是私販槍枝，廣東水師會同拱北關關員扣押船艦爲職務上不得已之舉；張人駿提出之會訊要求爲各國所共認共守之解決紛爭辦法；二辰丸於中國海面卸貨前應預先通知中國海關，不能擅自停泊，會訊後可提出正當理由，不能僅憑一面之詞即釋放；喀羅灣確實爲中國領海，扣留查辦軍火爲廣東水師所應爲。因此，外務部堅持先扣軍火、二辰丸具結後釋放兩項處理辦法，並要求迅速派員會審。〔註246〕林權助接獲外務部聲明後，仍認爲二辰丸停泊洋面應爲葡萄牙領海，但亦承認領海歸屬與日本無關，二辰丸所載運軍火獲有日、葡兩國許可，且停泊澳門外海時曾經鳴笛告知，澳門港務局始派小船與領水人前往，並無在中國水域內卸貨準備，亦非私運販賣，中國並無扣留權利，因而仍堅持前請四項要求。至於侮辱日本國旗一

月初四日，收入王亮編、王彥威纂輯、王敬立校，《清季外交史料》（六），頁441下-442下。

〔註244〕〈日使林權助致外部扣船一案譯送日文情請答覆節略〉，光緒三十四年二月初四日，收入王亮編、王彥威纂輯、王敬立校，《清季外交史料》（六），頁447下-448下。

〔註245〕〈外部致張人駿李家駒辰丸停泊之所係中國領海電〉，光緒三十四年二月初三日，收入王亮編、王彥威纂輯、王敬立校，《清季外交史料》（六），頁441上。

〔註246〕〈外部致林權助辰丸案仍請照章會審秉公商結節略〉，光緒三十四年二月初五日，收入王亮編、王彥威纂輯、王敬立校，《清季外交史料》（六），頁452下-453上。

節，林權助希望二辰丸釋放後，中國兵艦於二辰丸重新升起日本國旗時鳴砲致歉，並處分降下日本國旗、暨捕獲二辰丸之廣州水師官員。〔註247〕

　　外務部對於降旗事件本即認為廣東水師處置不當，亦已針對該事件正式道歉，因此將處理重心放在領海問題上，於3月10日照會駐華葡署使柏德羅，駁斥其先前所稱二辰丸被捕海域為葡萄牙領海之說，正式提出九洲洋洋面為中國領海，表示「中國官弁在中國領海實有巡緝禁貨之權，其於他國商務並無妨礙」，並以槍械為在澳華商接濟匪徒之用，譴責澳門官方濫發執照行為；〔註248〕另訓令駐俄華使薩蔭圖將九洲洋屬於中國領海、二辰丸違章載運軍火等轉告駐歐美各國華使，請其向各駐在國官紳說明中國立場，〔註249〕有意藉此解決九洲洋面領海權歸屬問題。日本政府則不再堅持領海問題，另提出五項要求：中國應立即無條件釋放二辰丸；日本承諾二辰丸不再運送軍火至中國，但中國政府應將二辰丸所運軍火全數價購；中國政府聲明嗣後自行查辦失職人員；中國政府應賠償二辰丸被扣押期間損失；二辰丸重新升日本國旗時，中國應派軍艦鳴砲致歉，並事先照會日本領事官觀禮。日本政府同時保證將來必協助中國實施取締私運軍火辦法，希望本案就此解決。〔註250〕

　　外務部雖傾向認定二辰丸確實有意在中國海面私卸軍火，〔註251〕亦承認廣東水師查緝行動並無不合法之處，但因日本不再堅持領海問題，且承諾協助中國取締私運軍火，權衡得失之下，決定接受日本要求。外務部於照覆中，對於日本要求各款均予同意，但強調二辰丸事件發生原因為「中國官吏為自

〔註247〕〈外部致張人駿日使節略是否相符希妥籌速覆電〉，光緒三十四年二月初八日，收入王亮編、王彥威纂輯、王敬立校，《清季外交史料》（六），頁 455下-456上。

〔註248〕〈外部致葡使日船係在中國領海被獲澳門不應發給執照照會〉，光緒三十四年二月初八日，收入王亮編、王彥威纂輯、王敬立校，《清季外交史料》（六），頁 456上-456下。

〔註249〕〈外部致使俄薩蔭圖辰丸在中國海停卸軍火希與彼邦人士談及並轉駐歐美各使電〉，光緒三十四年二月初九日，收入王亮編、王彥威纂輯、王敬立校，《清季外交史料》（六），頁 456下-457上。

〔註250〕〈日使林權助致外部扣留辰丸提議賠償損害請照允照會〉，光緒三十四年二月十一日，收入王亮編、王彥威纂輯、王敬立校，《清季外交史料》（六），頁 457下-458上。

〔註251〕〈粵督張人駿致外部辰丸軍火係澳門華商廣和店所購電〉，光緒三十四年二月初十日，收入王亮編、王彥威纂輯、王敬立校，《清季外交史料》（六），頁 457上下-457下。

保治安起見，至在本國領海內發生此項交涉」，賠償部分則應由兩廣總督與日本駐廣州總領事商議後實報實銷，並要求日本此後認眞嚴禁私運軍火。〔註252〕日本除聲明領海問題與二辰丸事件交涉無關外，其餘則並無異議。〔註253〕

軍火禁運牽涉澳門與日本。澳門方面，外務部再度照會柏德羅，請其轉告澳門官廳，今後除官用軍火可由葡萄牙駐廣州領事先照會兩廣總督、轉飭海關查驗後，准其經中國海面運往澳門之外，不論何國商人向澳門請領販運軍火執照，澳門官廳一概不得核發，澳門官廳亦需協助中國查緝私運軍械，在中國境內查獲者則一律充公。〔註254〕另提出三項具體辦法：槍砲彈藥除澳門官用外，一概不發給販運執照；清查現存澳門境內之核准販運軍火數量，該軍火運出澳門時先照會中國政府查辦；私運軍火盡出中國者，澳門政廳設法協助查緝。〔註255〕其時中葡雙方正因中國軍隊駐紮拱北關問題進行交涉，新任駐華葡使森達（Barao de Sendal）要求以葡萄牙同意禁運軍火交換中國撤出拱北關，〔註256〕因而延宕未決。

日本方面，二辰丸事件結束後，日本政府即通飭各稅關，今後由日本運往澳門之軍火，除領有澳門官廳核准單據外，除非托運人證明該批軍火不致私運入中國境內，否則不許出口；外務部則擬定禁止私運軍火辦法六條，包括中國官方有權決定是否接受軍火進口、中日雙方相互查禁私運軍火等，請林權助轉告日本政府通飭實施。〔註257〕日本政府認爲葡萄牙與日本爲邦交

〔註252〕〈外部致林權助辰丸案貴政府願和平辦結足徵顧念邦交節略〉，光緒三十四年二月十三日，收入王亮編、王彥威纂輯、王敬立校，《清季外交史料》（六），頁 459 上-460 上。

〔註253〕〈日使林權助致外部日船案貴部所允辦法日政府並無異言照會〉，光緒三十四年二月十五日，收入王亮編、王彥威纂輯、王敬立校，《清季外交史料》（六），頁 462 上。

〔註254〕〈外部致葡使請商澳門政廳嗣後勿給軍火執照照會〉，光緒三十四年二月十九日，收入王亮編、王彥威纂輯、王敬立校，《清季外交史料》（六），頁 462 下-463 上。

〔註255〕〈葡使柏至外部澳門禁運軍火事已轉本國照會〉，光緒三十四年三月二十八日，收入王亮編、王彥威纂輯、王敬立校，《清季外交史料》（六），頁 479 上下-479 下。

〔註256〕〈外部尚書那桐與葡森使商議澳門禁運軍火事語錄〉，光緒三十四年四月初九日，收入王亮編、王彥威纂輯、王敬立校，《清季外交史料》（六），頁 483 上-483 下。

〔註257〕〈外部致林權助商議查禁軍火辦法六條照會〉，光緒三十四年二月二十日，收入王亮編、王彥威纂輯、王敬立校，《清季外交史料》（六），頁 465 下-466 上。

國，難以用法令強行禁止日本商品運往澳門，僅同意軍火運輸前須由稅關呈報大藏省，經大藏省與外務部會商後始准出口，至於中日互禁則予以拒絕。外務部認爲澳門性質上屬於租借地，並非葡萄牙領土，因此不適用日葡通商條約，對於日本不同意互禁軍火亦表不滿，希望日本政府速予通過。〔註 258〕隨後延吉邊務問題致使中日交惡，禁運軍火一事又遭擱置。

二、任用人才

　　除以韓國境遇爲鑑、謹愼處理對外交涉之外，袁世凱在任期內確實亟思有所作爲。袁世凱延續其一貫的重視外交人才的觀念，雖已無法將外交人才以各種名義納入幕府，但對於人才晉用、保奏、培育則仍不遺餘力。

　　晉用高階官員方面，袁世凱就任兩日後即奏調梁敦彥出任外務部右丞，以取代轉任駐奧公使的雷補同，並於 9 月 10 日奏請梁敦彥兼署右侍郎；梁如浩則於 1908 年 3 月 1 日遷外務部右參議、7 月 21 日遷右丞。中低階官員方面，袁世凱電請各省將督撫，於省內候補各員中挑選熟悉交涉者咨送入京，以因應人才需求，目前已任用各員則逐一親自接見，考核其對於部務、交涉是否眞有豐富經驗，再依此決定應派差使，以免閱歷不深者貽誤外交。〔註 259〕

　　保奏方面，袁世凱於 1908 年 4 月上奏保舉使才，共奏保新簡出使日本大臣胡惟德、出使和國大臣陸徵祥、出使英國大臣李經方、五品京堂張蔭棠、五品京堂梁士詒等五名。〔註 260〕胡惟德、陸徵祥與袁世凱本爲舊識；李經方爲李鴻章之姪，自 1890 年出任駐日公使起即進入外交體系，歷任辦理商約大臣、駐英公使等與外交相關職務；張蔭棠爲舉人出身，晚清曾任總理衙門司務廳辦理英國事務、駐美公使館參贊、西藏參贊大臣、駐美公使、西藏辦事大臣等與外交相關職務，於 1908 年 7 月 21 日由袁世凱奏調出任外務部右參議；梁士詒爲進士出身，初任翰林院編修，1903 經唐紹儀介紹、於 1903 年初任北洋編書局總辦，納入袁世凱幕府，曾於 1904 年以參贊銜隨唐紹儀赴印度商議西藏問題，返國後曾參與中日東三省善後會議，郵傳部設立後即長年於

〔註 258〕〈外部致阿部中日互禁軍火事希照允施行照會〉，光緒三十四年五月二十一日，收入王亮編、王彥威纂輯、王敬立校，《清季外交史料》（六），頁 490下-491上。

〔註 259〕蔡振豐，〈晚清外務部之研究〉，頁 120。

〔註 260〕沈祖憲、吳闓生編纂，《容庵弟子記》，頁 205-206。

郵傳部任職。〔註261〕所奏保者均爲經驗豐富、著有聲譽之外交人才。

人才培育方面，使德孫寶琦於 1908 年 3 月 2 日奏陳外交事宜摺中有「預儲外交人才」一項，建議由各部院中遴選人員出洋，分赴英、法、德、美四國學習外交、語文，六年內兼通兩國語文，學成後返國備用。軍機處抄交外務部議奏，外務部認爲「近來交涉事煩、需才孔急」，同意孫寶琦所奏，但考驗、分派、名額、費用、成績檢覈等事宜則需另行籌畫。〔註262〕

三、強化涉外法令

對外，袁世凱致力於改善中國外交處境。努力方向之一爲強化法令。1899年初，總理衙門奏准總主教或主教請見縣級以上地方長官時，各級長官依其品秩接待。但章程通行以後，曾發生教士僭用地方官員儀仗情形，以致引起百姓誤會，教士干預詞訟情形也甚嚴重。袁世凱就任外務部尙書後，乃針對地方官與傳教士往來方式做出變革。外務部於 1908 年 3 月請旨，將此項辦法撤銷，爾後地方官與教士往來，均依照約章、以禮相待。〔註263〕袁世凱亦會同法律大臣商訂民教訴訟新律，咨請各省督撫遇事時依律辦理，另於 9 月時請旨將新訂定之〈地方官保護教士章程〉通飭各省遵辦，〔註264〕希望藉由法律的規範使教士、官員行爲獲得約束，從而徹底解決民教衝突。

針對護照管理，外務部草擬《非立約國人民及外國教士領取護照章程》，將之照會各國駐京公使、並電告各省將軍督撫一體遵行。章程中規定無約國國民在華進行民刑訴訟時，需依中國法令辦理，不得享有治外法權與領事裁判權，即使經有約國聲明保護亦不得例外，〔註265〕藉此保護國權，使有約國不得藉保護無約國國民而擴大在華影響力。爲防止俄國主教違法購買旗地等事件再度發生，外務部於 1908 年 5 月 22 日照會各國公使，各國政府嗣後與

〔註261〕奏保五人中，梁士詒主要資歷雖非外交，但曾參與對外交涉、於 1906 年時因辦理外交得力，獲袁世凱保舉以五品京堂候補、在外務部丞參上行走、並記名丞參，其外交才能亦獲相當肯定。梁士詒與袁世凱結識後經歷，參見岑學呂，《三水梁燕孫先生年譜》（台北：文星書店，民國 51 年 6 月出版），頁 43-59。

〔註262〕〈外務部奏〉，光緒三十四年三月丙戌，收入朱壽朋編，《光緒朝東華錄》，頁 5871-5872。

〔註263〕〈外務部奏〉，光緒三十四年二月丙寅，收入朱壽朋編，《光緒朝東華錄》，頁 5861。

〔註264〕蔡振豐，〈晚清外務部之研究〉，頁 118。

〔註265〕同上註，頁 119。

中國商民、或蒙古王公之間所簽訂之物權抵押、借貸契約，如未經外務部或理藩院承認，一概歸於無效。〔註 266〕

四、推動禁煙

努力方向之二為推動禁煙。庚子以後，禁煙逐漸受到重視，全國各界積極展開禁煙行動，除將禁止嗎啡進口明訂中英、中美新訂商約外，朝廷於 1906 年 9 月 20 日降旨頒佈禁煙章程，開始推動禁煙政策，以漸進方式杜絕鴉片來源、促使官民戒除煙癮。英屬印度為中國進口洋藥主要來源地，外務部因於同年 11 月 29 日將〈漸禁鴉片煙運華辦法〉六條照會駐華英使朱邇典（Sir John Newell Jordan），希望洋藥進口量以每年 10％ 遞減、十年禁絕，中國派員往印度監視交易數量，洋藥稅釐加倍徵收，禁止香港煙膏進口，各口岸禁設煙館、售煙具，禁止運入莫啡鴉等。

英國政府與印度政府磋商後，於 1907 年 8 月 12 日答覆，對於禁煙政策大體上持贊成意見，但英國立場為希望以前三年為觀察期，如中國確實推動禁煙有成，英國政府承諾嗣後繼續減少出口量，待中國與波斯、土耳其等國進口鴉片數量商議完成後，英國承諾比照辦理；中國可派員監視，但無干涉之權；稅釐方面，英國希望洋藥與土藥均齊徵收，希望中國先查明徵稅情形；香港煙膏問題查明後始能回覆；如華官在租界外確實屬行禁煙，英國各口領事一律照辦；有約國均同意禁止莫啡鴉進口時，英國屆時比照辦理。〔註 267〕

外務部審酌過後，於 1908 年 1 月 1 日與英國達成協議，除自 1908 年起實施進口量逐年遞減、進口洋藥稅釐暫緩加倍、兩國共同聲明香港洋藥禁止進口外，大體上接受英國照覆內容。〔註 268〕因禁止嗎啡進口等規定須待有約國將商約全數議定後始能實施，為免曠日廢時、影響禁煙進度，外務部向各

〔註 266〕〈清外務部照會駐北京各國公使，凡各國政府與中國商民及蒙古王公所訂物權抵押借貸契約，如未經外務部及理藩院承認者概無效力〉，光緒三十四年四月二十三日，收入中華民國史事紀要編輯委員會，《中華民國史事紀要》民國紀元前四年（1908）一至十二月份，頁 218。

〔註 267〕〈駐京英使照覆清外務部，同意中國之漸禁鴉片煙運華辦法〉，光緒三十三年七月初四日，收入中華民國史事紀要編輯委員會，《中華民國史事紀要》民國紀元前五年（1907）一至十二月份，頁 427-429。

〔註 268〕〈中英訂立試辦禁煙章程，定十年禁絕〉，光緒三十三年十一月二十八日，收入中華民國史事紀要編輯委員會，《中華民國史事紀要》民國紀元前五年（1907）一至十二月份，頁 819。

國提議先實施禁煙一項，各國駐京公使均不表異議，外務部因而照會各國，決定於 1909 年 1 月 1 日起全面禁止嗎啡、嗎啡針進口，同時禁止在中國境內製造，外籍醫師欲進口洋藥者需先向中國駐外各領事署申請核准、憑處方籤始得販售。〔註269〕1908 年 12 月 30 日，外務部至店南北洋通商大臣，請其將禁煙政策電飭各關道，於 1909 年 1 月 1 日正式實施。〔註270〕

五、推廣駐使

努力方向之三爲推廣駐使。自朝鮮返國以來，袁世凱即瞭解駐使對於外交工作的重要性，因而對於推廣駐使甚爲積極。1907 年 12 月 25 日，外務部因各國華僑日多，總領事保護僑民責任重大，奏請仿 1904 年發給駐南斐洲總領事劉玉麟委任狀成例，對駐新加坡、舊金山、小呂宋、橫濱、漢城、墨西哥、古巴等總領事發給委任狀，以「專責成而符體制」。〔註271〕孫寶琦於奏陳外交事宜一摺中建議推廣駐使，與袁世凱「多結友邦，未始非聯絡外交之計」意見相符，當時中國在外國已設有使館 10 處，此外，丹馬（丹麥）、瑞典、那威（挪威）、巴西、剛果等國雖均訂約，因無交涉事項、故未派使常駐；其餘有約國中，日斯巴尼亞、葡萄牙公使由駐法公使兼任，秘魯、古巴、墨西哥公使由駐美公使兼任。外務部當時正與暹邏討論籌設使館事宜，哥倫比亞因華僑眾多，亦有意願與中國訂約，其餘應增設使館，應訂約國則由外務部隨時奏報。〔註272〕

〔註269〕〈外部奏與各國議允定期禁止販運莫啡鴉辦法摺〉，光緒三十四年三月二十八日，收入王亮編、王彥威纂輯、王敬立校，《清季外交史料》（六），頁 479下-480上。

〔註270〕〈清廷從外務部奏，自本月十日起禁止各省販運莫啡鴉、及莫啡鴉藥針〉，光緒三十四年十二月八日，收入中華民國史事紀要編輯委員會，《中華民國史事紀要》民國紀元前五年（1908）一至十二月份，頁 573。

〔註271〕〈外部奏請頒給駐紮各國屬地總領事委任敕諭摺〉，光緒三十三年十一月二十一日，收入王亮編、王彥威纂輯、王敬立校，《清季外交史料》（六），頁 403上-403下。

〔註272〕孫寶琦認爲應推廣駐使，以便在各國間廣植耳目，請朝廷於有約國方面儘速派遣使節、無約國則與之依次訂約派使等。參見〈外務部奏〉，光緒三十四年三月丙戌，收入朱壽朋編，《光緒朝東華錄》，頁 5871-5872。1907 年 9 月 26日，都察院代遞陳發檀條陳，建議與暹邏通使訂約，奉旨交外務部審議，外務部不久即與暹邏就設使事展開討論，但雙方直到 1946 年始建交。中暹建交談判過程參見李道緝，〈近代海外華人國家認同的塑造：以中暹建交談判爲例（1869-1937）〉，《政大史粹》第一期，1999 年 6 月，頁 1-33。

　　孫寶琦奏摺呈遞前，外務部已先於 1908 年 3 月奏准於挪威設置名譽領事一員，由曾任浙海關稅務司之挪威籍人士余德（Frederik Schjöth）擔任。〔註 273〕同年 5 月 21 日，外務部復奏准於英屬澳大利亞設總領事、紐絲綸（紐西蘭）設領事各一人，分由候選道梁瀾勳、駐英使館二等通譯官黃榮良出任，駐地分別爲美利濱（墨爾本）、紐絲綸。〔註 274〕同年 10 月於法國波鐸（波爾多）設名譽領事，由法國商人貝爾孟出任。〔註 275〕此外，俄國同意中國將駐海參崴商務委員改爲領事。〔註 276〕至於駐仰光領事、加拿大總領事、溫哥佛領事等，雖在袁世凱去職後 7 日始奏准設立，但以時程而言應爲袁世凱任內籌設。〔註 277〕

　　袁世凱努力推廣駐使，其目的在於多結友邦，因此傾向於以實際效益出發，對於提升駐外使節位階、改定服色等則並不贊同。孫寶琦於奏陳外交事宜一摺中建議中國駐各大國使節位階應提升爲頭等公使，以符合中國東方大國國體。袁世凱認爲依萬國公法，頭等公使代表君主在一切朝會典禮上享有獨特待遇，使節位階必須相當，中國改派頭等公使、外國亦必如是，其在外交上享有之待遇恐與中國體制產生衝突。此外，頭等、二等之別僅在於禮節較爲崇隆，於使事方面並無實益，辦事之權亦與品級無關，何況改派大使則必須增加經費，以中國目前情形實無必要，因此決定緩議。〔註 278〕對於孫寶琦建議之參酌各國服制、制訂外交官公服款式，以免中國外交官因服色與外國獨異，於交際來往時產生隔閡一項，袁世凱認爲各國外交官服色仍遵循其母國禮服規定。中國官服自有定章，如專爲外交人員制訂特殊服色，以求與各國一致，則不免與中國定制產生歧異，因此反對。〔註 279〕

〔註 273〕參見故宮博物院明清檔案部、福建師範大學歷史系合編，《清季中外使領年表》，頁 90。

〔註 274〕同上註，頁 82-83。

〔註 275〕同註 273，頁 89。

〔註 276〕〈駐京俄使通知清外務部，俄國允改中國駐海參崴商務委員爲領事〉，光緒三十三年十一月十六日，收入中華民國史事紀要編輯委員會，《中華民國史事紀要》民國紀元前五年（1907）一至十二月份，頁 803。

〔註 277〕1909 年 1 月 2 日袁世凱奉旨開缺回籍，9 日外務部奏准設置駐仰光領事、加拿大總領事、溫哥佛領事各一人，由江蘇後補道歐陽庚、翰林院編修龔心釗、外務部候補主事蕭永熙出任。參見參見故宮博物院明清檔案部、福建師範大學歷史系合編，《清季中外使領年表》，頁 74、頁 86。

〔註 278〕〈外務部奏〉，光緒三十四年三月丙戌，收入朱壽朋編，《光緒朝東華錄》，頁 5872。

〔註 279〕同上註，頁 5871-5872。

六、修訂約章

努力方向之四爲修訂約章，此可以中瑞修改通商條約爲例。瑞典駐華公使倭倫白（Gustaf Oscar Wallenberg）於 1907 年 4 月 16 日抵達北京履新後，即將瑞典政府希望修改中瑞通商條約意見告知外務部，外務部認爲挪威於 1905 年自瑞典獨立，且中瑞條約係訂立於 1847 年，確實有重新訂定必要，因而決定重訂通商條約。外務部將倭倫白提交之 37 款約文歸併爲 17 款，因與各國訂約時各國鮮少給予中國利益，以至多不符互惠原則，瑞典境內雖無華商，許與中國之利益尚未能享有實惠，但必須預留地步，因此特別注意條約中雙方權利義務關係，始終以「彼此均照最優國相待」爲議約宗旨，「不使各項利益偏歸一面」，更於墨西哥、巴西、美國商約等各約中擷取對中國較爲有利者加入瑞典約中，如瑞典承諾教士不干預行政權，教民無司法豁免權，未因新約而更動之兩國原通商條約中所互享優惠仍舊實施，將來與各國同時放棄治外法權，與各國共同遵守裁釐加稅事宜，進出口稅率比照中外共同議定稅率，與各國均沾之利益需另訂專條等，「以期取益防損」，而「立約體例必應如是，方爲完全無憾」。與倭倫白交涉近兩個月後，外務部認爲約文已臻於妥善，乃請旨派員畫押，由外務部左侍郎聯芳奉旨於 1908 年 7 月 2 日簽署。〔註280〕

七、結納與國

努力方向之五爲結納與國。袁世凱就任不久，即於 1907 年底派遣敦睦艦隊赴香港、馬尼拉、西貢、曼谷、新加坡、巴達維亞、三寶壟、曼卡島、檳城、馬來亞等東南亞各大港口，目的除宣威外，亦希望能吸引華僑投資國內工業建設。〔註281〕

袁世凱出身行伍，對於日本因英日同盟之助而戰勝俄國必然留下深刻印象；因長期接觸外交事務、與駐外使節維持良好關係，對於歐洲強權逐漸形成的結盟態勢亦必有一定瞭解。日俄戰後，面對日本的不斷擴張與壓迫，中國必須與強國結盟以自固，日本以外的有約強國中，英、法、俄三國協約於

〔註280〕〈外部奏中瑞修改通商條約請旨派員畫押摺〉，光緒三十四年六月初二日，收入王亮編、王彥威纂輯、王敬立校，《清季外交史料》（六），頁 494 上-495 上。約文見同書，頁 495 上-498 下。

〔註281〕Stephen R. MacKinnon, *Power and politics in late imperial China, Yuan shih=kai in Beijing and Tianjin, 1901-1908*, pp.183.

1907 年完成，〔註282〕德國因與三國交惡而漸趨孤立，試圖以中美德同盟突破孤立處境，駐美德使恩特斯博（Speck von Sternburg）與美國總統羅斯福（Theodore Roosevelt）就三國海軍合作對日的可能性進行多次密談，德國政府亦就此問題與中國政府反覆磋商。〔註283〕

袁世凱於庚子初期對美國願出面調停一事留下深刻印象，當時即認為美國對中國最友善，將來要解決庚子問題應可由美國入手；〔註284〕日俄戰爭將戰未戰之際，袁世凱雖已認定美國不可能於戰爭時協助中國，但日俄兩國海軍於煙台港內發生衝突時，袁世凱仍建議外務部於必要時可請美國調停，對美國的好感可見一斑。在德國推動下，袁世凱逐漸對中德同盟產生興趣，也開始試探與美國結盟的可能性。

1908 年 4 月 20 日接受紐約時報記者米拉德專訪時，袁世凱提到「如果說在不遠的將來，大清國在關係到國家主權和領土完整的嚴峻時刻必須挺身抗爭的話，我們會期待並信賴美國能夠為保護我們的權利而在國際上善施影響。當然我們會對所有那些友好的列強國家到有同樣希望，然而我們更加信任美國」，〔註285〕即已嘗試透過媒體釋放尋求中美同盟訊息。美國國會於 5 月 25 日通過減收庚子賠款、供中國辦學後，時任奉天巡撫唐紹儀有意爭取以賠款設立銀行開發東北，獲袁世凱支持，加上專訪內容於 6 月 14 日刊登，推動中美同盟一事似已微露曙光，袁世凱乃決定建議派遣唐紹儀為特使赴美爭取籌設銀行事宜，透過慶親王於 1908 年 7 月 3 日以外務部名義請派唐紹儀赴外國遊歷，並向美國就退還更款一事致謝。〔註286〕

唐紹儀未出發前，袁世凱與那桐即已就中美協約問題於 9 月 5 日進行祕密會議，並由那桐出面密訪駐華美使柔克義，〔註287〕以瞭解美國態度，外務

〔註282〕鈕先鍾，《第一次世界大戰史》（台北：燕京文化事業股份有限公司，民國 66 年 3 月初版），頁 1-2。

〔註283〕陶文釗，《中美關係史（1911-1950）》（重慶：重慶出版社，1997 年 3 月第 1 版第 2 次印刷），頁 30。

〔註284〕〈請令各國公使發安電回國片〉，光緒二十六年七月初一日，天津社會科學院歷史研究所編，廖一中、羅眞容整理，《袁世凱奏議》上冊，頁 185。

〔註285〕湯瑪斯・F・米拉德，〈清國鐵腕袁世凱採訪錄〉，1908 年 6 月 14 日，收入鄭曦元編，李方惠、胡書源、鄭曦元譯，《帝國的回憶》，（上），頁 216-217。

〔註286〕國立故宮博物院編，《宮中檔光緒朝奏摺》（台北：故宮博物院，民國 64 年 6 月出版），第二十五輯，頁 749 下。

〔註287〕參見蔡振豐，〈晚清外務部之研究〉，頁 125。

部甚至於 9 月 11 日請旨畫押〈中美公斷條約〉，以博取美國好感。〔註 288〕但當時世界局勢丕變，歐洲強權形成兩大陣營態勢日趨明朗，各國決定在中國以維持現有勢力範圍爲原則，並以各國銀行聯貸方式共享利益，盡量避免相互競爭。〔註 289〕美國方面則另憂心中美同盟將激怒日本，甚至迫使日本對華開戰，更不願美國因而被捲入戰爭，因而對同盟存有疑慮，在日本積極運作下，轉而與日本簽訂高平——魯特協定，同意在遠東維持現狀、互不侵犯，〔註290〕中美德同盟計畫因而未能成功。

　　論者或謂，外務部成立以來，中國外交取向爲引進各國勢力，從中取得恐怖平衡，使中國能在列強夾縫中求得生存，然因實力不足以自保，故外務部辦理交涉時僅求維持現狀，無法積極進取，甚至流於被動。〔註291〕誠然，在大環境不利於中國，中國國力又明顯弱於列強情形下，即使採取主動外交如袁世凱者，也不得不更加謹慎從事。即使受限於外在條件，袁世凱仍藉由保奏與培育人才提高外務部人員素質，修訂部分涉外法規以改善中國處境，推廣駐使以多結友邦，甚至試圖與美、德結盟，採取讓利爭權方式調和國內民族主義與外國的雙重壓力，在有限的任期內，爲外務部的內部變革與對外交涉立下良好典範。

第四節　主導談判步步爲營以讓利爭權

　　袁世凱就任以後，即面對一連串的對外交涉，但因外務部職能的轉變，直接由外務部進行交涉者不多。其中部分爲瞿鴻禨、呂海寰任內即已開議，至袁世凱任內始定議者，如井陘礦務局案，袁世凱於直隸總督任內僅決定改

〔註 288〕第一次保和會〈和解國際紛爭條約〉規定，締約國可相互締約、約定可交付公斷事項。1904 年時，美國與英、法商議公斷條約，美國總統同時邀請中國一併訂立，但因國會反對而作罷。第二次保和會之後，美國與英、法、日等國訂約完成，外務部乃訓令駐美公使伍廷芳向美國政府提議簽約。伍廷芳與美國議定條約四款，外務部審核後認爲約文與其他各國相較並無太大出入，於 1908 年 9 月 11 日請旨畫押獲准。參見田濤主編，《清朝條約全集》，頁 1609 下-1610 上。中美公斷條約延至 1909 年 2 月 10 日始畫押，其時袁世凱已開缺回籍。
〔註 289〕Stephen R. MacKinnon, *Power and politics in late imperial China, Yuan shih-kai in Beijing and Tianjin, 1901-1908*, pp.186.
〔註 290〕陶文釗，《中美關係史（1911-1950）》，頁 31。
〔註 291〕陳森霖，〈中國外交制度現代化（1901-1911 年之外務部）〉（台中：東海大學歷史系碩士論文，1993 年），頁 185。

歸官局收回合辦，但合同則於新任直隸總督楊士驤就任後始簽署完成。此類跨任期完成的對外交涉，較重要者尚有鴨綠江木植公司合同案，津浦鐵路借款合同、以及蘇杭甬鐵路合同。

一、鴨綠江木植公司問題

中日合辦鴨綠江木植公司明訂於〈中日會議東三省事宜附約〉中，因此性質上屬於日俄戰善後問題的一環。1906 年 8 月，日使林權助致函外務部，表示日本政府已經就中日合辦鴨綠江木植公司一事擬妥草案，要求訂期會商、從速開辦，外務部乃咨請奉天將軍趙爾巽會同時任直督的袁世凱草擬辦法後回覆。

1907 年 2 月，袁世凱等將公司設立辦法草擬完成、咨送外務部，外務部轉送林權助後，林權助認為中國對案僅規範公司設置辦法，對於伐木地段、經營年限等實質問題均未提及，乃要求以日本草案為基礎進行會商，外務部表示此類問題須由北洋大臣核定，請林權助逕赴天津與袁世凱會商。

袁世凱與林權助於同年 4 月會面，林權助提交合辦公司大綱 11 款，要求以此為會議基礎。依照日本草案，除經營年限展延外，經營地段亦需擴展，「鴨綠江右岸」範圍應包含渾江一帶地方，距鴨綠江岸已達 60 華里之遙。袁世凱針對日本議約大綱逐條批改後送交林權助，對於公司命脈所繫之伐木範圍大幅限縮。林權助表示條約規定應在鴨綠江右岸設立木植公司，日本方面認為右岸係相對於左岸之韓國，應包含右岸全段在內，公司利益係由兩國均沾，如採伐範圍過小、勢必影響競爭力，則條約形同虛設，但袁世凱堅不接受，僅許於鴨綠江沿岸劃定地方；林權助復要求將分水嶺以南、鴨綠江以北化為伐木範圍，袁世凱亦不接受。林權助見袁世凱不願妥協，轉而向外務部施壓，表示若中國不願接受，則日軍不拆除日俄戰爭時期設立之伐木廠。外務部與袁世凱會商後，確定約文之「右岸」係指沿江地方，不包含較遠地區，且約文有地段廣狹另訂等語，足證右岸並非指鴨綠江沿岸全區，至於日軍所設伐木廠應盡速撤除，以免違反條約中中日合辦規定。

林權助向外務部施壓後，即由外務部尚書那桐接續，與代理公使阿部守太郎談判。阿部堅持林權助所提條件，另提出如中國同意將渾江口以上各流域劃為伐木區，以及木材只需繳納進出口稅兩條件，則日本可同意將經營年限減為 30 年，並提撥公司利潤報效中國政府。那桐與袁世凱商議後，向阿部說明渾江並非鴨綠江支流，因此無法將其劃入伐木範圍，但中國可同意將離

岸 50 華里內劃爲伐木地段；公司在中國境內、受中國管轄，自當遵守中國法律、完納一切稅課；至於提撥利潤方面則可再商議。

1907 年 8 月雙方再議，由於雙方對於渾江流域是否應包含在內存在相當歧見，因而始終難以定議。外務部堅持不允將渾江流域列入，但准許公司提撥較兩成慣例爲低之 5％盈餘報效官家、豁免內地釐金、兩國各派一人擔任理事長、等，

1907 年 9 月 7 日，袁世凱奉旨補授外務部尙書後，再度直接參與議約事宜。林權助於 10 月致函外務部，表示分水嶺以南之鴨綠江、渾江上游地區均需列入，但同意排除白頭山山頂 50 華里內地區，袁世凱堅持不允。林權助於同年 12 月返回北京後，再赴外務部與袁世凱商議，袁世凱仍堅持伐木地段範圍應自離岸最近之江心起算，不包含渾江流域，雙方仍無交集。〔註 292〕

1908 年 3 月，袁世凱爲解決木植問題，會同奉天巡撫唐紹儀與林權助商議。袁世凱明白問題關鍵全在於渾江流域，若允林權助所請，則該地伐木業勢必無以生存，且渾江流域已奏准由江浙鐵路公司伐木，不能因另設一木植公司而禁其採買，因此決定採取臨城煤礦借款模式，明訂渾江流域森林仍歸中國原有伐木廠採伐，款項則向新設公司借貸，原木由公司照市價收買，則公司不至於壟斷市場、原有廠商仍能獲利。經月餘談判，始於 1908 年 5 月 15 日議定中日合辦鴨綠江採木公司章程 13 款，〔註 293〕大意包含公司於開辦後一年招商；伐木範圍限鴨綠江右岸，由帽兒山至二十四道溝止，距鴨綠江主流沿岸六十華里內；界外暨渾江流域森林伐木場照舊經營，款項向公司借貸，木料除江浙鐵路公司所需與沿岸民眾自用外，均歸公司以市價收買；公司定名爲鴨綠江採木公司，資本額 300 萬元，中日出資各半，營業期限 25 年，中國政府可決定是否展限；公司盈餘 5％報效中國國家，提撥報效後餘利由中日股東均沾；公司 3 個月內開辦，日本屆時撤除所有現存鴨綠江之木材廠等。〔註 294〕章程議定後，施行細

〔註 292〕〈紀中日鴨綠江合辦木植公司〉，（清）徐世昌等編纂，吉林師範學院古籍研究所整理，李澍田等點校，《東三省政略》（吉林：吉林文史出版社，1989 年 2 月第 1 版第 1 次印刷），卷三，森林交涉篇，頁 521 上-522 上。

〔註 293〕〈附外務部奏中日合辦鴨綠江右岸木植訂定採木公司章程〉，（清）徐世昌等編纂，吉林師範學院古籍研究所整理，李澍田等點校，《東三省政略》，卷三，森林交涉篇，頁 522 下-523 上。

〔註 294〕公司章程參見〈附中日合辦鴨綠江木植公司訂定章程大綱十三條〉，（清）徐世昌等編纂，吉林師範學院古籍研究所整理，李澍田等點校，《東三省政略》，卷三，森林交涉篇，頁 523 下-524 上。

則於隨後亦訂定，鴨綠江採木公司即於 1898 年 9 月 25 日正式開辦。〔註 295〕

二、津浦鐵路問題

　　另一跨越任期完成之交涉為津浦鐵路借款合同案。1899 年 5 月 18 日，朝廷委派工部左侍郎許景澄、〔註 296〕四品京堂候補幫辦關內外鐵路事宜張翼，與英國匯豐銀行、德國德華銀行、中英公司委託出席之怡和洋行代表，訂立〈津鎮鐵路借款草合同〉，規定中國向匯豐、德華兩銀行借款，修築天津至鎮江間鐵路，借款期限 50 年，北段由德華銀行經裡、南段由中英公司承辦，未還清前，鐵路造路、行車事宜全部委由德華銀行、中英公司經裡，中國還清借款後合同即作廢，由中國收回鐵路產權、經營權。〔註 297〕

　　草合同簽訂後，因庚子軍興，正合同遲遲未簽訂。1903 年 5 月，英署使濤訥理照會外務部，希望從速訂立正合同，德署使葛禮士亦照會外務部，希望添派督辦大臣一員，朝廷乃命袁世凱為督辦大臣，與幫辦大臣張翼、德華銀行代表科達士（H. Cordes）、中英公司代表璧利南（Byron Brenan）等商訂正合同。袁世凱指派津海關道唐紹儀、候選知府梁敦彥先與英、德代表開議，將會議情形隨時呈報。〔註 298〕

　　中外雙方代表隨即在天津展開會議，於 1903 年 6 月中旬議定正合同。席間科達士表示外務部已於 1902 年同意由德商建造德州至正定府、以及兗州府至開封府支路，與幹路相連接，唐紹儀表示袁世凱並不知情。外務部認為當初同意前者於幹路開辦後再議，後者於幹路即將完工時再議，目前幹路尚未

〔註 295〕公司施行細則參見〈附中日合辦鴨綠江木植公司辦事正章二十一條副章六條〉，（清）徐世昌等編纂，吉林師範學院古籍研究所整理，李澍田等點校，《東三省政略》，卷三，森林交涉篇，頁 524 下-525 下。
〔註 296〕許景澄自 1884 年出任駐德、法、意、荷、奧五國公使以來即長年駐外，雖於 1895 年兼工部左侍郎，但於 1897 年 1 月 7 日返國後始到任。參閱〈許景澄傳〉，收入陳金林、齊德生、郭曼曼編輯，《清代碑傳全集》，頁 1662-1663。故宮博物院明清檔案部、福建師範大學歷史系合編，《清季中外使領年表》（北京：中華書局，1985 年 10 月第 1 版第 1 次印刷），頁 9。魏秀梅，《清季職官表附人物錄》（台北：中央研究院近代史研究所，民國 91 年 6 月再版），頁 221。
〔註 297〕馬陵合，《清末民初鐵路外債觀研究》（上海：復旦大學出版社，2004 年 12 月第 1 版第 1 次印刷），頁 132。草合同全文參見〈津鎮鐵路草合同〉，收入王鐵崖編，《中外舊約章彙編》（上海：生活、讀書、新知三聯書店，1957 年 9 月北京第 1 版第 1 次印刷），第 1 冊，頁 898-903。
〔註 298〕〈袁世凱為天津至鎮江鐵路定立合同事札唐紹儀〉，光緒二十九年四月二十七日，收入天津市檔案館編輯，《袁世凱天津檔案料選編》，頁 47-48。

開辦，可照草合同辦法列入正合同、但不便議定。〔註299〕袁世凱另提醒外務
部，表示德國藉口建造支路，北段借款因而暴增，如英國要求南段比照辦理，
他日向中國要求清償債務時，中國將無以應付，外務部承諾將堅持正合同借
款數額不超過草合同立場。〔註300〕

正合同議定後，穆默認爲內容與草合同存在相當歧異，因此無法同意。〔註
301〕德華、匯豐兩銀行亦不願承認正合同，自行另擬詳細合同，要求將來必須
以此爲商議底稿，唐紹儀認爲兩銀行所擬合同內容專爲北段而設，並無一語
提及南段，〔註302〕袁世凱令唐紹儀轉告兩銀行，堅持照已議定正合同辦理，
〔註303〕雙方無法達成共識。

1905 年 6 月 24 日，留日學生聯名致電外務部，認爲草合同並無政府畫押，
性質上屬於私約，草合同既非正約，則中國當然有權廢除，將津鎮鐵路收回
自辦，不僅兩銀行無可如何，英、德亦無從干涉〔註304〕。此後京官、留學生
等陸續上書請廢津鎮鐵路合同，直隸、山東、江蘇三省官紳願自行集資籌辦。
〔註305〕三省官紳上書引起朝廷重視，令袁世凱、張之洞妥籌辦理。〔註306〕

〔註299〕〈袁世凱爲津鎮鐵路在津議定正合同事札唐紹儀〉，光緒二十九年閏五月十一
　　　　日，收入天津市檔案館編輯，《袁世凱天津檔案料選編》，頁48。穆默對此甚
　　　　爲不滿，兩度致函外務部，請轉告袁世凱將支路建造事宜列入正合同中。外
　　　　務部均堅持應俟幹路開辦造成後依序商議。參見〈照錄德穆使來電〉，光緒二
　　　　十九年閏五月十三日；〈照錄復穆使電〉、〈照錄穆使來信〉、〈照錄復穆使信〉
　　　　（以上未列日期），收入天津市檔案館編輯，《袁世凱天津檔案料選編》，頁
　　　　50-51。
〔註300〕〈袁世凱爲密飭議定津鎮鐵路正合同事札津海關道〉，光緒二十九年六月初四
　　　　日，收入天津市檔案館編輯，《袁世凱天津檔案料選編》，頁49-50。
〔註301〕〈唐紹儀等稟〉，光緒三十年二月初一日，收入天津市檔案館編輯，《袁世凱
　　　　天津檔案料選編》，頁58。
〔註302〕〈津海關道等詳〉，光緒三十年五月初九日，收入天津市檔案館編輯，《袁世
　　　　凱天津檔案料選編》，頁68。
〔註303〕〈袁世凱爲津鎮鐵路合同應得兩銀行仍擬分訂事給津海關道的批〉，光緒三十
　　　　年六月十三日，收入天津市檔案館編輯，《袁世凱天津檔案料選編》，頁67-68。
〔註304〕〈留日學生致外務部電〉，光緒三十一年五月二十二日，《申報（上海）》。
〔註305〕〈直蘇兩省京官請廢津鎮鐵路草合同致商部呈文〉，光緒三十一年十月二十二
　　　　日；〈直魯蘇留日學生敬告三省父老書〉，光緒三十三年；〈直魯蘇三省京官惲
　　　　毓鼎黃思永等二十一人爲籌款自辦津鎮鐵路呈文〉，無日期；〈直魯蘇三省京官
　　　　惲毓鼎等一百五十三人呈〉，光緒三十三年二月，均收入宓汝成編，《中國近代
　　　　鐵路史資料》（北京：中華書局，1963年2月第1版第1次印刷），頁793-796。
〔註306〕〈軍機大臣面奉諭旨〉，光緒三十三年二月十六日，收入中國第一歷史檔案館
　　　　編，《光緒宣統兩朝上諭檔》三三，頁22下。

1905 年起，受順利收回粵漢鐵路路權鼓舞，中國全國各地展開收回路權運動。〔註307〕面對各界要求廢約、收回利權的壓力，袁世凱勢難忽視，但對於廢除草合同仍得有所顧忌。依膠澳租界條約規定，德國可在山東境內建造鐵路，鐵路沿線 30 里內許德國開礦，德國建造鐵路可與中國自辦幹路相連接，一旦廢止草合同，德國如決定自行建造津鎮鐵路山東境內部分，則沿線路礦權利全歸德國，德國甚至可藉鐵路使影響力深入直隸、直達天津。因此，津鎮鐵路合同的存在，在相當程度上可以補救膠澳租界條約之不足。

袁世凱於 1903 年奉旨商訂正合同時，原本希望將草合同大幅修訂，使「權利盡操自我」，德國如同意，對於中國當然有利；德國如不同意，則可藉此延宕鐵路修築進度，因此始終未定議。至於官紳願意集資自辦，袁世凱希望與張之洞會銜上奏，確認三省官紳有能力籌集鉅資、造路後，再與德國商議，「否則費盡心力、亦屬空談」。〔註308〕

張之洞因曾於鹿傳霖處得知三省官紳似有願意墊款者，〔註309〕因此並不贊成先問有無實際籌款辦法，〔註310〕而其個人態度亦傾向廢約，認為廢約是一種牽制外人、安撫國人的手段，或能因此而使外人做出讓步，或向國人表示已經盡力，因此建議先向英德商議廢約。〔註311〕

然袁世凱方以朝鮮不尊條約，致使各國贊同日本接管朝鮮外交權為例，向朝廷力陳「我之條約必須尊重，不可輕違、尤不可輕言廢，免蹈韓人覆轍」，如此時發動廢約，則立場顯然前後矛盾。更重要的是，近日謠言紛起，傳聞德國有增兵之意，如因發動廢約而使外國採取強硬手段，將「無以對朝廷，抑且無以對三省」，德、英兩國並無違約之處，因此並無廢約理由；何況此案牽連曹州教案條約，曹約勢不能廢，單廢此約即無作用，只是徒失國信、貽人口實而已，即使強國間相互交涉，亦不敢輕言廢約，中國處積弱之勢，行事更必須慎重，

〔註307〕郭廷以，《近代中國史綱》（台北：曉園出版社，1994 年 5 月初版第 1 刷），上冊，頁 429。

〔註308〕〈袁宮保來電〉，光緒三十三年三月二十二日，收入苑書義、孫華峰、李秉新主編，《張之洞全集》，卷 267，電牘 98，頁 9603。

〔註309〕〈鹿尚書來電〉，光緒三十三年三月初八日，收入苑書義、孫華峰、李秉新主編，《張之洞全集》，卷 267，電牘 98，頁 9593。

〔註310〕〈致天津袁宮保〉，光緒三十三年三月二十七日，收入苑書義、孫華峰、李秉新主編，《張之洞全集》，卷 267，電牘 98，頁 9607。

〔註311〕〈致天津袁宮保〉，光緒三十三年四月初二日，收入苑書義、孫華峰、李秉新主編，《張之洞全集》，卷 267，電牘 98，頁 9610。

因此袁世凱反對張之洞所提廢約建議，亦認為不必先與英、德磋商。

為謀求補救，袁世凱提出「不廢而廢」辦法，即中國自籌款項建造天津至清江、或大沽至清江鐵路，可名為沽淮鐵路，迅速造成、使英德無利可圖，津鎮約即可不廢而廢。如必欲廢約而後止，應以改定合同為掩護，提出直隸境內中國自造，魯蘇境內中外股權各半，中國可隨時贖回，中國掌握人事及經營權等四項英、德難以接受的條件，再視英、德反應如何，相機挽回利權。〔註312〕

張之洞接獲袁世凱復電後，認為袁世凱誤解己意，廢約之議不過借三省紳民名義以為抵制，並非真欲廢約，因而提出贖路期宜近、成路期宜速、華官管事之權宜重、存款之權宜操、路工限制宜定、息扣酬勞宜輕、改官辦為三省商民自辦等七項希望達成項目，並提出「與其造路、不如贖路」辦法，認為可利用英德代為修築鐵路，利用鐵路穩健獲利以集資，而後一舉贖回。至於袁世凱所擬四項、及修建沽淮鐵路，均可作為交涉條件。〔註313〕袁世凱對前六條甚為贊同，囑張之洞擬稿電奏，請駐德華使梁敦彥參與議約，並將兩人所擬條件告知梁敦彥，請其「先設難題、繼再協商」，應可爭回不少利權，第七條應待前六條議定後再商議。〔註314〕

嗣後，袁世凱決定以「洋人代造、讓利爭權」為議約宗旨，希望新合同中加重華官事權，外商造成鐵路之後即陸續移交中國，由中國掌握行車、用人權利。〔註315〕袁世凱雖將津鎮鐵路議約方向定為借款自辦，將鐵路、借款分為兩事，不以鐵路抵押借款，〔註316〕並委由梁敦彥負責商議細目，〔註317〕

〔註312〕〈袁宮保來電〉，光緒三十三年四月初四日，收入苑書義、孫華風、李秉新主編，《張之洞全集》，卷267，電牘98，頁9611-9612。

〔註313〕〈致天津袁宮保〉，光緒三十三年四月初九日，收入苑書義、孫華風、李秉新主編，《張之洞全集》，卷267，電牘98，頁9612-9615。「贖路期宜近」，希望10年後即可贖回。「成路期宜速」，希望4年內完工。「華官管事之權宜重」，華官應掌握工程、行車、帳目三項事權。「存款之權宜操」，華官需有監督鐵路借款、盈餘資金權利。「路工限制宜定」，外國不可修築幹路。「息扣酬勞宜輕」，希望不必補償2.5％利息，或至多補償15年。「改官辦為三省商民自辦」，約定10年後如款項齊備，即贖回鐵路，由紳民自辦。

〔註314〕〈袁宮保來電〉，光緒三十三年四月十三日，收入苑書義、孫華風、李秉新主編，《張之洞全集》，卷267，電牘98，頁9616-9617。

〔註315〕〈致天津袁宮保、京梁嵩生星使〉，光緒三十三年五月初三日，收入苑書義、孫華風、李秉新主編，《張之洞全集》，卷268，電牘99，頁9626-9627。

〔註316〕〈致天津袁宮保、京梁嵩生星使〉，光緒三十三年五月初四日，收入苑書義、孫華風、李秉新主編，《張之洞全集》，卷268，電牘99，頁9627。

〔註317〕〈致天津袁宮保、京梁嵩生星使〉，光緒三十三年五月二十六日，收入苑書義、

但始終認爲「借款造路、本非善策」，德人執曹州教案條約爲據，享有在山東省內造膠濟、膠沂鐵路權利，僅爭津鎮並無實效，而津鎮路「詳細正合同一日不訂，外人一日不能築造此路」，〔註318〕故而以訂定正合同爲爭取利權手段。

訂約方向確定後不久，袁世凱內調外務部尚書，復以外務部名義照會德使雷克斯（Graf von Rex），要求將膠澳條約第二端第一款所載之路線併入津鎮路辦理，〔註319〕雷克斯同意將膠澳至沂州段作爲津鎮路支路，濟南往山東省境一段歸入津鎮路，中國則同意德州至正定，以及起點爲兗州或津鎮路任一站、經濟寧府至開封府等兩段鐵路，於 15 年內籌款自造，或向德華公司借款建造，中德雙方相互讓步。〔註320〕1908 年 1 月 13 日，津鎮鐵路新合同在北京簽訂，改名天津浦口鐵路借款合同，中國向上海德華銀行、倫敦華中鐵路公司借款 500 萬英鎊、利息五釐、期限 30 年，前 10 年繳息、第 11 年起開始還本，借款由直隸、山東、江寧釐金局、江蘇淮安關釐金作爲擔保，鐵路建造工程及一切事權均歸中國國家辦理。〔註321〕

三、滬杭甬鐵路問題

袁世凱於處理津浦鐵路借款問題中所確立的「讓利爭權」模式，同樣運用於於處理滬杭甬鐵路問題。督辦鐵路總公司大臣盛宣懷於 1898 年與英國銀公司代表怡和洋行簽約商辦鐵路，起自江蘇蘇州、經浙江杭州、至寧波止，雙方於 1898 年 10 月 15 日簽署草合約，約定該路章程比照滬寧路，怡和洋行應從速派員測量路線，總公司應派員保護測量技師等。〔註322〕

銀公司於草合約簽訂後，因英國捲入波爾戰爭之故，始終未能完成正式

孫華風、李秉新主編，《張之洞全集》，卷 268，電牘 99，頁 9632。

〔註318〕〈袁世凱批山東紳商自辦津鎮鐵路文〉，光緒三十一年六月，收入宓汝成編，《中國近代鐵路史資料》（北京：中華書局，1963 年 2 月第 1 版第 1 次印刷），頁 806-807。

〔註319〕〈清外務部照會德國駐京公使雷克斯，膠濟鐵路應歸入津浦路線辦理〉，光緒三十三年十二月 21 日，收入中華民國史事紀要編輯委員會，《中華民國史事紀要》民國紀元前五年（1907）一至十二月份，頁 880-881。

〔註320〕〈張之洞等奏〉，光緒三十三年十二月丁卯，收入收入朱壽朋編，《光緒朝東華錄》，五，頁 5798。

〔註321〕參見〈天津浦口鐵路借款合同〉，收入王鐵崖編，《中外舊約章彙編》，頁 456-464。

〔註322〕滬杭甬鐵路草合約，參見王鐵崖，《中外舊約章彙編》，頁 843。

合同簽訂程序。1903 春，浙江商人向盛宣懷提出築路要求，盛宣懷以鐵路已許與英國，通知英國駐上海總領事璧利南（B. Brenan），希望六個月內完成勘路、估價作業，否則草合同即行作廢，璧利南並無回應。

1905 年起，受粵漢鐵路廢約運動影響，加上英國對於盛宣懷所提廢約要求遲遲未回應，浙江紳商開始積極籌款造路，自組浙江鐵路公司，與江蘇紳商所組織的江蘇鐵路公司合作，在請旨獲准下預備建造滬杭甬鐵路，並取得浙江全省鐵路修築權利，但因滬杭甬鐵路與銀公司所取得之路線大部重疊，蘇浙紳商希望能以諭旨為依據廢除草合同；〔註 323〕駐華英使薩道義則要求比照滬寧路正合同，重新簽訂滬杭甬合同；朝廷則採納御史朱錫恩建議，令盛宣懷設協商廢約。

盛宣懷致函璧利南，重申已給予銀公司六個月時間勘路機會，但銀公司置之不理，則草約自應作廢無疑，怡和洋行則表示路線早已於 1899 年初即 戡定完成，目前困難在於浙江省不肯配合。

不久，外務部將議約權限轉移予浙江巡撫張曾敭，〔註 324〕銀公司則將此案轉由薩道義全權處理，使此案由商業糾紛演變為外交案件。薩道義屢屢表示英國依約應享有築路權，且令英國駐杭州領事施密士（J. L. Smith）會同華英公司代表與張曾敭會商，但張曾敭始終堅持廢約，〔註 325〕且向薩道義表示草合同不足為憑，英商如堅持簽訂正約，難保浙江群眾不藉故生事。

浙江省不願配合令薩道義至為不滿，認為係朝廷刻意放任所致，乃聲明一旦發生事端，必追究浙江巡撫及該管官員責任。〔註 326〕外務部尙書瞿鴻機乃致函張曾敭，表示目前情勢無法遽行廢約，應以收回自辦為底線，如施密士仍堅持議定正約，希望能注意約文中所有關於主權、利權之處，〔註 327〕張

〔註 323〕李恩涵，〈唐紹儀與晚清外交〉，《中央研究院近代史研究所集刊》第四期，頁 100。
〔註 324〕申彥嶺，〈袁世凱與清末鐵路〉（河南：河南師範大學碩士學位論文，2007 年 4 月 1 日），頁 55。
〔註 325〕〈薩道義致外務部照會〉，光緒三十二年二月二十一日，收入宓汝成，《帝國主義與中國鐵路》，頁 842。
〔註 326〕〈薩道義致外務部照會〉，光緒三十二年二月二十二日，收入宓汝成，《帝國主義與中國鐵路》，頁 843-844。
〔註 327〕〈外務部致浙江巡撫函〉，光緒三十二年二月十八日，收入宓汝成，《帝國主義與中國鐵路》，頁 842。

曾敤認爲浙江此時正屬自辦，且仍堅持不與英國議定正約，〔註328〕更表明浙江紳商係遵旨興辦鐵路，一旦外務部向英國讓步，將導致民心動搖。〔註329〕

　　外務部將蘇杭甬鐵路案視爲重大外交案件，雖非無心解決，但面對浙江巡撫挾上諭、民意以自重，與朱邇典執草約相詰之兩難局面，既難於面對英國壓力、亦不敢干犯眾怒，只能採取拖延政策。1906 年 6 月，當唐紹儀與濮蘭德（J. O. P. Bland）商訂廣九鐵路問題時，以英國同意改善廣九鐵路草約各項條件，交換中國承認蘇杭甬草約合法性，並承諾於廣九鐵路合同議定後商議蘇杭甬鐵路正約，使問題更爲棘手。〔註330〕1907 年初廣九鐵路合同議定後，朱邇典即照會外務部，請速派員議定蘇杭甬鐵路正合同，〔註331〕同時要求蘇浙兩省鐵路工程應立即停工，外務部官員數度與朱邇典會談，既無法同意停工要求，〔註332〕亦不願派員商議合同，〔註333〕復不接受朱邇典所提禁止蘇州官紳購買鐵路用地要求，〔註334〕而將希望寄託在甫出使英國不久，同爲浙江人的汪大燮身上，期待汪大燮返國後能調和英國與浙江百姓間的衝突。

　　汪大燮返國後不久即主動拜會銀公司代表熙理爾，提交三項解決方案，一爲蘇浙兩省賠償銀公司已支出費用，二爲蘇杭段歸中國、杭甬段歸銀公司建造，但路權全屬中國，三爲借款與造路脫勾，中國借款造路，但辦理鐵路事宜不列入合同中，將來以鐵路餘利還款。〔註335〕熙理爾認爲汪大燮所提三端隱含將草合同作廢之意，公司方面均不能接受，但若中國政府原在承認草

〔註328〕〈張曾敤致外務部函〉，光緒三十二年三月初四日，收入宓汝成，《帝國主義與中國鐵路》，頁 844。

〔註329〕〈張曾敤致外務部電〉，光緒三十二年四月二十九日，收入宓汝成，《帝國主義與中國鐵路》，頁 845。

〔註330〕李恩涵，〈唐紹儀與晚清外交〉，《中央研究院近代史研究所集刊》第四期，頁 100-101。

〔註331〕〈朱邇典致外務部照會〉，光緒三十三年二月三十日，收入宓汝成，《帝國主義與中國鐵路》，頁 847。

〔註332〕〈聯芳、那桐、鄒嘉來與朱邇典晤談記錄〉，光緒三十三年三月二十五日，收入宓汝成，《帝國主義與中國鐵路》，頁 847。

〔註333〕〈聯芳、那桐、瞿鴻機、鄒嘉來與朱邇典晤談記錄〉，光緒三十三年四月初三日，收入宓汝成，《帝國主義與中國鐵路》，頁 847。

〔註334〕〈那桐、鄒嘉來與朱邇典晤談記錄〉，光緒三十三年四月十七日，收入宓汝成，《帝國主義與中國鐵路》，頁 848。

〔註335〕〈汪大燮面交熙理爾蘇杭甬路商議大綱〉，光緒三十三年六月二十四日，收入宓汝成，《帝國主義與中國鐵路》，頁 850。

合同的基礎上另擬章程、訂立新合同，則第三端尚有商談空間。〔註336〕爲此，熙理爾提出借款辦法草稿，要求中國應由國家擔保，向銀公司借貸所需款項；借款不需以鐵路抵押；所需物料可由中國自行決定採購對象，但英國物料價格、品質與他國相同時應優先採購英國物料；公司設華總辦一人，總工程司與總管帳由英國人擔任。〔註337〕中英雙方雖均有意願採取借款造路方式解決蘇杭甬問題，但在總工程司與總管帳任用權方面無法達成共識。

袁世凱調任外務部尚書後不久，汪大燮奉派赴英考察憲政，袁世凱乃令梁敦彥接辦。1907 年 10 月 20 日，袁世凱於整理蘇杭甬路歷年商辦情形後，以外務部名義上摺奏陳處理辦法。蘇杭甬路權爲寶納樂在總理衙門照會准許下所取得，英國政府守定草合同，難以概行作廢，但蘇浙兩省官紳請旨辦路，目前已有規模亦事實俱在，英國要求依草約辦理，蘇浙紳商要求廢約，使蘇杭甬案演變爲國際交涉事件。爲解決紛爭，袁世凱決定仿津鎮路處理方式，將辦路、借款分爲兩事，鐵路由中國自造，華商原有股份悉數保留，另向英商籌借 150 萬鎊，指定其他款項爲抵押品，不使英國有藉口干預鐵路運作，至於應採官督商辦或官商合辦模式造路，則與郵傳部商議後再決定。朝廷認爲收回自辦迄今並無實效，所需款項亦尚未募集完成，勢難儘速完工，因而接受外務部建議，但要求外務部須說服英商，令江浙仕紳得申購新成立公司股票，原有辦路人員由郵傳部妥善安排，則路務由兩江總督、江蘇浙江兩巡撫督辦。〔註338〕

朱邇典獲知袁世凱預備採津鎮路模式辦理後，即以津鎮路合同爲底稿，修改爲蘇杭甬路合同後交予梁敦彥，希望兩者能同時簽署。袁世凱於請旨獲准後，雖已決定將比照津鎮路模式解決蘇杭甬路問題，但對於朱邇典所要求之兩路合同同日畫押則不予接受，表示需先細看合同內容後再決定。朱邇典所重者爲蘇杭甬路早日畫押，因而認爲如先簽津鎮路合同而蘇杭甬路合同緩議，將損及英國顏面，英國政府必不能同意，〔註339〕爲求從速簽訂，朱邇典

〔註336〕〈熙理爾致外務部節略〉，光緒三十三年六月二十六日，收入宓汝成，《帝國主義與中國鐵路》，頁 851。
〔註337〕〈熙理爾致外務部借款辦法草稿節略〉，光緒三十三年六月二十八日，收入宓汝成，《帝國主義與中國鐵路》，頁 851-852。
〔註338〕〈外務部奏〉，光緒三十三年九月壬寅，收入收入朱壽朋編，《光緒朝東華錄》，頁 5751-5752。
〔註339〕〈袁世凱與朱邇典晤談紀要〉，光緒三十三年九月三十日，收入宓汝成，《帝國主義與中國鐵路》，頁 856-857。

甚至直接求見慶親王，但仍未獲滿意答覆，乃當面向慶親王表示暫不簽署津鎮路合同，亦不再就滬寧路管理辦法讓步，〔註340〕隨後正式照會外務部，譴責中國先許英國、復許浙商，的作法失信於英國，希望從速解決問題。〔註341〕

　　朱邇典照會次日，袁世凱邀朱邇典到部晤談，袁世凱當面向朱邇典表示朝廷與外務部政策並未改變，希望朱邇典耐心等候，朱邇典表明英國政府立場為津鎮、蘇杭甬兩路合同同時簽訂，且強調曾經外務部允許，目前可以將已定稿之津鎮路合同改寫為蘇杭甬路合同，使蘇杭甬路在形式上成為討論中議案，如此則於英國顏面無損；袁世凱否認外務部曾承諾兩案同日簽約，雖同意以津鎮路合同作為底稿，但表示目前辦法未定，並無實際效益。朱邇典甚為不滿，認為中國有意刁難，袁世凱則解釋中國為難之處，在於官民受粵漢路廢約自辦鼓舞，對於路礦權利均不惜籌措鉅款、爭取自辦，中國政府需要時間與蘇浙紳民溝通。〔註342〕

　　朝廷同意外務部將蘇杭甬路採取津鎮路模式造路消息傳出後，蘇浙官紳群情激憤，除首當其衝的浙江鐵路公司致電川陝粵鄂皖贛等各省要求聲援外，〔註343〕其餘如上海高等實業學堂、〔註344〕上海總商會、〔註345〕江蘇仕紳、〔註346〕江蘇太倉學會〔註347〕等均分別致電郵傳部、農工商部、都察院、或外務部，大抵均在要求袁世凱收回成命、力拒借款，勿使蘇杭甬路為英商

〔註340〕〈朱邇典與奕劻晤談紀要〉，光緒三十三年十月初三日，收入宓汝成，《帝國主義與中國鐵路》，頁857。
〔註341〕〈朱邇典致外務部照會〉，光緒三十三年十月初六日，收入宓汝成，《帝國主義與中國鐵路》，頁858。
〔註342〕〈聯芳、那桐、袁世凱、梁敦彥與朱邇典晤談紀要〉，光緒三十三年十月初七日，收入宓汝成，《帝國主義與中國鐵路》，頁858-859。
〔註343〕〈浙路公司致川、陝、粵、鄂、皖、贛各省電〉，光緒三十三年九月十九日，收入宓汝成，《帝國主義與中國鐵路》，頁867。
〔註344〕〈上海高等實業學堂全體學生致郵傳部電〉，光緒三十三年九月二十二日，收入宓汝成，《帝國主義與中國鐵路》，頁867-868；〈上海高等實業學堂全體學生致外務部電〉，光緒三十三年九月二十二日，收入宓汝成，《帝國主義與中國鐵路》，頁868。
〔註345〕〈上海總商會致農工商部電〉，光緒三十三年九月二十九日，收入宓汝成，《帝國主義與中國鐵路》，頁868。
〔註346〕〈蘇省紳士致外務部、袁世凱電〉，光緒三十三年九月二十二日，收入宓汝成，《帝國主義與中國鐵路》，頁868。
〔註347〕〈太倉學會致都察院電〉，光緒三十三年九月二十五日，收入宓汝成，《帝國主義與中國鐵路》，頁869。

所奪。浙江紳民甚至於 10 月 22 日發起國民拒款公會，一方面呈請浙江巡撫電奏阻止訂約、一方面催促浙江官紳早日募款完成，〔註348〕由於認捐情形甚為踴躍，〔註349〕至 11 月時，募集所得款項甚至超越欲向英國借貸之 150 萬鎊逾倍之多。〔註350〕不僅民間反對，朝臣如翰林院侍講學士朱福詵、御史徐定超、御史孫培元等亦數度上摺請朝廷對外務部嚴加申斥，報載甚至平素與袁世凱親近之那桐亦曾對浙省京官微露不滿之意。〔註351〕

即使內外壓力紛至，袁世凱仍堅持應遵守成約。1907 年 11 月 29 日，外務部上摺說明蘇杭甬路處理情形，同時分析約之所以不可廢。朝野各界所言內容大致分為三類，其一為盛宣懷既曾於 1903 年要求銀公司六個月內開辦、否則草合同作廢，銀公司既未回覆、則形同默認；其二為江浙人民利權將隨路權而消失，希望朝廷收回成命、不借外款，必要時可以國家名義借款，不必非涉及鐵路不可；其三為英國如必欲辦路，可將此案提交海牙平和會公議；其四為如許江浙紳商分購新公司股票，即形成反客為主，各國此後將援例跟進等。針對這些似是而非的說法，袁世凱一一予以駁斥。

針對英國已默認草合同無效一項，袁世凱表示蘇杭甬路係竇納樂駐華時奉英國政府之命請准修築，因此本案性質上為兩國國家交涉。盛宣懷雖曾要求銀公司逾限作廢，但並未咨送外務部備查；銀公司接獲盛宣懷函文後，曾表示公司無會議廢約權力；英使屢次照會、交涉，均未承認鐵路由中國自辦之案。英國方面自始至終從未承認廢約之議，以英國未明文反對為由指其默認，並無任何效力。

針對利權受損一項，袁世凱表示外務部已爭得不以鐵路做抵，不以英國人管理路務，鐵路由中國自造、自管，英國公司並無干預之權，則江蘇、浙江兩鐵路公司並無損失可言。

提交公斷一項，袁世凱表示按照海牙平和會章程，案件必須兩造認可方能訴請公斷，姑且不論英國必不同意，單以英國方責中國以失信，中國即不

〔註348〕〈浙江拒款會通告各府縣士民文〉，光緒三十三年九月二十六日，收入宓汝成，《帝國主義與中國鐵路》，頁 869-871。
〔註349〕〈浙蘇人士反對借款的集會〉，1907 年 11 月 15 日，收入宓汝成，《帝國主義與中國鐵路》，頁 874-875。
〔註350〕〈王文韶請妥辦滬杭甬路摺〉，光緒三十三年十月，收入宓汝成，《帝國主義與中國鐵路》，頁 875。
〔註351〕申彥嶺，〈袁世凱與清末鐵路〉，頁 62-64。

可能以一面之詞訴請公斷，何況如訴請公斷有效，外務部早已籌畫，不得民間上書提醒。

認股造成反客爲主一項，袁世凱表示鐵路採借款自造，與由外人承造截然不同，路權仍操之於中國，並無反客爲主問題；他國與中國間並無此類交涉存在，則亦無援例跟進問題。

朝野各界意見，袁世凱認爲多不可行。袁世凱的基本立場爲：

> 方今列強環伺、絡繹聯盟，中國勢處孤危，即能謹守約章、講信修睦，
>
> 猶恐不足以自保，矧敢輕棄成議、自取紛擾，庚子之亂足爲殷鑑。

袁世凱於此案所採取的處理方針仍爲事後補救，於既有成議的情形下，將路權收歸中國，將傷害減至最低。英國政府屢屢催逼訂約，延宕越久、枝節越多，倘江浙官民始終不明就裡，一旦釀成事端，適足以爲英國強奪路權藉口。因而決定令江浙兩省推派代表赴京共商對策。〔註352〕

外有朱邇典催逼早訂正約，內有蘇浙官紳要求收回路權，而上諭中早已明白指示外務部須負責勸導江浙官紳，內外壓力全在主張借債築路的袁世凱身上。面對強大的內外壓力，袁世凱甚至一度萌生去意，〔註353〕但仍始終堅持不可片面廢約，應採取外交手段解決爭議。王文韶提出「部借部還」折衷辦法，蘇浙官紳同意袁世凱借債築路主張，但不可以蘇浙兩省款項做抵。〔註354〕延至津鎮路借款合同畫押後，袁世凱令外務部右丞胡惟德、右參議高而謙等，以津鎮路合同爲底稿，參酌江浙兩省時勢、官紳上書內容，以及王文韶意見，與銀公司代表濮蘭德逐條商議，始於1908年3月定案，議定〈中國國家滬杭甬鐵路五釐借款合同〉24款。

蘇杭甬路草合同規定正合同內容應比照滬寧路合同內容簽訂。滬寧路合同主要內容爲借款數額325萬磅、年息5釐，以淞滬路鐵路本身，以及滬寧路未來之動產、不動產、包含鐵路本身及各項營收爲擔保，由中國國家發行金磅小額債票方式籌措，中國實得發行總額90%，借款用途爲支付建造鐵路與行駛火車所需之各項軟硬體費用、以及於施工期間支付借款利息；還款期限50年，滿12年半後可以2.5%利率付清餘款，第26年起可以免息付清餘

〔註352〕〈外務部奏〉，光緒三十三年十月壬午，收入收入朱壽朋編，《光緒朝東華錄》，五，頁5777-5780。

〔註353〕蔡振豐，〈晚清外務部之研究〉，頁123。

〔註354〕申彥鎖，〈袁世凱與清末鐵路〉，頁66。

款；中國鐵路督辦大臣設立滬寧鐵路總管理處，負責鐵路經營管理事宜，辦事人員共五名，其中兩名由銀公司指派、兩名由中國指派，另一員爲總工程司，由銀公司推薦、督辦大臣核准，另由南洋大臣指派總管帳一員，遇有爭議時由總管理處採多數決辦理；銀公司享有每年鐵路盈餘 20％；銀公司有權將合同轉讓給中國或英國人民。〔註 355〕依此規定，銀公司擁有的權力超過中國官方，滬寧路實際上處於銀公司控制之下。

滬杭甬路借款合同主要內容爲借款 150 萬磅、年息 5 釐，由中國國家以關內外鐵路（新奉線除外）利潤擔保，以發行債票方式籌措，中國實得發行總額之 93％，用途爲購買鐵路車輛、零件、物料，造路期間經營、行車等費用；還款期限 30 年，10 年後可一次付清，第 10-20 年需以 25％利息付清餘款，第 21 年後可以免息還清；鐵路建造工程及管理權限全歸中國國家；鐵路總辦爲建造期間可由郵傳部決定是否聘用英籍總工程司，借未爲清償期間郵傳部需聘用英國籍總工程司，但總工程司聽命於總辦，遇有爭議時由郵傳部裁決；鐵路盈餘全數繳交郵傳部，用於償付利息、維修幹路、或建造支路；公司如欲出讓合同利益，須經郵傳部核准等。〔註 356〕

外務部、郵傳部於會奏請旨簽押時稱：

名爲鐵路借款，而凡屬鐵路內之事，實與該公司均毫無干涉。……不用本省押款、不須洋員查帳，總工程司由我自選、餘利用銀、均先包盡，路線起點亦改定，係由上海或附近上海，俾與滬寧鐵路一氣銜接。

凡係兩省人民所注意之處，固不審慎推求，期於就範。〔註 357〕

審諸合同，既不以鐵路軟硬體設施做抵，發行債票時價差損失較小，所有盈餘歸郵傳部支配，人員聘用須郵傳部決定，爭議歸郵傳部裁決，中英公司無權自由處分合同，則中國官方擁有鐵路產權與經營、控制權，英商實際上僅享有借款所衍生之利息、以及發行債券時之溢價而已。

〔註 355〕滬寧鐵路借款合同詳細內容，參閱〈滬寧鐵路借款合同〉，收入王鐵崖，《中外舊約章彙編》二，頁 165-181。

〔註 356〕合同詳細內容，參閱〈滬杭甬鐵路借款合同〉，收入王鐵崖，《中外舊約章彙編》二，頁 468-476。

〔註 357〕〈外務部郵傳部奏〉，光緒三十四年二月庚申，收入收入朱壽朋編，《光緒朝東華錄》，五，頁 5855-5856。

小　結

　　1904 年初爆發日俄戰爭，袁世凱奉旨維持遼西地區中立，雖盡心籌畫、以期防患未然，然「中立各事，無論何國斷難處處辦到，尤斷難人人遵守」，中國不可能在維持局外中立上面面俱到、滴水不漏，因此必須盡量做到事前防範，在形式上滿足局外中立條件，「使文告上無懈可擊，縱有疏忽、政府亦可不任其責」，使各國均知中國確實遵行局外中立，以避免將來交戰國責難。〔註358〕

　　日俄戰爭後，面對日本持朴資茅斯和約，欲與中國談判繼承俄國在南滿權利事宜時，中國不能不派員與議。由現存 22 次會議筆記中可以發現，扣除第 1 次屬預備會議、最後一次爲簽署條約之外，慶親王僅出席第 16 至 18 次會議，瞿鴻機主持議定者僅日本原案前四款，其餘條款實際上由袁世凱主談。袁世凱屢屢針對會議進度與日本反應，於席間立即草擬、提出新議案，與小村、內田相互辯駁，並利用約章成案爲阻止日本要求擴張權利的重要武器，成功迫使日本不得不放棄部分爭議性條款。由所提對案、所堅持理由，可知袁世凱確實以兩宮所要求的「保固主權」爲議約主軸，對於有可能損及中國主權的條款均力求更改，或要求改列入會議節錄中，使中國盡量減少損失。雖因慶親王一時不察，允諾會議節錄效力等同條約，埋下日本將會議節錄存記條款視爲中日祕密議定書，日後據此要求處理鐵路問題種子，然就會議討論內容、以及兩國所簽署之正附約內容觀之，《容庵弟子記》所謂袁世凱議約時「詳瞻外勢、審查內情，縝密從容、臨機立斷」等語，〔註359〕洵非無據。

　　1905 年以後，外有因戰勝而急於擴張權利的日本虎視眈眈、內有因覺醒而期望收回利權的百姓殷殷期盼，加上韓國因違約而喪失自主權一事並未引起各國對日本反感，在在使中國辦理外交時更形棘手。在時代風潮與內外局勢的多重壓力下，此時期的袁世凱雖仍延續其一貫的保守利權、自求改善、尊重約章態度，但行事則格外慎重、不敢冒進，更不敢因片面廢約而致利益受損。外交局勢的日趨嚴峻使袁世凱亟思有所突破，也促使袁世凱調整其不信任強鄰奧援態度。對內，希望以適才適所達到改革外務部部務，以完善法令規章達到限制外人擴張，以修訂新約達到平等互惠；對外，希望以推廣駐使擴大中國國際空間，以結盟遏止日本在華擴張。

〔註358〕〈收北洋大臣致外務部電〉，光緒三十年三月十八日，楊家駱主編，《清光緒朝中日交涉史料》，18，頁 H1463 上。
〔註359〕沈祖憲、吳闓生編纂，《容庵弟子記》，頁 203。

　　對於涉外事務，可爭者袁世凱仍與力爭，如鴨綠江木植公司合同，採木範圍堅持應有所限制；中國確有過失者，如二辰丸事件，以無損主權之道歉、賠償換取確認領海範圍、禁止私運軍火進口等實質利益；無理由可廢者，如津鎮、滬杭甬鐵路問題，則或建議運用談判技巧，提出對方無法接受的條件，使合同難以談成，以達到技術性廢約目的；或決定以折衷的讓利爭權方式處理，不損及外國條約利益同時，亦顧及國人收回利權期望，使經營權與所有權盡數操之於中國，爲將來收回路權開闢廢約以外的和平途徑。

結　論

　　自鴉片戰爭以降，中外交際日趨頻繁，爲籌辦洋務、因應變局，中國外
交制度不斷變革，曾主持、經辦對外交涉事務之官員數以千百計。袁世凱何
以在外交界得享盛名，成爲李鴻章之後晚清最具影響力的政治人物？其外交
策略及中心思想若何？與時人、時代相較有何異同？對國家與個人而言成敗
如何？對當代與後世又有何影響？

一、袁世凱外交策略的發展脈絡

　　清季袁世凱外交策略的發展約可分爲五個階段。第一階段爲 1885-1894
年駐朝期間。袁世凱一生事業發軔於 1882 年隨吳長慶赴朝鮮平定壬午事變，
至於在外交上初試身手則始於 1884 年平定甲申事變，正式受命辦理交涉則推
始於 1885 年受李鴻章推薦，出任「欽命駐紮朝鮮總理交涉通商事宜」一職。
朝鮮性質上爲清朝屬國，袁世凱代表朝廷處理中韓宗藩關係，雖不免與外國
職業外交官接觸，但外交並非其主要任務，袁世凱之所以積極干預朝鮮外交，
不容許朝鮮享有外交自主權，對美韓建交、韓俄密約、韓奧議約等均積極干
涉，甚至力阻朝鮮遣朴定陽赴美等，仍以強化宗主權爲中心目標。[註1] 因此，
筆者認爲袁世凱駐朝時期之外交應視爲「理藩」，即便其行爲包含與各國交涉
部分，但身爲李鴻章外交政策的執行者，袁世凱並無獨立形成外交觀念、發
展外交策略的空間。

　　即使如此，透過與駐朝外國使節的往來，袁世凱仍能深刻瞭解職業外交

〔註 1〕林明德，〈袁世凱與十九世紀末的朝鮮政局〉，《韓國學報》，第十八期，民國
　　　　93 年 6 月，頁 85-101。

官制度確有其優點；袁世凱於 1891 年底因母病請假兩個月，由唐紹儀代理交涉通商事宜，唐紹儀優異表現也使其體認得人與否為外交成敗重大關鍵。〔註2〕因此，筆者認為此時袁世凱雖未發展出整體的外交觀念，遑論將觀念落實為策略，但必然由日常政務中瞭解傳統仕宦人才已難應付詭譎多變的國際外交，開始體認以洋務專門人才辦理外交的重要性，其「用新人、行新政」觀念此時已然成形，並以引用留洋學生，如唐紹儀、劉永慶、蔡紹基、梁如浩為幕僚加以實踐。

第二階段為 1894-1900 年，即自朝鮮返國後至庚子拳亂爆發前，此時期為袁世凱外交策略的形成與初步發展期。自朝鮮歸國後，袁世凱總結其朝鮮經驗，發覺以強硬態度與手段處理中韓關係，並不能使朝鮮傾心向化，也不能阻止列強與朝鮮建立外交關係，因而體認中國傳統宗藩體制與李鴻章消極的「以夷制夷」外交方法之不足恃；唐紹儀代理駐韓期間的優異表現使其體認人才的重要性；外國職業外交官的常駐、久任優點也令其深有所感；而甲午之敗更證明中國實力不足以為外交後盾。故袁世凱自朝鮮卸任返國後，將其經驗總結於 1895 年 8 月 20 日所上條陳中，指出公法、條約、強鄰奧援等歐美各國行之有年的外交手段對當時的中國均不適用，中國應以富國強兵為外交後盾，但其富國強兵之道與自強運動時代的中學為體、西學為用精神又不相同，將富國強兵的基礎設定為思想觀念的改革，認為只有真心求自強之道，中國才能真正邁向富強。條陳中所提 34 項建議，有多項涉及變更用人之制，其交涉四條，更強調應培養職業外交官、應破格運用現有洋務人才、應加強選送學生放洋、應選通達洋務者駐紮沿邊各省辦事等，全在建議用人之道。可知袁世凱此時提出的建議，除延續其駐朝以來的「用新人、行新政」觀念外，復認為外交成敗以得人與否為決定因素，因而對於用人之道多所建議。

袁世凱雖因甲午之敗而認為外交應以武力為後盾，但並不因此而盲目崇尚武力，隨著瓜分危機越演越烈，以及小站練兵期間與外國領事、記者互動密切，袁世凱逐漸傾向於以條約公法保護中國利益，亦領悟欲杜絕外國窺伺，「莫若先自經理，不資以可借之口，不予以可乘之隙」為最佳辦法，更進一步提出以熟悉公法條約者擔任地方官，將條約成案編印成冊發交地方官學習

〔註 2〕 袁世凱對唐紹儀代理駐韓表現之評價，參見張華騰，《袁世凱與近代名流》（北京：新華出版社，2003 年 9 月第 1 版第 1 次印刷），頁 116。

運用，以保護洋兵爲由派遣防營巡察鐵路沿線，挑選嫻熟洋務官員駐紮膠澳辦理交涉等辦法，一方面以公法條約保護利益，如此則既可阻絕洋兵與平民產生衝突機會，又可因熟悉洋務官員負責交涉而減少誤會。亦即，袁世凱在1894-1899 年間，除原本的「用新人、行新政」觀念外，另發展出「遵守約章」、「自求改善」等外交觀念。

　　出任山東巡撫後，袁世凱因職務關係而獲得對外交涉權力，開始將其外交觀念轉化爲具體策略。就任初期，山東省內面臨的外交挑戰，既來自德國主張的條約權利，也同時來自山東境內教民教士、平民、拳民等的相互仇視。德國可以條約相繩，但百姓卻不知道遵守條約的重要性，袁世凱因而在尊重成約的基礎上，將其擴大爲遵守法令。法令包含公法、約章、成案、律例等國內法與國際法，足以規範包含本國、外國人在內所有山東官員、百姓的行爲，只要官民都能守法，山東民教衝突將可消弭於無形。因此袁世凱嚴厲要求官員處理民教衝突時須按照約章、律例持平辦理，教士必須在條約規範內傳教、不許干預辭訟，教民、平民必須遵守律例，使教士無有藉口擴大事端，外國政府亦無由介入。至此，「遵守約章」、「自求改善」的觀念具體化，成爲此後袁世凱辦理對外交涉時的核心策略。

　　依照曹州教案條約，德國有權在山東省內修築鐵路，以及開採鐵路沿線30 里內礦產。袁世凱外交策略的核心之一爲遵守成約，自不能、也無權蓄意阻撓德國行使其條約權利，但爲使條約權利不致無限上綱，袁世凱在遵守約章的基礎上又發展出「事後補救」的觀念，並具體加以落實成策略，於制訂條約施行細則時，依照力所能爭、理所應爭的順序，先求爭回部分利權，如有應爭而勢實難爭者，則視議約實際情形如何，通盤籌畫、分別輕重，不因堅持某項權利而因小失大，將過去因簽訂條約而讓與外國的權利做出實質規範。事後補救亦成爲袁世凱往後袁世凱辦理對外交涉時核心策略之一。

　　第三階段爲庚子拳亂時期，即 1900 至 1901 年。此時袁世凱關心的重點有二，一爲避免令山東捲入戰爭、一爲促使戰爭盡快結束。針對山東省安危，袁世凱認爲拳匪是挑起爭端的原因之一，因而嚴格禁拳，使拳匪在山東無立足之地，但並不一味壓抑平民或拳民，亦曾一度要求教民全數出教，希望山東因無教民而根絕民教衝突；此外，雖未參加東南互保，但配合互保採取保護外人措施，拒絕出兵參戰或勤王，努力向境外德軍宣傳山東保護外人成果，以避免山東省被捲入戰端。袁世凱並非對外國屈意忍讓，對內仍要求各地方

守令遇事時依公法成約行事，不主動向德人挑釁，同時須拒絕德人逾越公法條約的要求。

　　為促使戰爭盡快結束，袁世凱提出的辦法為下旨剿匪、兩宮回鑾與自行懲凶，認為只有下旨剿匪，才能使外國無法藉口餘匪尚存而不停戰；只有兩宮回鑾，才能促使各國撤兵、從速開議；只有自行懲凶，才能使和局早定，使聯軍失去繼續進兵藉口，三者的目的都在創造有利於中國的議約環境，這些建議雖因現實環境而未完全實現，但可瞭解袁世凱所採行的仍是自求改善策略。至於隨之而來的議約，袁世凱雖未奉旨參與，但由其認為除部分條文應明訂範圍外，其餘不妨待議約時再相機抵制、設法收回，可見其策略亦在於事後補救。

　　俄國侵佔東三省事件中，袁世凱分析俄國將來必不能不還東三省，也預測將來日俄必因東三省問題而決裂，為使中國損失減至最輕，袁世凱提出將約文公布以對俄國造成壓力，透過日本與俄國進行協商，由總署接替楊儒議約，故意提出俄國無法接受條件以延宕議約進度，以及提交各國公斷等建議。乍看之下，袁世凱似乎退守以夷制夷路線，希望利用各國矛盾迫使俄國讓步。然由歷次電報內容可知，袁世凱從不認為各國有可能真心幫助中國，期待各國出面調停並不切實際，之所以建議張之洞等提交公斷，目的在使俄國要求的秘密外交破局，使各國得知中國面對俄國催逼訂時陷入既無法接受、又無力拒絕的進退維谷處境，一方面拖延談判進度，一方面使各國有介入機會，一方面使俄國因各國介入知難而退。此為純粹的談判技巧運用，性質迥異於被動的以夷制夷，目的在於使中國取回外交主動權，不限於俄國設定的框架中而令其予取予求。

　　第四階段為直隸總督前期，時間斷限為 1901 年出任直隸總督後，至 1904 年日俄戰爭爆發為止。袁世凱雖身為彊臣之首、又兼任北洋大臣，理應對全國性外交事務有更多參與，但因百廢待興之故，袁世凱專注於使直隸回復常態，收回因戰爭而損失的利權。

　　與外國交涉時，袁世凱堅持主權與尊嚴，如交收天津一事上，袁世凱瞭解都統衙門相當堅持對天津的主權，以及統治的合法性，因而在接收日之前始終未進入天津，避免直隸總督因服從都統衙門法令而損及國體。面對都統衙門設下之種種接收條件，袁世凱雖不得不接受，仍於事後採取補救措施，如以巡警代替駐軍，既規避交收條款中的駐軍限制，又能彰顯主權所在。

　　事後補救策略在此時又得到進一步發展。此時期的重大交涉爲收回庚子時期失去的利權，對於外國依照正當程序所取得條約權利，袁世凱依舊主張以訂立詳細合同方式限制其權利行使範圍，例如承認天津電車電燈公司向都統衙門取得之天津城區營業權利，但在新訂合同中大幅提高直隸總督對公司經營管理的權責，提高華籍董事的決策權，使公司名義上雖爲外資，實際上只能在直隸總督准許範圍內營業。臨城煤礦草合同內容違反當時礦務章程多項規定，亦未經由直隸總督衙門核准備案，因此袁世凱原本主張應廢止，但在不得不借款興辦礦業情形下，仍與同意訂立新合同，由直隸總督取得節制該礦一切事務權利，華洋總辦、礦務局督辦均需秉承直隸總督之意辦事。

　　另一方面，遵守約章亦進一步發展，對於未按照中國法令規定簽署的合同，袁世凱一概主張廢約。袁世凱一向主張尊重條約，以免因違反條約規定引起招致外國干涉，但在中國並無過失的情形下，袁世凱則不反對以廢約作爲收回利權的方式。如開平礦務局係張翼私賣，張翼無權將屬於國家的口岸、土地、河道讓與外國公司，因此袁世凱堅決主張廢約；井陘煤礦草合同中有多項條款與當時商部頒行之礦務章程不符，因此袁世凱始終拒絕核准；趙文榮私賣東陵附近旗地予俄國主教，因該地段早經戶部確認不得典賣，亦屬接近陵寢之禁地，因此袁世凱堅持廢約。此時袁世凱所要求者，已不僅止於中國需遵守與外國間的條約規定，而更進一步要求外國與中國簽訂契約時亦不得違反中國法令規定，遵守約章至此擴大爲「遵守法律」，包括中國國內法與國際法、約章成案等，不再只是由中國單方面遵守，外國人也有遵守約章與服從中國法令的義務。

　　用新人、行新政的觀念，在此時期得以具體發展，成爲其重要外交策略。袁世凱擔任山東巡撫期間不足兩年，且窮於應付內外衝突，因而缺乏足夠時間培養人才，僅能要求屬下官員進修公法、條約等相關知識。擔任直隸總督後，袁世凱深知庚子以後的中國面臨的是內政與外交更緊密結合的時代，各級官員必須能夠掌握、運用洋務知識，始能在辦理洋務時不致因無知而引發誤解、甚至爭端，因而將用新人、行新政觀念具體落實爲爲建議實施職業外交官制度、建立傳統官員進修洋務知識管道、在各級學校教育中加強洋務知識傳授三項，以求全面培養中國洋務人才。這種中世紀有官僚的進修相關知識的作法，成爲袁世凱與洋務派、維新派人才觀之間最大的不同。

　　在培養人才之外，袁世凱亦重視拔擢、網羅現有洋務人才，對於辦理洋

務有功官員特意保舉，另透過保薦、奏調等方式與洋務人才維持良好關係，或進一步延攬入幕，令其襄助各項對外交涉事宜，如奏調廕昌赴山東與德國議定路礦章程，指派唐紹儀、梁敦彥參與臨城礦務局、津鎮鐵路合同交涉，指派梁敦彥辦理井陘煤礦、遵化賣地交涉，指派唐紹儀參與收回天津、開平礦務局交涉，指派陳昭常、劉燕翼參與日俄戰爭期間局外中立事務等，使洋務人才成為袁世凱辦理交涉時的最大助力。

第五階段為 1904-1909 年，即日俄戰爭爆發後，迄於開缺回籍為止。遵守公法成約在日俄戰爭時期得到最佳的驗證機會，袁世凱由遵守公法成約出發，提出戰時中國守局外中立的作法，並在外務部的支持下將局外中立條規通告沿海沿邊各督撫，並在戰爭期間努力維持。凡日、俄兩國有損及中國中立地位的行為，袁世凱俱建議外務部應依據公法駁斥。袁世凱深知中國國力不足，終將難守中立，日、俄兩國在戰爭後期也確實不顧遼西局外中立地位，但袁世凱則始終堅持應在行事上堅守中立，使中國居於有理的一方，不必擔負破壞中立罪責。

日俄戰爭結束後，袁世凱奉旨擔任東三省善後會議全權大臣，並於會議中肩負中國主要議約代表責任。為達成兩宮交付之「保固利權」任務，袁世凱靈活運用所有曾運用之外交策略，與日本議約大臣周旋。遵守約章此時再獲得進一步發展，袁世凱屢屢以日本要求條款抵觸約章成案為由加以拒絕，迫使日本另提新案、再三讓步，此時遵守約章被賦予更積極的意義，即使外國對於某國已享有之權利要求一體均霑，中國亦可以該項權利有排他條款為由拒絕，而達到損害控管目的，在袁世凱主動運用下，具獨佔性質的排他條款轉化為保護中國的利器。

此時期的袁世凱已真正具有全國性的影響力，在對外交涉上亦佔有舉足輕重的地位。面對舉國因成功收回粵漢鐵路而激起的廢約風潮，袁世凱反而小心翼翼，以韓國因違約而喪失主權為鑑，更加強調遵守約章的重要性，不敢因民氣可用而孟浪行事。在約章必須遵守、民意不可輕忽的兩難情形下，袁世凱藉由新訂合同令外商依約仍舊享有利益，但僅限於借款衍生之利息收入，建造、經營、人事等權則歸鐵路督辦大臣所有。如津鎮鐵路借款合同問題，在舉國一片廢約自辦聲浪中，袁世凱在英、德兩國並無過失的前提下，始終反對張之洞提出之以廢止草合同牽制兩國建議，擔心廢約引來兩國藉口干預。最後在袁世凱主導下，確定師法處理開平煤礦問題故智，採借款自辦

模式，不以鐵路抵押借款，使鐵路經營權、所有權均歸中國，外商所獲僅有借款利息。

　　轉任外務部尚書後，隨著管理範圍與交涉對象的擴大，袁世凱也體認到過去所堅持的自求改善畢竟有其先天上的不足，即便中國有心，但國勢之弱使中國無法杜列強窺伺之心。此時袁世凱的外交策略以獲取實際利益爲重，雖仍堅持遵守約章、自求改善等核心策略，但作法上則略有不同。對內，袁世凱修訂法規、整飭部務，一方面改善中國外務部人員素質，一方面藉由法規修訂限制外人權利；對外，袁世凱維繫邦誼、結納與國，一方面推廣駐使，一方面試圖與外國締結同盟，面對可能損及邦交的重大交涉時，寧可以不損及中國顏面的形式上道歉換取實質利益；在滬杭甬鐵路問題上，依然採取讓利爭權模式，以保全民心、同時顧及英國顏面。這些措施雖成敗互見，但在在顯示袁世凱主動爭取外交利益的決心。

二、袁世凱與李鴻章、張之洞外交策略之比較

　　自鴉片戰爭以來，中國傳統華夷觀念遭遇列強挑戰，國際地位也因列強的不斷挑戰而江河日下，迫使中國不得不調整外交策略。鴉片戰爭時期，由「天子守在四夷」轉化而來的「以夷制夷」思想開始傳布，成爲當時外交策略的主流，1880 年代前後，「以夷制夷」進一步發展成爲「均勢」與「結盟」，〔註3〕由兩次英法聯軍前的以通商爲誘餌，演進至甲午戰爭前的以犧牲部分主權爲條件、再進至甲午以後以犧牲國家利益勉強維持以夷制夷。〔註4〕均勢爲以夷制夷的體現，結盟則漸形成聯英、聯日、聯俄等主張，但目的都爲在列強壓力下求生存。〔註5〕

　　列強帶給中國的，不只是外交策略的被迫調整，也包含了對於國際往來根本原則的重新適應。丁韙良於 1864 年將國際法引進中國後，知識份子長期受「國際公法是否可以依靠」問題困擾，一方面對各國不以公法待中國表示不滿、一方面對中國自外於公法提出批評，不管整體或是個人，對國際法都

〔註3〕劉增合，〈1840-1884 年晚清外交觀念的演進〉，《社會科學戰線》1998 年第 1 期，頁 189-190。
〔註4〕董浩軍，〈論晚清的"以夷制夷"〉，《延安大學學報（社會科學版）》，1994 年第 3 期，第 16 卷，總 60 期，頁 42-47。
〔註5〕王存奎，〈略論中國近代外交思想中的均勢觀〉，《安徽史學》，2003 年第 4 期，頁 34-38。

呈現出既接受、又排斥的心態，但不管對公法的效力是否存疑，當時知識份子因國際公法的引進，而對於國家主權觀念有初步的認識，且形成「自強方能得公法之益」觀念，而自強首須變法，因此只有變法方能得享萬國公法之益。〔註6〕此外，對公法的接受與瞭解，使知識份子漸漸發展出「以修約談判挽回利權」、「進行自身改革，以符公法而挽利權」、「自入公法」等利用萬國公法保護國家利益的觀念。〔註7〕

李鴻章於 1863 年由署理江蘇巡撫、兼辦理通商事務欽差大臣起，開始涉足洋務，1870 年調任直督兼北洋大臣後，成為洋務派領導人之一，也是中國外交主要領導者。〔註8〕李鴻章的外交策略為以夷制夷，目的在維持和局，在方法論上可分為三種。其一為令各國均霑利益、避免一國獨佔局面，如希望促成朝鮮與各國簽約通商以抵制日本，希望說服英德與越南簽約以抵制法國。其二為聯俄制日，希望藉由 1885 年、1886 年分別與日、俄訂約，建立中、日、俄三方相互牽制，以維持朝鮮現狀，但因俄國國勢強於日本，聯俄之利遠大於聯日，日本對俄國必有所忌憚，因而在朝鮮問題上選擇聯俄制日。其三為依靠外國調停，如中法戰爭前夕希望英、美、德出面調停，甲午戰爭爆發前希望美、俄出面干預。

除以夷制夷外，李鴻章也強調遵守約章的重要性，認為條約為國際交往基礎，締結後自然必須嚴格遵守；而信守約章可令列強無隙可乘。

此外，李鴻章亦強調和戎的重要性，認為外交必須以軍力為後盾，外交必須與軍事協調配合，在中國國力遜於列強的情形下，與外國妥協成為無可避免的外交方針，只要遵循中國傳統道德規範、對列強推誠相待，就能感化論勢不論理的西方列強，使其與中國和睦相處。〔註9〕

除李鴻章之外，晚清地方督撫中，擔任封疆大吏垂 25 年之久的張之洞於外交事務方面亦甚為活躍。張之洞的外交政策以瓜分風潮為界，前期主張為以夷制夷，如 1880 年中俄伊犁事交涉時，張之洞曾建請明降諭旨，將俄國種

〔註 6〕 田濤，〈19 世紀下半期中國知識界的國際法觀念〉，《近代史研究》2000 年第 2 期，頁 102-135。

〔註 7〕 劉保剛，〈論晚清士大夫公法觀念的演變〉《浙江學刊》，1999 年第 3 期，頁 155-156。

〔註 8〕 王承仁、劉鐵君著，《李鴻章思想體系研究》，頁 141。

〔註 9〕 李鴻章的主要外交思想與策略，參閱王承仁、劉鐵君著，《李鴻章思想體系研究》，頁 154-177。

種不公不義通報各國，交由各國公評，同時請李鴻章暗示英使威妥瑪（Sir Thomas F. Wade）介入，亦認為如能令日本守中立，以及挑起土耳其仇俄情節，則俄勢必將受阻；甲午戰爭期間，張之洞建議請英、俄介入調停，採取「結強援以制夷」的態度。〔註 10〕後期外交策略的轉變主要在庚子拳亂時期，此時主張利用列強間的均勢，使中國能苟延殘喘，與美國的門戶開放政策暗合，均勢成功與否關鍵在於有無可著力處，東南互保即是利用均勢成功的例子，而東三省開門通商即是失敗的例子。〔註 11〕

　　張之洞的外交策略性質上為借力使力，以分化敵人、利用敵人的矛盾作為保護自己的方式。然敵人陣營之間不一定存在矛盾，如此則分化策略將難以操作，為求順利達到目標，張之洞主張以重利為餌。伊犁交涉時，一旦與俄國開戰不勝，提出可將新疆北部賜給英國、割台灣後山予日本、重金收買德國使其與俄斷交等誘使他國介入主張；甲午戰爭時，先請駐俄、德、法公使探詢駐在國政府所欲何事，如尚可接受則請旨辦理，以用三國之力抵制日本；戰爭末期主張以台灣做抵向英國借款，並開放英國開礦、建鐵路，以便借用英國力量保護台灣；馬關條約簽訂後，建議以割讓新疆部分土地予俄國，或割西藏部分土地予英國，另許以通商之利等方式，促英、俄相助中國；〔註 12〕庚子期間俄國佔領東三省時，張之洞又提出以東三省開門通商引進各國力量以抗俄。

　　不論聯英日制俄、聯英俄制日，張之洞的著眼點均在於中國當時的戰略需求，連結大國以對抗當時的主要敵人，其最終目的均在於撤廢原約，希望藉此廢除《交收伊犁條約》以及《馬關條約》。這種以廢約保疆土的觀念在與袁世凱共同主持津鎮路交涉時再度提出，希望藉魯、蘇、浙三省官紳壓力促成津鎮路收回自辦。

　　洋務運動時代，中國的基礎外交策略是以夷制夷，以及以此為基礎而衍生的均勢與結盟，變法方能享公法之益以積極態度運用公法等，而在以夷制夷之外也強調應富國強兵。作為洋務派領袖人物，李鴻章、張之洞的外交策略大致採取以夷制夷、結納強鄰路線，雖一者主張謹守約章、一者希望撤廢原約，然目的均在為中國保利權。這種外交策略之成敗完全係於列強是否有利可圖，因而本質上仍是被動的外交政策，為達到以夷制夷目的，操作者終

〔註 10〕劉悅斌，〈張之洞外交思想論〉，《中共中央黨校學報》1997 年第 2 期，頁 117-118。
〔註 11〕李國祁，《張之洞的外交政策》，頁 344-349。
〔註 12〕同註 10，頁 119。

不免須以其他利益換取列強介入，造成前門拒虎，後門進狼之局，於國家並無助益。

袁世凱認爲富強可爲外交後盾，這種觀念雖是鑑於甲午戰敗而來，但仍與李鴻章外交觀念極爲類似，基本上可視爲受李鴻章影響。所不同的是，李鴻章的富國強兵著重於器物層面，希望能追上西方工業水準，袁世凱強調的富國強兵則著重於制度層面，立論基礎接近以敵爲師，認爲講求公法、講求約章、強鄰奧援等外交手法均不適用於戰敗後的中國，只有如同日本般眞心追求西法，從制度與心態的改革著手，不再自尊自大、蹈常習故，變法才有可能成功。

膠澳事件發生後，袁世凱反對當時知識份子所主張的陰嗾他國興師助我（以夷制夷）、以及商準各國開口通商（均勢）方法，態度漸轉向務實的遵守條約公法，不再強調以武力爲外交後盾，與李鴻章的謹守約章觀念又趨於一致，所不同者在於李鴻章的謹守約章偏向消極性，強調自我約束，避免承擔違約、毀約之名，目的在於消極的避免中國犯錯，因而引發列強藉口干涉，損失更多利益；袁世凱則將遵守公法條約逐步擴大爲遵守法律，再進一步利用約章保護中國。中國應遵守公法條約，但公法、條約爲法律體系的一部份，中國必須守法、外國人在中國亦須守法，應守的法包含公法、條約、律例，守法爲解決中外紛爭的不二門，他國欲藉新訂條約分享已許與他國利益時，亦不能強迫中國違反條約中之排他條款。至此，公法、條約由束縛轉化成助力，即使中國兵未富、國未強，自我改善仍可使列強無介入理由，中國可以藉積極的遵守約章、運用約章規定保護自己的利益，外交自此由被動轉爲部分主動。

至於張之洞以廢約爲目的的外交，袁世凱則自始反對，從未將中國單方面非法廢約視爲交涉目標或手段，即使面對粵漢鐵路廢約成功後高漲的民族主義情緒，依然堅持中外交涉必須遵守法律。揆諸所以，張之洞從未親臨前線督戰，也從未有領兵出戰經驗，其督領省分雖有租界、但列強未大量駐軍，因而未親眼目睹列強兵威，不瞭解片面廢約之後可能引發的嚴重後果，且過於相信列強可以重利相結、聯此制彼；袁世凱則因曾親歷戰爭，明瞭中國武力不足以自保，且深知列強有聯合圖謀中國之心，片面廢約徒予列強可藉之口，非但權不能保、利亦不能爭，故而始終堅持應遵守法律，在合法的前提下挽救利權。

與李鴻章、張之洞相較，袁世凱洞悉講求武力不足以保國，也瞭解以夷制夷及均勢等被動外交策略先天上的不足，因而強調自求改善、事後補救等

主動策略。袁世凱也強調應遵守約章，但並非消極的「謹守約章」，而是積極的要求中外人士一體遵守國內、國際法，約章成案也由對中國的束縛轉化爲阻止他國欺凌的利器；也講求培養人才，但並不如李鴻章一般只重視培養新式人才，反而對舊官僚體系的進修獨具關懷，強調應令其熟悉公法約章，以消除辦理涉外事件時的恐懼，減少與外人間的摩擦。

三、袁世凱外交策略的目標與成敗

　　總結袁世凱在晚清時所發展出的外交策略，大略有「用新人、行新政」、「富國強兵」、「遵守法律」、「自求改善」、「事後補救」等五項，由發展脈絡來看，其核心策略爲用新人行新政、以及遵守約章兩項。富國強兵的基礎爲新人新政；遵守約章發展出自求改善、守法、以及事後補救，事後補救又衍生出以合同限制權利、以廢約收回權利等方法。除富國強兵一項在小站練兵時期因國際情勢變遷而不再強調之外，其餘四項均成爲袁世凱終晚清之世始終採行的外交策略，而四者又息息相關、缺一不可。唯有運用熟習洋務運作的官員經辦外交，才能使中國不至於因違反條約、公法而招致外國干涉；唯有自求改善，方能在遇事時開創有利於中國的外在條件，使外國的干涉降至最低；唯有中外盡皆遵守法律，才能以法律保護中國利益，更進一步藉法律爭回中國可爭、或應爭的權利，限制外國應享有的條約利益，爲失去的權益進行事後補救。〔註13〕

　　策略、或政策的制訂與執行，必然有其欲達成的終極目標。袁世凱的外交策略終極目標可以歸納爲「權自我操、利不外溢」兩項，重視主動權與控制權的觀念構成袁世凱所有外交策略的共同核心，不論在山東、在直隸、在外務部，袁世凱參與、或主導的對外交涉均極爲重視「權」的歸屬問題。

　　與外商談判時，袁世凱對於經營、管理、人事、盈餘分配等攸關中國官方控制權問題錙銖必較。山東巡撫時期，面對已經難以挽回的山東路礦權利，袁世凱只能藉由訂立合同使中國取得參與權，以及部分司法管轄權。直隸總

〔註13〕值得注意的事，袁世凱雖強調中國應先改善自身條件，以爲中國爭取交涉時的有利地位，但並不因此而排斥外援，1908 年 6 月 14 日接受紐約時報記者米拉德專訪時，袁世凱即表示對於美國、及其他所有友好的列強國家同抱希望，期待並信賴列強能在保護中國主權領土完整上善施影響力。參見湯瑪斯・F・米拉德，〈清國鐵腕袁世凱採訪錄〉，1908 年 6 月 14 日，收入鄭曦元編，李方惠、胡書源、鄭曦元譯，《帝國的回憶》，（上），頁 216。

督時期，面對都統衙門已經准許設立的電車電燈公司，袁世凱雖不能不同意設立，但藉由章程使控制權歸於直隸總督；面對有心經營、但力有未逮的臨城煤礦，袁世凱選擇以煤礦硬體設備抵押借款，採取中外合辦方式，但一切事宜歸北洋大臣節制；面對資金來源不清的井陘煤礦問題，袁世凱則始終不允開辦，要求釐清股權結構，改善違反現行礦章事項；處理開平礦權時，心知廢約機會渺茫，乃要求公司方面同意直隸總督派代表加入經營團隊，取得公司實質管理權。

外務部尚書時期，面對日本執條約為據，要求合作開發鴨綠江右岸木材，袁世凱決定中日出資各半，中國不提供抵押品或擔保品，且有權決定公司是否能延長營運期限；議定津鎮路合同時，雖以途經各省款項擔保，但採取款路兩分模式，中國控制由興建到營運一切事權，外商所得僅借款利息；簽署滬杭甬合同時，中國依然控制一切事權，但不再以途經各省款項做抵，而由關外鐵路盈餘擔保、以債票形式籌款資金。

由只能取得參與權到掌握全權，由不得不以硬體設施抵押到以其他鐵路營收充作擔保，可知袁世凱於訂定商業合同時，著重在逐步增加中國對於權的控制、同時減少利的損失。即使礙於條約規定而無法完全收回自辦，然透過新合同、或細目的簽訂，只要最重要的「權」能掌握在中國官員手中，中國官員可左右公司決策，自可使公司損害華民、華商權益疑慮降至最低，加上外商公司需提撥固定比例盈餘以報效官家，則公司實際上與中國自辦並無太大差異。

至於一般性交涉，袁世凱則極為重視取得主動權。擔任山東巡撫時要求所屬官員一律持平辦案，以免外人藉口生事；拳亂期間，為避免列強軍事行動波及山東，以及促使和局早定，袁世凱對內嚴禁拳匪、對外安撫德國，更建議以自行剿匪、兩宮回鑾、自行懲凶等方式創造日後有利於中國的外交環境；面對俄國催逼訂約，以移京、公斷、拖延等談判技巧積極抵制，使中國得以化被動為主動，以免深陷俄國圈套而無法自拔。為求掌握主動，甚至一反遵守約章原則，提出「罪使、毀約」之計，欲藉此表明中國絕不接受俄國控制東三省，以此為保全東三省利權的最後手段；日俄戰爭前後，即使明知中立難以長久，袁世凱仍苦心孤詣、勉力維持；東三省善後會議期間，袁世凱刻意提出對中國有利的對案或新條文，並於席間屢屢引用約章成案駁斥日本要求；面對確實理虧的二辰丸事件，袁世凱選擇以形式上的道歉換取實質上的領海範圍確認，以及

中日合作取締走私軍火；面對中國國際地位低落，袁世凱以推廣駐使、強化法令、修訂約章、結納與國等方式強化中國國際地位。

　　凡此種種，在在顯示袁世凱與交涉時對於掌握主動權與控制權的堅持，其四項核心策略的目的均在於爭取主動，不使中國因陷於被動而蒙受損失。蓋權自我操，則中國可以採取主動；利不外溢，則外商不致侵蝕國本。權利不能漫無限制，亦無模糊解釋的空間，因此，不論何項權利，都必須於行使之前以詳細條文加以規範。然一旦權與利不能兩全時，無權有利，則權歸外人、獲利不能長久；無利有權，則權自我操，終有獲利之日，袁世凱寧可「讓利爭權」，捨棄利益，以保權為重。換言之，袁世凱對於「權」與「利」的堅持與追求，在在影響其外交策略選擇與執行結果。

　　做為可獨立行使外事職權的山東巡撫，做為疆臣之首的直隸總督兼北洋大臣，做為實際主導中國外交路線的外務部尚書，袁世凱的外交策略選擇與執行結果無不影響深遠，小則關乎一省、大則關乎全國安危，雖然大致上能達成權的爭取與利的追求，但在某些攸關國家存亡的重要決策上則始終難脫為個人牟私利、置國家榮辱於不顧的批評。這類批評大致上以庚子期間不願奉詔北上參戰、日俄戰爭期間面對兩國犯境仍堅持守中立、二辰丸事件交涉中明知日本理虧仍妥協退讓等三事為中心。

　　庚子期間，袁世凱掌握連德皇都不得不忌憚三分的武衛右軍，卻勒兵不前，以致上不能救國家社稷、下不能保黎民百姓，不論在當時、在後世，確實均遭致批評，認為其刻意保留實力、擁兵自重。

　　筆者認為，以當時內外環境，袁世凱只能在參戰與避戰兩者擇一。袁世凱深刻瞭解「甲午之役，各省不足抵一國，況乎各國」，〔註14〕參戰後勝負雖難以逆料，但再無任何立場鎮壓山東境內拳匪則為必然之事，拳勢必藉此復燃，因山東有威海衛、膠澳租借地，聯軍入境也在預料之中，外人對互保恐亦產生疑懼，屆時局勢將更難收拾，孰若維持中立、再徐圖恢復；再者，袁世凱雖努力避免戰爭，但面對聯軍即將入境傳聞時，也已經有必不得以時將出兵保疆土決心；三者，武衛右軍在戰後成為北洋碩果僅存的精銳部隊，袁世凱也繼榮祿之後成為北洋軍真正領袖，也成為中外政壇人士眼中李鴻章直隸總督地位的最佳繼任者，但這是袁世凱選擇避免參戰的結果、並非目的，

〔註14〕〈袁慰帥來電〉，光緒二十六年十二月初四日，收入盛宣懷，《愚齋存稿》上册，頁 1129 下。

以此非難並不公平。

　　袁世凱於日俄戰爭期間苦心維持中立，即使明知中立不能長久，亦未嘗稍有鬆懈。論者對此評價亦褒貶互見，或謂一國如無法抵擋侵略，無法有效保衛疆土，也終將難以維持中立，局外中立不會帶來任何好處，徒然成爲強國的犧牲品；〔註15〕或謂袁世凱不圖積極阻止，反宣告局外中立，置國家主權與東三省人民生死存亡於不顧；〔註16〕或謂中國片面注重維護自己的中立地位，無形中主動放棄作爲受害國所應擁有的正當權利，成爲日俄戰爭最大受害國；〔註17〕或謂中國實施中立，內可防庚子變亂再度發生，外可牽制日俄不致恣意妄爲，並爲將來各國介入預留空間，得以保證中外各界利益同獲滿足。〔註18〕筆者以爲，當日俄兩國各自動員、將戰未戰之際，袁世凱即判斷「日巧俄拙，不待戰而勝負可決」，〔註19〕預測俄國必將戰敗，因此不可能與俄聯軍。然袁世凱若眞出兵助日，一來俄軍恐將以嚓敵爲名，再度出兵佔領東三省；二來軍隊在東三省各地任意作戰，反導致民眾生命財產更大損失；三者日軍若順利擊敗俄軍，則必然順勢佔領東三省，如此反成前門拒虎、後門進狼之局，造成的損害必然大於遵守局外中立。雖然明知中立不可能面面俱到，也不可能維持長久，但與其將未來寄託在日本或俄國的善意，不如以主動維持中立爲將來預留地步，也能避免因中國參戰而使東三省全境、甚至其他地區被日俄兩國視爲當然戰區，中國反較易於主動進行損害控管，符合袁世凱一貫的爭取主動外交策略。

　　至於二辰丸事件交涉，論者或謂，由二辰丸事件交涉過程，可知清季主要對外動力爲各省官紳所領導，清政府因身爲異族王朝，爲維持政權起見，無法利用高昂的民氣作爲外交助力，因而對外不敢過份強硬，往往只能被動妥協，加上日本與英、法、俄之間有協商關係，中國無法藉助外力，因此交涉終歸失敗。〔註20〕然主導本案談判者，地方爲張人駿、朝廷爲袁世凱，兩

〔註15〕廖一中，《一代梟雄袁世凱》，頁236。

〔註16〕侯宜杰，《袁世凱全傳》，頁137。

〔註17〕孫昉，〈試論日俄戰爭時期清政府的外交政策〉，《煙台大學學報（哲學社會科學版）》，第20卷第2期，2007年4月，頁93。

〔註18〕楊國棟，〈日俄戰爭期間清政府中立政策研究〉，頁28。

〔註19〕〈袁世凱爲日俄戰爭事致徐世昌函〉，1904年3月22日，《北洋軍閥史料・袁世凱卷》，第一冊，頁376。

〔註20〕參見楊麗祝，〈二辰丸事件之交涉與抵制日貨運動〉，《嘉義農專學報》第九期，頁20。

人均爲漢人，並不存在異族王朝無法利用民氣問題。

　　再者，就實質層面而言，二辰丸在中國領海違禁載運軍火，中國官員自然有權進行拘捕，要求採取會審方式解決爭端亦無不合理之處，但二辰丸爲日本籍船隻，應視爲日本領土、不可任意侵犯，即使確實在中國領海內違反中國法令，廣州水師依然無權降下船上日本國旗；而日本政府則視降旗爲恥，對於領海問題反較不重視。1856 年的亞羅號事件，廣州水師逮捕船上水手，並降下英國國旗，即使香港政府有無資格允許中國及船隻註冊仍有爭議，即使該船註冊有效期限已過，英國政府仍認爲這些都是英國國內規章的問題，應交由英國當局處理，在船上逮捕任何人犯都必須依照條約規定辦理，兩廣總督葉名琛對於英國提出的書面道歉、歸還人犯要求置之不理，英國海軍即採取軍事行動。〔註 21〕在亞羅號是否歸於英國保護仍有爭議下，英國政府仍不惜以武力報復中國，何況歸屬問題毫無爭議的第二辰丸？中國若堅持要求會審與查扣軍火，於法理上雖無不當，但必損及中日邦交，更可能迫使日本採取強硬手段以維護國家尊嚴，屆時中國恐將反受其害。

　　筆者以爲，二辰丸案處理結果，中日雙方各取所需，日本政府得到中國政府對降下日本國旗做出正式道歉，並賠償二辰丸損失；中國雖接受日本所提五項要求，但以此換取確認中澳領海範圍、澳門不得再對私運軍火濫發許可、以及日本協助中國取締私運軍火，以眼前較小之賠償換取將來較大之利益，禁止私運軍火部分雖均因其他原因而未能達成，但就二辰丸事件事件本身而言，仍爲成功的對外交涉。

　　袁世凱於朝鮮返國後先於小站編練新軍，後在極端排外的山東省擔任巡撫，直接面對全中國最激烈的民教衝突，在德國、拳民、教民、平民、朝廷等多重壓力中尋求平衡之道；出任彊臣之首、交涉要衝的直隸總督兼北洋大臣時代，中國國際地位跌落谷底，外則列強虎視眈眈、內則利權侵蝕將盡，必須救亡圖存、又不能因開罪列強而致兵燹再起，外交環境之險惡、事務之繁重，均堪稱罕有其匹。以國家主權、民族主義的角度觀之，袁世凱的選擇無不損及國家顏面，以「喪權辱國」名之並不爲過，被視爲失敗則更屬自然。但就現實環境而言，避免事態擴大爲當時最佳、也是唯一的選擇，其策略已達到「救亡圖存」的目的，既成功避免衝突的發生或進一步擴大，也能在合於法理的範圍內盡量保全利益。

───────────

〔註21〕參見馬士，《中華帝國對外關係史》，第一卷，頁 474-482。

四、承先啓後——袁世凱與清末民初外交

晚清與袁世凱地位相仿的李鴻章、張之洞，其策略核心大抵不脫以夷制夷，以及由此衍生而來的各種策略。袁世凱的外交策略在發展初期並未逸出時代太多，富國強兵、遵守約章、用新人行新政均與洋務運動時代知識份子間流行的強調遵守公法、將遵守公法作爲挽回利權的武器、強調中國須以自身的強大作爲外交後盾、應培養人才以應世變等頗爲類似。可以論定，袁世凱的外交策略有很大一部份係繼承自洋務運動、乃至戊戌變法時期朝野各界對於解決中國困境的看法，故論者於研究袁世凱外交策略或思想時，總能輕易歸納出諸如「聯、英、美、日制俄」，〔註22〕或「聯美、德制日」，〔註23〕，或「聯英、美制日、俄」等結果，〔註24〕卻落入以夷制夷窠臼而不自知。

以夷制夷本質上爲被動的守勢外交，成功與否端看各國有無利益可言，一旦中國提出的誘因無法打動各國，或與各國本身利益相衝突時，以夷制夷即難以收效，即便最後達到目的，以可能因必須誘之以利而失去其他、或更多利權。處在相同的時代之中，袁世凱最後選擇不拘守於當時流行的以夷制夷，另行發展出遵守法律、自求改善、事後補救等策略，並積極加以運用，將這些策略發展成更主動、積極的方式，以「權自我操、利不外溢」爲終極目標，與講求守而勿失的時代趨勢有極大不同。

中國的外交處境可以 1898 年租借港灣風潮爲一分界線。此前中國地位逐漸下降，逐步被納入條約體系，利權亦逐漸失去，但各國聯合圖謀中國之心尚不明確，此時期外交政策的重心在強調如何遏止權利的流失，不論是遵守公法、以夷制夷、結盟、均勢等，性質均屬於被動防禦，希望藉此阻止列強取得某種利益、或保住中國某種權益，袁世凱駐朝期間正屬於這個時代。袁世凱的施政重心爲加強中國宗主權，表面上是中國力圖在朝鮮維持天朝上國的尊嚴，而袁世凱也極端重視自己身爲天朝代理人的身份，但實際上仍屬於被動防禦式外交。身爲李鴻章外交政策的執行者，袁世凱親眼見證以夷制夷策略的失敗；做爲一個軍人，甲午戰爭的失敗證明中國軍力仍舊不足，袁世凱深刻體認均勢、約章、結盟之不足恃，富國強兵始能爲外交依靠，因此袁世凱的外交思想比起同時代的人更傾向於務實層面，更強調能操之在我的部

〔註22〕吳昆財，〈清季袁世凱的外交表現（1899-1908）〉，頁 172。
〔註23〕熊劍峰，〈試論清末袁世凱的外交思想與實踐〉，頁 15。
〔註24〕管書合，〈袁世凱對日外交述論〉，頁 32。

分。用新人行新政、富國強兵等關鍵在於制度與心態的改變，成功與否均操之於中國。

　　租借港灣風潮之以後，中國國際地位加速下降，至庚子期間達到最低，各國聯合圖謀中國的態勢明朗化，列強此時能取之於中國者以路礦、實業等經濟利益為主。袁世凱在小站練兵時並無外交權力，由於置身事外，正可以局外人眼光看清局勢發展，隨著國勢的日益削弱，袁世凱亦隨之調整其因應之道。袁世凱認清中國國力短期間難以與列強並駕齊驅的事實，為避免列強藉故生事，仍然強調從自身的改良做起，但具體內容已非富國強兵，而擴大為「自求改善」，只有中國先改善本身條件、化被動為主動，方能創造有利於中國的環境。此外袁世凱重新體認遵守約章的重要性，但強調應積極運用約章、法律以保護權益，而非如同洋務運動時期般的，以遵守公法作為不犯錯的消極手段。

　　出任督撫、迄於開缺回籍為止，袁世凱面對的是利權幾已喪失殆盡的中國。面對外國執合法簽訂之約章以向我，要求享有約章所賦予的權利時，袁世凱既無法拒絕、復不能坐視，乃在遵守約章的前提下發展出「事後補救」的策略，配合自求改善、遵守約章、用新人行新政等策略，在合法的範圍內爭取中國應享的權利、或爭回失去的權利。不論要求外人遵守中國法度，訂立合同限制外國條約權利，力促兩宮下旨剿匪、回鑾、懲凶，提出洩密、拖延等方式迫使俄國在東三省問題上讓步，日俄戰爭期間嚴守中立，尋求與美、德結盟等，目的均在於為中國爭取外交主動權。

　　1909 年 1 月 2 日於外務部尚書任內奉旨開缺回籍後，迄於 1916 年 6 月 6 日身故為止，袁世凱退居幕後，不再於第一線主持對外交涉，但身為北洋派鼻祖，其外交策略並未因此消逝，或透過幕後指導、或透過其保舉引用的人才，仍繼續影響清末民初北洋外交。

　　就目前可以查考的資料，其保舉、或結納之外交人才中，於清末袁世凱去職後，曾經、或長期活躍於外交界的有胡惟德、陸徵祥、伍廷芳、張蔭棠、李經方等人。胡惟德歷任外務部右侍郎、外務部左侍郎、署外務部大臣、外務部副大臣、外交總長、駐法公使、駐西班牙公使、駐葡萄牙公使、駐日本公使，陸徵祥歷任駐俄公使、外交總長、駐瑞士公使，伍廷芳歷任外交總長、廣州護法軍政府外交部長，張蔭棠曾任駐美公使，李經方曾任駐英公使。至於其外交幕僚方面，梁敦彥先任外務部右侍郎，後繼袁世凱出任外務部尚書，

奕劻、袁世凱內閣時均擔任外務部大臣，曹汝霖歷任外務部右侍郎、署外務
部副大臣、代理外交總長、外交次長，孫寶琦曾任外交總長，梁如浩曾任外
交總長、華盛頓會議中國代表團高等顧問，廕昌曾任總統府高等外交顧問，
富士英歷任外交部交際司司長、駐朝鮮領事、後奉調回外務部辦事，顏世清
於民國初年曾任直隸都督府外交廳長。〔註25〕以外務部尚書、外務部大臣、
或外交總長一職而言，1920 年以前基本上均由曾任其幕僚、或曾受其保舉者
出任，在袁世凱生前身後繼續領導中國外交，袁世凱的外交策略與經驗也因
此而傳承至民初。

　　外交經驗的傳承以中日二十一條交涉最為明顯。清季東三省善後會議與
民國二十一條交涉背景相仿，均為日本在中國境內與他國作戰獲勝後，要求
中國承認其繼承戰敗國應享條約權利。日俄戰爭後召開東三省善後會議時，
袁世凱為中國主要談判代表，當時與會的商部主事曹汝霖僅擔任書記官；中
日二十一條交涉時袁世凱於幕後指導談判，曹汝霖則以外交次長身份輔佐總
長陸徵祥，在第一線與日置益等周旋。袁世凱對二十一條的逐款批註，如某
款侵犯主權、某款侵犯利權、某款侵犯他國已享權利、某款與現存條約內容
相悖，因而無法接受等意見，成為陸徵祥等人議約時的主要立場。而袁世凱
在東三省會議時採取的談判策略，雖因時空環境不同，而僅有以既有法律保
護利益一項得以發揮，但就整體內容而言，袁世凱將其外交經驗透過二十一
條交涉傳承給後輩則至為明顯。

　　遵守法律的精義之一在於以法律、或條約施行細則防止利權流失，袁世
凱採取此種作法推始於 1900 年與德國簽訂中德往來三項章程，在民初中日二
十一條交涉當時及以後亦處處可見。交涉期間，袁世凱曾表示可藉行政手段
破壞日本所爭得的權利；民四條約簽署後，為抵制日本國民可在南滿任便居
住往來，在東蒙與中國人合辦農工業，以及在南滿、東蒙租用地畝等條款，
先授意參政院通過〈懲辦國賊條例〉，以阻止日人向中國百姓租用土地，復令
各相關部會召開中日滿蒙條約善後會議，對租地、核發護照、司法訴訟、合
辦事業等條約權利做出規範，另公布違警罰法、擴大警察外事職權，以使民

〔註25〕 以上所列人物官資，係由北京敷文社編，《最近官紳履歷彙錄》；張齊顯，〈北
　　　　京政府外交部組織與人事之研究（1912~1928）〉（台中：國立中興大學歷史研
　　　　究所碩士論文，1999 年 7 月）；劉壽林、萬仁元、王玉文、孔慶泰編，《民國
　　　　職官年表》（北京：中華書局，1995 年 8 月北京第 1 版第 1 次印刷）等整理而
　　　　來。

四條約的傷害降至最低。影響所及,東北地方官本此精神,在九一八事變前共頒發 83 項地方法令,卒使日本移民大多仍居於旅大租借地及鐵路沿線,未能享受條約利益。﹝註 26﹞這些排日法令雖在袁世凱身故後始頒行,但受袁世凱以法律限制條約作法之影響則顯而易見。

　　以修約收回權益的意識,在 1898 年中國主動向英國、西班牙提出修約要求時即已萌芽,庚子後修改商約時則進一步發展至主動提出有利於中國的條款,﹝註 27﹞此袁世凱雖均未直接參與,但與其事後補救策略在精神上一致。直隸總督任內主導修訂天津電車電燈公司合同、要求另訂臨城煤礦、井陘煤礦合同、津鎮鐵路借款合同等,雖非以國家名義訂定之正式條約,但依然謹守事後補救;外務部尚書任期內,新獨立的瑞典國要求重訂商約,袁世凱確立修約宗旨爲「不使各項利益偏歸一面」,除使瑞典與各國權利義務趨於一致之外,也儘量納入各國商約中有利於中國之部分條文,甚至要求瑞典承諾將來與各國共同放棄治外法權,結果雖未能訂定平等新約,然已確立修約方向爲平等互惠。

　　外務部尚書任內,袁世凱亦曾接續前任努力,就修改陸路通商規則事宜與俄國磋商,但迄於開缺回籍爲止並無所成,其繼任者與俄國談判修約,延至民國成立初期仍無結果。﹝註 28﹞民初北京政府依然持續進行修約努力,若謂民初北京政府修約努力可視爲修約外交萌芽期,或新舊交替之過渡期,則此時期所形成之新修約方向,包含平等互惠訂約觀念,以及要求新訂約國須承諾與其他訂約國將來共同放棄領事裁判權等,﹝註 29﹞均可追溯至中瑞修改商約精神,又與袁世凱之事後補救策略具有一脈相承的關係。至於民初新修商約中對於中國將來司法制度改良後,即廢除領事裁判權等條文的堅持,﹝註 30﹞甚至法權會議召開期間,司法部爲向列強證明中國確實積極改善司法制度,對於某些法令的廢除、修訂、或新增等,﹝註 31﹞亦可見袁世凱「自求改

﹝註 26﹞ 參閱呂愼華,〈「中日滿蒙條約善後會議」研究〉,收入胡春惠、周惠民主編,《兩岸三地歷史學研究生論文發表會論文集》,頁 340-360。

﹝註 27﹞ 唐啓華,〈清季官方修約觀念與實踐之研究〉,《國立政治大學歷史學報》第 26 期,2006 年 11 月,頁 142、164。

﹝註 28﹞ 中俄修約過程,參見唐啓華,〈清季官方修約觀念與實踐之研究〉,頁 145-163。

﹝註 29﹞ 唐啓華,〈民國初年北京政府「修約外交」之萌芽,1912-1918〉,《國立中興大學文史學報》第 28 期,民國 87 年 6 月,頁 134。

﹝註 30﹞ 同上註。

﹝註 31﹞ 楊天宏,〈北洋外交與治外法權的撤廢——基於法權會議所做的歷史考察〉,

善」策略的痕跡。

　　研究清末民初中國外交時，李鴻章時代的以夷制夷外交與民初的修約外交為兩大主軸，而袁世凱實居於承先啓後的地位。身為李鴻章的下屬官員，袁世凱曾親身執行以夷制夷策略，也親眼見證以夷制夷的失敗。做為李鴻章的繼任者，袁世凱採取「權自我操、利不外溢」的方式處理對外交涉，在時勢遷移中發展出與以夷制夷迥然不同的積極務實外交策略，在中國國勢極度衰弱的時代，放棄以結盟、均勢等方式自保的守勢外交，以取得主動權與控制權為主軸，但同時又能尊重、甚至運用約章成案以保護中國利益。做為北洋派的鼻組，袁世凱主動積極的外交策略透過其保舉、羅致之洋務人才，於民國肇造後仍繼續傳承，對民初北京政府修約外交造成深遠的影響。

《近代史研究》2005 年第 3 期，頁 101-103。

附　錄

一、紐約時報記者專訪袁世凱報導原件縮印

資料來源：《The New York Times》

二、山東省全圖

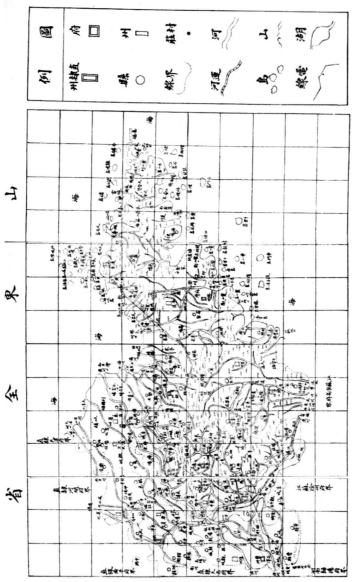

資料來源：孫葆田等撰，《山東通志》（台北：華文書局，民國 58 年）。

三、山東省肥城縣地圖

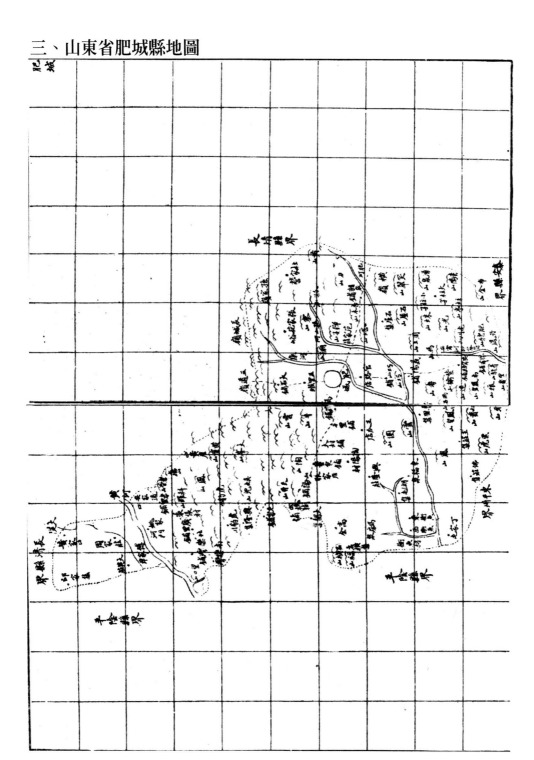

資料來源：孫葆田等撰，《山東通志》（台北：華文書局，民國 58 年）。

四、山東省高密縣地圖

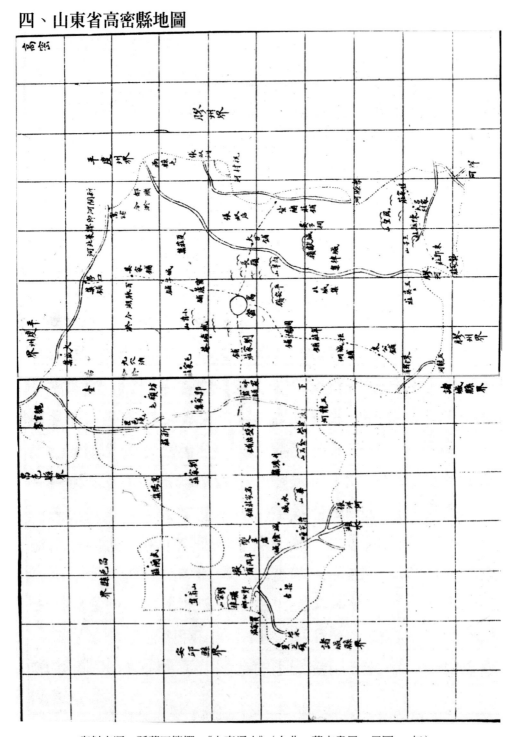

資料來源：孫葆田等撰，《山東通志》（台北：華文書局，民國 58 年）。

五、中德山東膠澳交涉簡明章程

第一款　中、德兩國在膠澳一帶遇有交涉重要案件，應由大清國山東巡撫會同大德國駐紮青島租界大臣，秉公商辦，其該庭詞訟、界務及尋常例行各案件，德國大臣選派辦理官一員，山東巡撫特派交涉官一員，常川駐紮，按照兩國條約及中國各口岸通商約章，遇事妥商辦理，彼此按平行優待，文牘均用照會。

第二款　德國官民，有由青島前往山東內地各處游歷及勘辦路礦各人員，應按照兩國游歷約章，德國辦理官、山東交涉官會同印發護照。自給照之日起，限定六個月繳廢，卸由交涉官報明巡撫飭屬驗明保護照料。如出山東境外游歷，仍應由煙台口岸辦發護照。其租界內如有禁令須華民照行者，應由辦理官請交涉官議妥後，方可頒貼。

第三款　膠懊附近各府縣守令，遇有與德國官員商辦事件，如德國官員有與地方官交涉公事，亦統向交涉官商辦，以期畫一。

第四款　青島租界內所有華民控告華民及德人控告華人，無論錢債、鬥毆、竊盜、交易各案件，均由交涉官提訊審斷，照中國常例刑訊、管押及發落枷杖以下各罪名。至租界外華民與租界內華民互控案件，亦歸交涉官傳審判斷。

第五款　遇有租界內華人牽涉德人案件必須德人到案者，應由德國辦理官傳提，會同山東交涉官審問，各按本國律例秉公判斷。若案內並無德人，則德國辦理官不得干預。如有德人苛虐所雇華工人等被控有案，亦由交涉官會同辦理，秉公訊斷，按西例懲罪。

第六款　凡在青島租界內德國僱用華民，如牽涉訟案，應由交涉官將該犯案情移知德國辦理官，立將應訊之人交案，不得庇匿，亦不得干預。

第七款　華人如犯案重大，或至死罪，或軍流各罪名，可先由交涉官拿禁，仍照例由地方正印官詳請臬司審轉巡撫奏咨，應由膠州即墨地方官審斷詳辦。租界內倘有華人命案，亦歸該地方官相驗。

第八款　如有租界外罪犯逃避青島華民住處者，交涉官查明後，即逕派巡差、丁役提拿，解交犯事處之地方官歸案訊辦。如逃在德人房屋住者，應由交涉官知會辦理官交出，轉解歸案訊辦。

第九款　如華人在租界內向德人行兇，德兵役亦可拿禁，解交中國交涉官訊辦。若德人在租界外向華人行兇，華兵役亦可拿禁，解交德國辦理官審辦。如該犯未曾拒捕，彼此均不得凌虐。

第十款　德國辦理官及山東交涉官商辦案件，均須秉公和衷，不得各懷意見。交涉官所屬隨員、繙譯、巡差、丁役各人員，與辦理官所屬各員役，均以禮相待，和衷辦事。

第十一款　設遇有重大案件在本省不能妥結者，仍應咨由中國總理衙門及德國駐京大臣商辦。以上各款，係暫行簡明章程，其未盡事宜，均按照兩國所訂條約辦理。如日後有彼此增損之處，每屆中、西年底，先一個月彼此知照，互商改訂。

大清光緒二十六年三月二十一日

大德一千九百年

資料來源：田濤主編，《清朝條約全集》（黑龍江：黑龍江人民出版社，1999年6月第1版第1次印刷），第貳卷，頁1113上-1114上。

六、中德山東膠澳交涉暫行簡明章程德文譯本

Die Verkehrsbestimmungen des Gouverneuren von Shandong, Yuan Shikai（21.3.1900）

Deutsche Übersetzung der Verträge des Gouverneurs von Shandong betreffend Verkehrs-Bestimmungen zwischen den beiden Gouverneuren von Shandong und vom deutschen Kiautschou-Gebiet.

Artikel 1

Zur Regelung von wichtigen gemeinschaftlichen Angelegenheiten und von besonderen Vorfällen zwischen Personen und Behöoden des Deutschen Kiautschou-Gebiets und der chinesischen Provinz Shandong soll vom Gouverneur von Shandong und vom Gouverneur des Kiautschou-Gebiets je ein Beamter ernannt werden. Beide Beamte sollen am gleichen Orte wohnend die oben genannten Fälle nach den Verträgen untersuchen und gemeinsam erledigen. Es sollen hierdurch alle Vorkommnisse schneller als bisher erledigt werden und ist dementsprechend der Sitz der beiden Beamten zu vereinbaren.

Beide Beamte sind gleichgestellt. Die höhere Entscheidung liegt in der Hand der beiden Gouverneure.

Artikel 2

Falls Deutsche in das Innere der Provinz Shangong zum Vergnügen oder zu Geschäftszwekken reisen, also auch zum Zweck des Bahn- oder Bergwerkbaus, sollen sie mit einem Paß versehen sein, der außer dem Siegel der deutschen Behörde auch das chinesische des Kiautschou-Guan trägt. Der Paß hat nur Gültigkeit für ein Jahr vom Tage des Ausstellens an gerechnet.

Der den Paß siegelnde chinesische Kiautschou-Guan hat die Abreise, noch bevor sie erfolgt ist, dem Gouverneur von Shandong zu melden, damit von diesem die Ortsbehörden benachrichtigt werden. Bei Reisen über die Grenzen der Provinz Shandong hinaus soll bei der Art und Weise der Paßverteilung nach dem Staatsvertrage verfahren werden.

Artikel 3

Streitigkeiten zwischen Personen, von denen die eine im Deutschen Kiautschou-Gebiet, die andere außerhalb desselben in der Provinz Shandong lebt, sollen von dem Kiautschou-Guan und dem Deutschen Beamten erledigt werden, sofern sie hierzu rechtlich befugt sind.

Artikel 4

Chinesen, die außerhalb des Deutschen Pachtgebiets ein vergehen oder Verbrechen begangen und sich nachher auf Deutsches Gebiet geflüchtet haben, sollen auf Requisition des Kiautschou-Guan diesem ausgeliefert werden.

Artikel 5

Beide Beamte sollen unparteiisch und gerecht die ihnen vorgelegten Fälle untersuchen und erledigen und bemüht sein, im Interesse der gemeinsamen Arbeit und der schnellen Erledigung in besten Einvernehmen au handeln.

Artikel 6

Fälle, welche die Kompetenz der beiden Gouverneure überschreiten, oder solche, über welche eine Einigung nicht erzielt worden ist, sollen, wie beim Zongli Yamen und der Deutschen Gesandtschaft anhängig gemacht werden.

Artikel 7

Die obigen Abmachungen sind nur als vorläufige zu betrachten. Stellt sich die Notwendigkeit heraus, daß Erweiterungen oder Änderungen der obigen Abmachungen notwendig werden, so sollen diese von beiden Gouverneuren aufgesetzt und vereinbart werden.

Diese Übersetzung des chinesischen Textes in das Deutsche ist vom Generalleutnant Yin Chang gemacht und von Hauptmann Freiherr von Buttlar in doppelter Ausfertigung niederge-schrieben; solches bescheinigt.

Jinanfu, den 21. März 1900

zugleich den Empfang des chinesischen Schreibens　（gez. Yin Chang）

Freiherr Treusch von Buttlar-Brandenfels

Hauptmann und Kompaniechef im 3. Seebataillon.

BAP, DBC, Nr.1240, Bl.7-9.

資料來源：herausgegeben von Mechthild Leutner; bearbeitet von Klaus Muhlhahn, Musterkolonie Kiautschou : die Expansion des Deutschen Reiches in China : deutsch-chinesische Beziehungen 1897 bis 1914 : eine Quellensammlung, Berlin : Akademie Verlag, c1997., pp. 321-322.

七、中德膠濟鐵路章程

中德膠濟鐵路章程

大清國兵部侍郎、兼都察院右副都御史、山東撫提部院、兼理各國事務衙門大臣袁

大清國記名副都統、幫辦山東交涉總理路礦事宜廳

大德國駐紮青島總辦山東鐵路事務錫樂巴

為幫辦迅速安靜起見，商訂由德租界外至濟南府開辦鐵路章程各條如下。此項章程係用華文、德文繕就，其中語意彼此相符，並須由駐德京之總管鐵路事務處簽押，以昭慎重。

第一款　按照曹州教案條約第二端第二款，應設立華商德商膠濟鐵路公

司，召集華人、德人各股份，先由德人暫時經理。所收華人股份每半年呈報本省交涉局，俟招集股銀在拾萬兩以外，再由本省選派妥員入公司詳訂章程、會同辦理。

第二款　該公司將來若在山東境內添立分局，本省亦隨時添派中國妥員入局，以便商同辦事。

第三款　該公司尋查修路地段，應由巡撫專派官員會同勘辦，並約請地方官或該處紳衿幫同辦理，俾於該處情形無所損礙。惟工程學問應由工師定奪，而買地一切應與專派官員商辦。查路後，該公司應繪一作二萬伍千比例尺之路線情形圖呈報巡撫，然後再議置地，俟地買妥始准動工。至買地一節，務期仍照以前，一律迅速、一律安靜，以免地主藉端留難，致使耽延工作。所購地段祗准購得造辦鐵路將來足敷應用之尺寸為止，至建築小號停車所准購地面，長約陸百叁拾密達，每密達合官尺貳尺九寸陸分、每官尺三百叁十捌米里密達，寬約柒拾密達。建築大號停車所准購地面，長約柒百叁拾密達、寬約壹百密達。建築中號車站准購地面，長約捌百伍十密達、寬壹百叁拾密達。附近大城建築大號車站，應購地段尺寸須照該處情形放寬放大，亦期敷用為止。至另購取土用以墊高之地，均不在以上所言尺寸數目之內。

第四款　該公司所用地段修蓋鐵路，凡遇有應留水道之處，或造橋樑、或留涵洞，必須妥為留出，不得阻礙有妨民田。

第五款　鐵路經過地段，概不准損妨本省城壘、公基、及防守各要害。

第六款　該公司建築鐵路，應於村鎮、祠廟、墳墓、廬舍、水道、及果園、菜園等處，但能繞避、應不使因之受傷。至修理眾多齊整墳墓、尤當顧惜，僅有萬不得已時，應公同查明妥商，請地方官在兩箇月以前通知該業主，使其令於他處能照原式修蓋，不使其於錢財上吃虧。

第七款　該公司購買地畝，應用中國弓尺丈量畝數分數，此弓長五尺，每尺計三百三十八米里密達，每地一畝捌百六十弓，合算得九百方尺，由本省布政使發給一律弓尺，以便彼此遵守。至國課一節，應照他國人在中國他處購地造路之規矩辦理。

第八款　該公司丈量地畝、購運物料、及人夫往來，自應繞避民間所有
田禾、蔬菜處所。如實被踐踏，一經控訴、公同驗明，與地方
官議價賠償，以示體恤。

第九款　煩請地方官選派幫同修路之各人，該公司均應發給飯食、錢文，
不得與應發民間地價項內絲毫牽混、以清界限。所發地價應妥
交地方官代收、轉給地主，一面發給公司購地執照。

第十款　該公司於路上左近租賃房屋，預先知會地方官、轉商房主代租，
並代立租房合同。

第十一款　修蓋鐵路需購各物，應按市價購買、公平給價，或請地方官
代購。

第十二款　該公司所用一切銀錢等項，均按照本地時價公平兌換。

第十三款　除原約指定地段建造鐵路外，不准擅行另造枝路。如大路中
應有之引鑛、取石、運灰等項所需近小叉路，譬如在博山縣
所蓋引礦之叉路，不在禁例之內，但每造一叉路，必須預稟
山東巡撫，以備查核。

第十四款　該公司所派段人，在山東省內地往來，均請領兩國官員會印
護照，以便地方官加意保護。倘無此項護照，地方官不認保
護之責。

第十五款　該公司所用華人、德人，應有地方官與公司會印之憑單，以
便稽查是否假冒。勘路、修路時，應由中國官派人逐段跟隨，
幫同照料各物、以及木椿等項。儻遇假冒公司所屬之人，應
由地方官拿辦。

第十六款　儻在百里環界外，有須兵保護鐵路之處，應由山東巡撫派兵
前往，不准派用外國兵隊，山東巡撫允許竭力保護，無論在
工作、或在走車時，總使鐵路一切不使匪徒毀傷。

第十七款　此項鐵路專為治理商務起見，自百里環界起以外各處，概不
准載運外團兵隊、與外國兵隊所用之軍械。萬一中外失和，
該路尚為該公司經理，該公司仍應遵照。儻有為敵人把持處
所，該公司失管路之權，本省亦不認保護之責。

第十八款　本省遇有饑饉之年、或有水災、必須賑濟，所運米糧、衣服
等項，或有變亂須用兵隊，與此項兵隊所用之軍械、糧草、

行李等項，應照德國向章、少給車價。

第十九款　本省應征貨物、牲口各項釐稅，在車站左近者，該公司須妥爲料理，使應征各稅容易收納。至須蓋稅房等項，應由本省管理稅務之員與該鐵路公司妥議價值、然後酌辦。

第二十款　該公司建造鐵路，應逐段攙用本地距路至近各村之人作工，並與伊等交易，以免向隅。

第二十一款　該公司在租界外所用華人，倘作違禁之事，應由該處地方官審辦，一俟地方官知照公司，例應查辦某犯，則公司不得袒護阻攔。倘所用之外國人中，有作違犯禮法禁例者，一經控告、即應按照洋例究辦，公司亦應嚴查，不使寬貸。

第二十二款　沿途所用工人，須擇其能作工者，多用本地土人，並按照該處情形發給工價。如該工人與居民口角生事，由中國官按律拿辦。該傭工人等尤不准擅入人家、與人生事，違者亦由中國官員查明嚴辦。

第二十三款　鐵路造成後，應設修路、看路工役人等，須託各該段本地段實之老住戶代雇，以保所雇之人均係安善良民，並每人均須由代雇主稟呈地方官，發有憑單、以便稽查。

第二十四款　車路全工告竣、照章開駛後，如遇意外事故、至傷損華民人物者，應由該公司按照地方情形發給賠恤。平時當有明發告白，凡人命或物件，倘因管理火車疏誤、致受損傷，亦應賠恤。至全局未定、暫先開駛時。倘因管理火車疏誤、致傷人命或物件，亦然。

第二十五款　嗣後設或本省地方有危險之處，譬如水災、或火車甬路塌陷、橋樑傷損之處，致礙火車行使，則先應除去妨礙，然後始准照章往來。

第二十六款　該公司在查路時、造路時、及行車時，倘因事稟請山東巡撫派兵保護，應立即查核情形、准如所請，並遣派敷用數目兵丁前往須用之處。至該公司應給此項衛隊若干津貼，將來另行商議。

第二十七款　凡鐵路在德國租界以外者，其原舊地主大權仍操之於山東巡撫，在租界內者權歸德撫。

第二十八款　此段鐵路將來中國國家可以收回，其如何購買，應俟將來
　　　　　　另議。

以上各款應於議定、簽押蓋印後，頒行山東各州縣及鐵路各員，俾咸周
知、依款照辦。將來倘有應行更改添增之處，祇能由山東巡撫、或轉派明練
大員，與鐵路公司彼此商辦。

光緒二十六年二月二十一日訂定

資料來源：田濤主編，《清朝條約全集》（黑龍江：黑龍江人民出版社，1999
　　　年6月第1版第1次印刷），第貳卷，頁1101下-1104下。

八、山東華德礦務公司章程

山東華德礦務公司章程

大清國兵部侍郎、兼都察院右副都御史、山東撫提部院、兼理各國事務
衙門大臣袁

大清國記名副都統、幫辦山東交涉總理路礦事宜廕

大德國駐紮青島礦務公司總辦山東礦務米海里司米德

為辦事迅速安靜起見，按照原約，在鐵路附近三十里內准德人開採煤觔
等項，商訂章程各條如下。此項章程係用華文德文繕就，其中語意彼此相符，
並須由駐德京之總管礦務處簽押，以昭慎重。

第一款　按照曹州教案條約第二端第四款，在鐵路附近三十里內指定各
　　　　地段，允准德商開挖煤觔等項，及須辦工程各事亦可華商德商
　　　　合股開採一節，應設立山東華德煤礦公司，並照公司章程召集
　　　　中國官商股分，先由德人暫時經理。所收華人股分按季呈報本
　　　　省交涉局，俟招股在十萬兩銀以外時，再由本省選派妥員、入
　　　　公司訂立章程，稽查華股應得一切利益。

第二款　該公司應設局在何處、招股及若干處，俟查看情形、隨時商定。

第三款　該公司應辦勘查、開採、以及試辦各事，應由本省選派妥員會
　　　　同商辦、或並約紳矜幫同辦理。該公司倘在一處先欲試辦、所
　　　　用地段不欲購買，則應先商明發給租價。至所傷禾稼等項，應
　　　　照該處情形給價作賠，以免百姓吃虧。再，每次試辦開採，應
　　　　在半個月以前通知該處地方官，以便轉達百姓、俾杜生疑。

第四款　開挖煤礦應用地段，如建築礦井、修蓋機器等廠，以至工人住

房與貨棧等項，須會同官紳，彼此商辦，以期無損於百姓。所爲平安順手起見，是以山東巡撫特派幹員，幫同買地及料理一切。惟凡講礦學處與採擇地勢各節，應歸礦師作主；而購租地段，須會同特派之員，妥商辦理，或租、或買、不得強抑勒索。每次查定地段後，應繪一作二萬五千比例之布置形勢圖，送呈山東巡撫，以備稽查。呈圖後始准買地。俟地買妥，方准修蓋所需各處。至地下所作一切，除第七款所云不計外，不與上面人相干。故不得攔阻，亦不得爭討，以昭公允。再買地一事，應秉公迅速妥辦，以免耽延開採礦產。地價應照該處情形，核實付給。所購地段，祇准購得將來修蓋礦井與各項房屋、煤棧、裝車、運煤處所等項，足敷應用爲止。

第五款　凡廟宇、房屋、樹水及眾多齊整之墳塋等項，均應顧惜，謹愼躲避，不使因辦礦務，令其受傷，萬不得已，必須遷移以上所指各物，則請地方官在兩個月以前通知該主人，以便妥商賠償，總使該主人在他處能照原樣另行置辦，並於錢財上不致吃虧。

第六款　辦理礦務，須蓋各房及開挖礦井等項地位，均須合宜，總使於本省城壘、公墓及防守各要害無所妨損。

第七款　朝廷所屬各祠廟、行宮、園廠等項之下，概不准辦理礦務。

第八款　該公司因開礦買地，無論何處，應用官弓尺丈量地畝。每弓合五尺，每尺合三百三十八米里密達，每地一畝按三百六十弓計算，合九千方尺。至所購地段應納國課一節，須照他國人在中國他處開礦章程辦理，以昭公允。

第九欵　該公司倘請地方官派人前來幫同作事，則應給辛工銀兩，另行開發，不准與地價稍有牽涉，以清眉目。所發地價，應妥交地方官代收，以便轉給各該地主，一面由地方官發給公司買地執照。發照後，始准動工。

第十款　或在勘查礦苗時，或在開採礦產、修蓋礦廠時，在百里環界外，儻須稟請山東巡撫派兵前往保護一切，屆時查度情形，見稟隨即照准，並派敷用之兵數，以應所需。至該公司應給此項衛兵若干津貼，應另行商議，惟不准請用外國兵隊。

第十一款　該公司購買物件，應照本地市價交易，不准強買，亦不准故

意貴賣，以昭公允，或謂地方官代購亦可。

第十二款　在開礦處附近一帶，倘欲租賃住房或辦公處所，應請世方官代租，並代立租房合同。

第十三款　該公司辦理礦務，應攬用本處工人，使之工作。所需物料，凡本處所有之物，亦應在本處購買，並須公平給價。倘公司所用之工人與本處百姓滋事，應由地方官拿辦。再公司所用各工人，無論如何不准擅入百姓住家，如敢違禁，定必從嚴究辦。

第十四款　該公司開採礦產時，萬一遇意外不測之事，致傷人命或物件，理應撫恤賠償；除此以外，尚有應定詳細章程，凡因辦理礦務被傷各物，均照詳細章程賠償。至在試辦時，倘因公司之過致傷人命或物件，亦應撫恤賠償。

第十五款　辦理礦務，准保不傷民田、房屋、水井等項，若因公司大意粗心，致傷以上所指各物，定當按照該處情形認賠。至礦內若有泉水，應謹慎引出，總以不傷民田等項為率，否則講價賠償。

第十六款　凡礦務公司所用各洋人，均須請領中國地方官與礦務公司會印憑單，以便隨時稽查。如不領會印憑單，中國官不認保護之責。此項洋人，若欲他往游歷，均應請領中國官與德國官會印護照，以便飭屬加意保護。倘無此項護照，中國官亦不認保護之責。該公司在勘查礦苗時，應由地方官派差跟隨，藉資保護，該公司應酌給此項差人酬勞津貼。倘遇假冒公司之人，並無憑單作證，則應由地方官拿辦，以杜含混滋事。

第十七款　在鐵路附近三十里外，無論誰何，倘未經山東巡撫允准，不准私自開礦。在三十里內，除華人外，祇准德人開採礦產。凡經華人已開之礦，應准其辦理，惟不得使下面之德人礦務實有危險。倘該公司深恐冒險，則可請地方官查明，向華礦主人公平議價，或將礦買賣與公司。倘華人在某處已開大礦，該公司意欲購買，在商定價值後，聽礦主自便，或將購買價折作股分，領取股票亦可。如華礦主人不願將所開之礦費出，則應作罷論，不得攪擾其事。

第十八款　倘該公司所辦礦務實係日有起色，所得礦產實係茂盛，則附

近居民日用所需煤觔，應准以較廉之價購買，惟不得轉賣，致於公司生意有礙。

第十九款　凡德租界外各處，其地主大權，仍操之於山東巡撫。公司所用華人應歸中國地方官稽察，倘有違犯華例等事，亦歸地方官究辦。至所用各洋人，倘有不合之處，照條約秉公辦理。

第二十款　此項礦局，將來中國國家可以如何購回與於何時可以購回，應將來另議。

以上各款，俟畫押蓋印後，應頒行山東各州縣與辦礦各員，以便按照各款所云辦理。此後彼此若有應行增損之處，祇能由山東巡撫，或特派大員，與山東礦務公司彼此商訂。

大清國記名副都統、幫辦山東交涉總理路礦事宜廖

大清國兵部侍郎、兼都察院右都御史、山東撫提部院、兼理各國事務衙
門大臣袁

大德國駐紮青島礦務公司、總辦山東礦務米海里司米德

大清光緒二十六年二月二十一日

大德一千九百年三月二十一日

資料來源：田濤主編，《清朝條約全集》（黑龍江：黑龍江人民出版社，1999年6月第1版第1次印刷），第貳卷，頁1108上-1110下。

九、勸諭百姓各安本分、勿立邪會歌

朝廷愛百姓、百姓尊朝廷，上下相維繫、天經與地義。山左禮義邦、
鄒魯古風存，庠校崇正學、民俗歸樸醇。紳耆資董帥、居心詎掀騰，
陸程接江皖、瀛海通柝津。游匪日充斥、異術遂爭鳴，昔傳白蓮教、
並有義和門。蔓延各州郡、黨羽日縱橫，縱橫釀巨禍、芟夷斷葛藤。
相去數十年、舊事重翻新，義和名未改、拳會禍更深。神拳與紅拳、
名目亦相仍，唯有大刀會、門戶顯區分。其實皆邪術、妖王不足憑，
傳帖聚徒眾、飛符召鬼神。言能敵槍礮、又可禦刀兵，血肉薄金石、
析理殊未真。大抵奸黠輩、立會斂錢銀，外匪乘機入、久輒滋亂萌，
前鑑尚云遠、近事已堪徵。二十二年夏、刀會浡然興，兗沂連淮泗、

處處叢荊榛。匪首劉士瑞、妖術冠等倫、更有曹得禮、會中迭主盟。黨徒咸敬服、奉之如神明，一朝被弋獲、延頸就官刑。迨後拳會起、頭目更紛紛，一名于清水、一名朱紅燈。勾同楊照順、妖僧即心誠，分股糾黨羽、千百竟成群。先只搶洋教、後並搶民人，先只拒團練、後並拒官軍。焚殺連村市、擄掠到雞豚，星星火不滅、燎原勢將成。三犯次第獲、梟首懸茌平，格斃徐大香、槍子透胸襟，並斃諸悍匪、屍骸棄郊坰。既云有符咒、何以失厥靈？既能避槍砲、何以殞厥身？可見騰邪說、只是惑氓愚，愚民被蠱惑、欲罷竟不能。本院初蒞此、聞知憫於心，未肯用兵力、玉石恐俱焚。緝捕歸州縣、保衛責防營，再三申禁令、剴諭各村莊。刀會須止絕、拳廠須封停，脅從須解散、首要須殲擒。莊長具切結、容忍坐知情，未及三閱月、獲犯數十名。派員細推鞫、得情猶挨矜，罪案分輕重、大戒而小懲，但期真悔改、何忍過苛繩。朝廷愛百姓、聖訓仍諄諄，恐爾蹈故轍、導爾出迷津，慮爾傷身命、戒爾睦鄉鄰。詔書真寬大、讀之當涕零，執迷終不悟、何以答帝閽？我朝恩澤厚、為爾故敷陳，地畝不增賦、人口不加丁，差徭不添派、工役不繁增。黃河趨東海、大工重水衡，籌撥修防費、何止億萬金？偏災偶入告、丁糧輒緩徵，截漕資賑濟、發帑救湮淪，天恩厚若此、圖報當感恩。本院撫此土、敬願廣皇仁，嫉惡如所仇、好善如所親，但論曲與直、不分教與民，民教皆赤子、無不勤拊循。爾輩同鄉里、還須免忿爭，忿徵何所利、鬮院苦相尋。傳教載條約、保護有明文，彼此無偏倚、諭旨當靜遵，遵旨剴切諭、俾爾咸知聞。爾亦有父母、爾亦有弟昆，工商爾可做、田園爾可耕，各人安本分、里社樂豐亨，何苦信邪說、受累到而今。出示已多次、昏迷應早醒，如再墮昏迷、法網爾自攖，首領懼不保、家業將盡傾，父母老淚枯、兄弟哭失聲，作孽自己受、全家共艱辛，捫心清夜思、夢魂驚不驚？從此早回頭、還可出火坑。倘能獲匪首、指拏解公廷，並可領賞犒、趁此立功勛。聖朝明賞罰、雨露即雷霆，本院恤民隱、勸諭亦殷殷，殷殷再三告、爾等其靜聽，都是好百姓、當知尊朝廷。

資料來源：〈總署收山東巡撫袁世凱文〉，光緒 26 年 2 月 11 日，收入中央研究院近代史研究所編印，《中美關係史料》，光緒朝四，頁 2632-2366。本文為其附件。

十、畿輔全圖

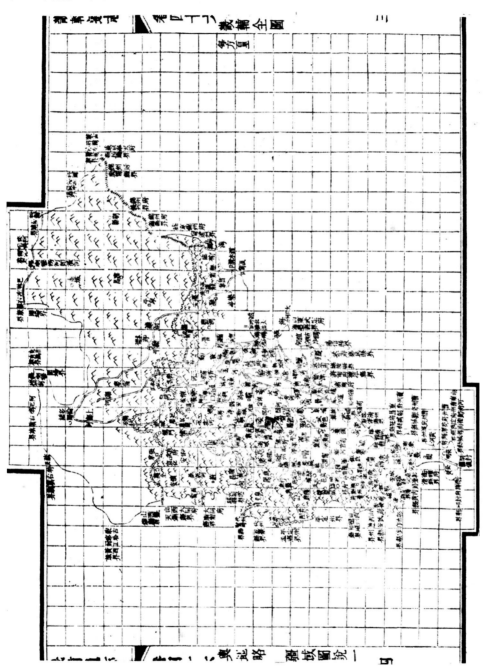

資料來源：黃彭年等撰，《畿輔通志》（台北：華文書局，民國 57 年）。

十一、開平礦務局移交相關文獻

1. 照譯侍郎張翼發給德璀琳代理移交礦局洋文憑單

開平礦務局督辦張京卿燕謀、總辦德君璀琳，無論此據落入何人之手，均認爲可。今因西曆一千九百零一年二月十九號，開平礦務局及張京卿燕謀、德君璀琳與胡華君及開平礦務有限公司訂立合同。內載：開平礦務局地畝、各礦及其全產，均交與開平礦務有限公司。因欲移交全產，張京卿燕謀茲特派德君璀琳爲開平礦務局及張京卿燕謀之合例經理代理之人用印、簽名，移交一切契紙、文憑、合同等件，並代張京卿赴各領事衙署，辦理一切用印、簽名，所有存案、案卷、契紙、以及各項字據。凡於開平礦務局移交全產與開平礦務有限公司，或其代理人所有應行各事，俱可舉辦。且於辦理此事，並可轉派經理代理之人。凡按此據合例所行、所作各事，開平礦務局及張京卿燕謀均皆認允，而此據亦屬永遠不能毀廢者。恐後無憑，開平礦務局茲特蓋印於上，而張京卿燕謀亦特於一千九百零一年二月十九號蓋印樹押於此，以昭信守。

光緒二十七年正月初一日
張燕謀　　（此處畫押之外。並用
督辦直隸全省及熱河
礦務總局關防）
德璀琳　　（又用開平礦務局關防）
見證人　丁嘉立
顧勃爾

右開之據與原底實屬相符　（代理駐津英總領事施密士具。一千九百零一年二月二十七號）

2. 照譯稅務司德璀琳與胡華議訂出賣礦局洋文合同

立合同人德璀琳、胡華，均住天津。今因開平礦務局之事業、產業，現擬移交與英國有限公司，按一千八百六十二年所訂公司條例註冊。又因開平礦務局，經已派定德璀琳爲全權代理之人，出賣開平礦務局之產業、利益、利權；復因胡華爲英國倫敦墨林所之代理人，是以德堆璀琳、胡華訂此合同，彼此認允者如左。

計開

一、德璀琳及開平礦務局，茲將開平礦務局所有之地畝。房產、產業、物件及一切所享受之利益、利權及國家特施之恩全行移交，出賣與胡華及其後裔或其受託司理者。至於不在通商口岸之產業及開平煤地等如不移交，開平礦務局將租與胡華，以九十九年為期，期滿再展，永無已時。所納租款，係有名無實。承租者有全用該產及煤地之權，不得阻攔。

二、胡華允按一八百六十二年所定公司條例，以墨林襄助，設一英國有限公司。一俟有限公司設立妥當註冊後，胡華有權將已得利益、利權移交與該有限公司。凡胡華之以為可者，彼皆可為之，以使該公司得以設立也。

三、該有限公司註冊之資本，將定英金一百萬鎊，分為一百萬股，每股計英金一鎊。其開平礦務局之實在欠款約數開單附後，歸有限公司承認，與現時督辦無涉。

四、有限公司設立至遲不得逾一千九百零一年二月二十八號，或早日設立亦可。胡華應允，一俟設立，墨林將集辦事資本英金一十萬鎊（或有可靠憑單，以抵此數），分期匯存天津麥加利銀行，入公司之帳，以便妥當辦理公同司生意。至分期匯交，由墨林決斷。

五、開平礦務局老股，計有一萬五千股，每股一百兩。將由胡華換給有限公司股票二十五股，每股計英金一鎊，以補還開平礦務局股友所有之利益、利權。有限公司所有股東利益虧累，自應公同享受。

六、有限公司設立妥當，按此合同佈置，所有開平礦務、產業·利益、利權及國家特施之恩，德璀琳及開平礦務局皆允簽押各項合同、契據、文件等，以便胡華交給有限公司，俾得辦事。並將所有一切契據文件，凡與有限公同有涉者，存放天津麥加利銀行。

七、有限公同須妥當設立註冊，並接辦開平礦務局一切事宜，至遲不得逾西曆一千九百零一年二月二十八號。然看此地兵事如何，但不得逾此期太久。有限公司即當用應有之權，以使有限公司之股東獲利益也。

八、如墨林不以此合同所立各款為然，墨林亦可推卻，此合同作為廢紙，墨林與胡華並不為此所拘。但合同簽字九十日內，或行或止，墨林

必須知照。

九、德璀琳或開平礦務局於墨林尚未決定行止以前，不得將開平礦務局
　　產業利權及國家特施之恩，另行移交他人。

　　　　　　　　　　西曆一千九百年七月三十號　　德璀琳
　　　　　　　　　　　　　　　　　　　　　　　　胡　華
　　　　　　　　　　見證人　　漢納根
　　　　　　　　　　　　　　　易美士

開平礦務局產業列後：

　　天津河東、河西碼頭。塘沽。煙臺、牛莊、上海碼頭。出售應得香港碼
頭價。廣東省城碼頭。新河地八萬畝。杭州、蘇州地畝。秦王島地四萬畝。
唐山林西煤礦。胥各莊煤廠。運煤河長十四英里。承平銀礦，建平、永平金
礦股本。洋灰公司股本。鐵路天津至唐山股本。天津督礦局公司房（及房屋）、
六艘輪船。秦王島借款余項。

　　欠款列後：

　　老股本一百五十萬兩（整頓後，每百兩作英金二十五鎊）。德華銀行借款
四十五萬兩。慶善銀號借款十四萬兩。銀錢所、支應局共五十萬兩。秦王島
借款一百四十萬兩。張燕謀借款二十萬兩。

　　　　　　　　　　　　　　　德璀琳　一千九百年七月三十號

3. 照譯侍郎張翼與洋商胡華議訂移交礦局洋文合同

　　西曆一千九百零一年二月十九號。因督辦直隸全省及熱河礦務、開平礦
務局、幫辦關內外鐵路大臣、內閣侍讀學士張京卿燕謀，於光緒二十六年五
月二十八日。札飭津關稅務司德君璀琳招集股本英金一百萬鎊，中外同出。
接辦凡開平礦務局之礦地等各產業（後有細單詳載）均移交聽憑管理，且招
集續股。整頓開辦一切。德君璀琳於西曆一千九百年七月三十號，因奉此札，
特與墨林之代理人胡華訂立合同，設立公司，名為：開平礦務有限公司。股
本英金一百萬鎊。將開平礦務局所有之產業，歸該公司管業辦理。又因該公
司緣所訂合同，現已設立，即此合同內所指之開平礦務有限公司。今開平礦

務局，其總局設在中國天津。張京卿燕謀乃該局之督辦。德稅司璀琳乃該局之總辦，與胡華及開平礦務有限公司訂立合同。將開平礦務局之產業交於開平礦務有限公司。以下所訂各條，均已允可。

計開

一、開平礦務局及督辦張京卿燕謀、總辦德君璀琳，將以下所開移交與開平礦務有限公司。胡華允可，而督辦直隸全省及熱河礦務大臣張燕謀亦答應屬實。

（一）所有直隸省開平煤山、地畝，各礦礦員、煤槽，凡與唐山、西山、半壁店、馬家溝、無水莊、胥各莊、林西地脈相接者，皆在其內。凡界內開礦、尋礦均有專利之權。凡利權與此相關者，以及開平礦務局在該處所有一切利益，均行移交。

（二）所有自胥各莊至蘆台之運煤河道、河地及開平礦務局他處之運河，並開平礦務局所有在通商口岸或他處之地畝、院宇等等（詳載細單）以及利權與此相關者，並開平礦務局在彼處所有一切利益，均行移交。自此日起，開平礦務有限公司或其接理人即永遠執守。

二、按該合同，開平礦務局及張京卿燕謀，德君璀琳將以下所開，盡歸開平礦務有限公同或其接理人管理。胡華君允可。

（一）所有房屋、器具、機器、鐵路、碼頭、貨廠、凡一切不能移動之物，或在移交開平礦務有限公司地畝之上，或與其產業有相關者，均行移交。

（二）所有開平礦務局之承平銀礦、建平、永平金礦，唐山左近之洋灰廠，天津、唐山鐵路各處股本，及各戶欠開平礦務局之款，以及該局一切所訂合同應有之利益並產物，均行移交。

三、開平礦務局及張京卿燕謀，德君璀琳，今允開平礦務有限公司，凡于移交全產與開平礦務有限公司所需文件及須行之事，均必樹名簽押，以完全移交之事。

四、開平礦務有限公司允開平礦務局將至此日為止可信賬目代其承認，該賬目等即與開平礦務局張京卿燕謀，德君璀琳不相干涉也。

訂定此約，開平礦務局及開平礦務有限公司蓋印於此。張京卿燕謀、德君璀琳及胡華君，亦於西曆一千九百零一年二月十九號樹押蓋印，以昭信守。

細單附錄于左，計開：

　　天津：河東地畝、碼頭約十六英畝；河西地畝、碼頭約九英畝，並英新
　　　　　租界傍海大道賽馬路及密多斯路地基約一十英畝。

　　塘沽：地畝、碼頭約四十英畝。

　　煙臺：口岸前升科地畝約一英畝半。

　　牛莊：地畝、碼頭。

　　上海，浦東地畝、碼頭約四英畝半，吳淞地畝約五英畝。

　　新河：地畝。

　　杭州：地畝約一英畝半。

　　蘇州：地畝約一英畝半。

　　秦王島：地畝、碼頭產業約一萬三千五百英商。

　　胥各莊：煤廠及地畝。

督辦張燕謀　（除樹押之外，並
用督辦直隸全省及熱河礦務總局
關防及開平礦務總局關防）

德璀琳
墨林代理人胡華
見證人　丁嘉立
顧勃爾

4. 張翼與英商胡華原訂開平礦務副約

　　竊因去夏之亂，中外失和，開平礦務局甚屬可危，一則因該局係官督商
辦，深恐他國占而有之，竟將全產充公；一則恐他國要索也。故是爲國家及
保全股東之利益起見，意將該局改爲中英公司，按英例註冊以便得其保護也。
複因該局以兵端之故　甚形拮据，非添招洋股不足以濟其艱，前以該局全產作
抵　挪借英款矣。督辦張大人翼，故特派德君璀琳設法爲之。德君因即爲開平
局與英京墨林之代理人胡華君訂立合同，以便墨林君在歐招集股本，按英例
存案。當即言明移交之後，該局仍用原名，將按定章辦理，華洋股東利益均
沾，盈絀同享，限於西曆二月杪之前先集招股本英金一十萬磅。此中緊要各
節已由胡華君辦妥，稟知督辦張大人矣。自今決定之後，該局日後即按以下
辦理矣。

計開

一、該局股本英金一百萬磅整（新舊股份在內）。

二、凡老股每股值銀一百兩者，將得新股二十五股，每股英金一鎊者。

三、開平礦務局之實在可信之帳目及員司應得之花紅，股友之餘利，以及官商欠款。至西曆二月十九號即華曆二十七年正月一日爲止，新公司均皆認還。凡章程合同所訂之條，均皆允從照辦。

四、於還所借北洋官款，先還二十萬兩，下餘設法早還。

五、無論華洋股東，于股東會議之時，議事之權，一般無異本局員司與議而公同定奪也。

六、該局各事將由兩部辦理之人定奪，一在中國，一在倫敦。

七、張大人翼仍爲該公司住華督辦，管理該公司各事宜，並派中國人稱總辦與該公司中外總辦之一般無異。

八、其該公司在華產業辦理之是，將歸華部。

九、英部辦理之人將由中外帳東公舉。

十、有限二字，其義蓋謂股東除股分之外，別無多責。

十一、凡該局所應付中國國家之稅則，新公司應允付給。

十二、凡該局與中國官場有所交涉，均由督辦理問。

十三、該局辦理務使華洋平沾，利益互相保護，使民國俱富也。

十四、凡該局出入帳目，以至地畝各件，及未盡各項事宜，有不清之處，均應查明公平商辦。

督辦開平局張燕謀

代理開平局總辦德璀琳

墨林代理人胡華

倫敦部總辦吳德斯

見證人丁嘉立、顧勃爾

光緒二十七年正月初一日

西曆一千九百零一年二月十九日

5. 開平礦務有限公司試辦章程

第一款　開平礦務有限公司所有在華公事，均歸華局辦理。所謂華局者，即系於天津設立督、總領袖諸人，專以會議裁決公司所有應行

事宜者也（人數職任詳第四款）。

第二款　以下所載各條，係爲試辦章程，大約其行用以十八個月爲期，期內無大更動，但辦法須益求精密，總期察酌本礦情形，求一最善辦法，然後可以永守。

第三款　開平礦務公司現因添招新股，議加有限二字，惟此礦仍爲中國土地，務須恪守欽設礦路總局章程。至公司辦法則用英律，其督辦全省礦務大臣，係中國國家代表，有官督商辦之權，其管轄礦工與英國國家所以管轄民礦者一律。公司賬目於年終　造冊，繕呈督辦察核；其股東會定出入諸帳，亦按章造冊呈憑察核。

督辦或督辦所派自代之人，得以細察新股東于舊股東利益是否公平無欺，並公司所用華洋諸員司是否和衷共濟。

第四款　其第一款所指，華局以資試辦者通共六人，由中外各股東公舉督辦准派。
一、領袖股友一員（華洋人均可充，亦云議事首領）。
二、華總辦兼總帳房一員。
三。華總辦兼文案處一員。
四、洋總辦一員（亦云洋總理）。
五、開平礦務有限公司代表人一員。
六、洋總辦兼文案帳房一員。

第五款　領袖股友有監察局所及華洋員司之權，又即爲督辦之代表人。其薪薪俸若干，由華局議給，使無辦公竭蹶之餘。如有外出、疾病等事，准於華局六人中舉人暫行代理。

第六款　洋總辦有綜理公司大小諸事之權。局所員司均歸節制，每月公司經費若干，須由該總辦預核呈經華局公同議准後，即交該員支發，如有糜濫，惟該員是問，遇有外出疾病等事准其於華局六人中舉人暫行代理。

第七款　洋總帳兼文案有管理公司款項之責，並將應報事件報明股友，凡洋總辦所劃支票、銀條交其支發者，該洋員與華總帳公同會押分支。

第八款　華總帳於公司帳目有稽核之權，並於年終造冊報明督辦，佈告

股友，一切支發核算之事與洋總帳公同辦理，洋總辦所劃支票、銀條該員與洋總帳公同署押，如有異同，得以傳單會集華局諸總辦公同裁奪。

第九款　開平礦務有限公司代表人于華局會議時公同在座，評議裁決。

第十款　華總辦兼總文案，綜理一切華文函槀，及公司契券刊佈翻譯諸事，其約束華洋各員司工役等事與洋總辦和同辦理。洋文案事件，該總辦得以隨時稽察，其華文案事件，洋文案亦可隨時稽察。

第十一款　於西曆一千九百二年九月杪之前，開平礦務有限公司得與督辦商議重訂章程，期與律法並各股友利益相合。此章定後，即可傳集股友宣示一切，其定章即於一千九百三年一月一號行用無改。

第十二款　今年期內，中外合辦一切章程定准後，督辦意欲集在華諸股友，告以開平礦務局經注英冊歸其保護，並添招中外新股，議加有限二字。定章試辦各情形，聽從督辦之便。

第十三款　凡本公司重要契約，均歸儲銀號中以昭慎重，俟本公同置有保險之處，即行收回存儲。

第十四款　凡本公司前繳煤斤焦炭稅項，歷年均有成案可稽，新有限公司應行遵照抽繳。假如中國國家另須報效之處，由督辦商議公司量力輸將，總期於股友利益無虧。

第十五款　查舊章，本公同于北洋大臣、熱河都統、礦路總局、總理衙門皆有節次文報，嗣後仍行照章辦理。

第十六款　本公司所雇匠役人等，如有鬥毆情事，華人歸地方官辦理，洋人歸各該管領事官辦理，其有賠款等事，歸本公司自理，與國家無涉。

第十七款　本公司售賣北洋官用煤斤，如海軍諸船、製造廠、船塢之類，向係減成收價，此節今仍照舊辦理。如遇兵事，本公司恪遵國家功令，並依各國通用公法而行。

第十八款　督辦張京堂權責經於第三款敘明，今若張京堂榮膺升秩，於礦政不能兼顧，其後任督辦直隸全省及熱河等處礦務大臣權責與張京堂無異。

第十九款　本公同原係官督商辦，今經改爲有限公司，其中一切事宜，
　　　　　仍應華洋共濟，以期於股友利權無虧。

另款：

再者，以上各條會議後即行照辦，華洋公認並無異詞。如有細節小目，
一時未經議及者，可于後來細章再行重訂。

議事首領德璀琳

中國華部總辦嚴幼陵、梁鎭東

倫教總辦吳德斯

光緒二十七年四月十八日

資料來源：〈英商依據私約侵佔開平礦產請飭外務部聲明歸附摺〉，光緒 29 年
　　　　　2 月 15 日；〈開平礦案張翼在英質訟事畢電請回華請指定奪摺〉，
　　　　　光緒 31 年 2 月 27 日，均收入天津社會科學院歷史研究所編；廖
　　　　　一中、羅眞容整理，《袁世凱奏議》（天津：天津古籍出版社，1987
　　　　　年），中冊，頁 743-748；下冊，頁 1121-1126。

十二、比商世昌洋行承辦天津電車電燈原章程

竊查天津城廂內外地面遼闊，與各國租界相距頗遠，凡往來運動，便捷
難期。茲擬安設電車，接濟行旅、裝運商貨，非特費省而運速，且于津郡商
民不宜裨益；並擬安設電機，即便配置電燈，相輔而行，尤爲一舉兩得。茲
由等稟情創辦，仰蒙北洋大臣直隸督憲袁關心民便，俯允該等於天津華官應
轄境內俟聯軍交還後，准其建設電車電燈等業，以冀民商往返裝運妥捷利便，
特將創辦電業應行遵守章程條款，開列如左。

計開：

一、以後條款所稱名目均注解，列明如下：

地方官（即直隸督憲及管理天津附近地方印委各華官）

創辦執事（即指）

道路（即指能行車之各等官路並能行車接續官路之各橋樑）

包工人（即指安置電燈電車器具並辦理各等工程與電燈電車有關係
者）

公司（即指創辦執事及其接任人，照合同所訂之召集公司並各等公司，人民電燈電車之器具有股份者，均在此列）

二、直隸督憲允准創辦執事等並該執事之接任人由訂本合同之日起，限50年爲滿，專權承辦電車電燈事宜。至於所設之地段界限，如在華官管轄境內，均以天津鼓樓爲準，周圍各6英里。

三、直隸督憲倘若後招人承辦電車電燈之事，應先招創辦執事或執事接任之人承辦，如該執事所擬章程與他人所擬章程同一利便，直隸督憲必須准該執事人承辦。

四、該創辦執事並該執事以後接任之人召集公司，並在公堂註冊，取名天津電燈電車公司。倘若後該執事由地方官領受地段房產，應將該地段房產以及各等權衡利便、專權、特權、文憑、權柄，盡行轉授公司，並令該公司於合同所訂章程遵照辦理。授受時，需先與地方官商允，方可舉辦。

五、茲將電車所應築之軌道開列如下：
甲、由天津車站至東浮橋，此段道路經過洋人租界，應先與該租界官員商量，方可舉辦。
乙、由閘口依沿河馬路至天津東北、西北城角止。
丙、由天津西北城角至西南城角止。
丁、由天津西北城角至運河與土圍牆相接之處止。
戊、由天津南門至北門外西沽止。
己、由天津西南城角至東南城角止。
以上所訂道路，如經彼此商允，均可隨時續長更改。

六、凡在地方官境內安置電車鐵道，如須占用華人地段，庶安設妥當俾行車無礙於人。該地方官應先知照該華人地段業主，至應給地價若干，需按地方官委熟識地產之人估價由公司照價購買。給價後，即由公司收入管業，收業時仍須地方官派人按律竭力照料。

七、所有該公司電車經過之路，需用合宜材料隨時修整，以合地方官之意爲是。至修路費用由公司自備。凡鐵軌中間地段及距鐵軌兩旁各50生的密達之地並平設雙軌地方，如鐵軌相隔中間地段不過150生的密達者，均應一律由公司修理。

八、將來該公司照本合同開築道路時，如地方官請將該道路開築能容各等

車輛往來，俟該道告成，地方官將道路查看妥當後，即按所須開築之費，由地方官照每百幫補 30，但該道路仍須留出步行之路。總之，必以該道路爲公眾之路。至步行之路最窄須距鐵軌 2 密達寬，騎電車經過附近民房，至少須離 2 密達。安設鐵軌時，亟宜留意照辦。

九、倘該公司欲在東浮橋左右建築橋樑並修造兩岸橋坡，以便安設鐵軌渡河。如地方官請將該橋樑築成，除足容電車開行，尚敷往來車輛。俟築成後，由地方官驗明該橋樑實系除足容電車開行尚敷往來車輛，所須築費，應由地方官助資一半。

十、所有該公司開築與假用之各道路，均允眾人任便來往。不允索費。凡建築道路一經告成，由地方官驗妥後，即許公眾需用。該道路兩旁須備築步行之路，此路以 2 密達寬爲最少。倘該公司按合同第五款所指軌道欲築橋樑，應先繪圖送請地方官查核准行。如地方官請將該橋樑築成除足容電車外尚敷車輛往來。築成後，由地方官將橋樑查驗，實系足容電車開行且尚敷往來車輛，即照所須築費若干，由地方官貼補一半。

十一、引電行車並燃電燈，俱用懸線引電之法。其法係將電力由電機引至掛線送入車機。倘日後欲變法引電，無論爲行車或燃燈之用，一經商允地方官，領有准憑後，任由該公司設法更改，至如何更改之處，應遵照地方官章程辦理。

十二、公司每年所得進款，於未扣除公費薪工及各項支用以前，應按每百抽一，交與地方官爲餉，並扣除薪費各項開銷外，照所得實利另提一款，備付資本七分年利。再由所餘淨利，按每百抽十交與該地方官，或其後任官員爲餉。倘該公司將車道電燈推設至地方官轄境以外，年餉應分多寡，即按該時地方官轄境內外里數若干，分別折算進款，按數算餉。

十三、所有道路，業經公司安配軌道，於未開車以前，當如何安置電燈，應先由該公司繪圖，送請地方官考核。遇有應該 之處，即照該地方官指示更正。俟批准後，即將電燈燈杆並各等應用器具於該道路妥爲安設，隨時修理。至燃燈時候，以每天日落起至日出止，周年不誤。倘地方官以該道路所燃電燈並無貽誤，即按該公司向民間所收燈費發給半價。凡道路有未經設軌行車者，如按以上訂

章安設器具點燃電燈，即按公司向民間所收燈費發給 3/4，至安設電燈各費，均由公司自備。

十四、自西曆 1903 年 1 月 1 日起，至 21 年後或遞續每 7 年後，如由地方關於該屆後 6 各月內函請承買公司電業，該公司即將所有地段、房產、材料、機器、與該電業合用者，並將在該地方轄境內准辦各利權，一概交付地方官自辦。承買後，所有該公司與該執事並該電業各人之權衡利便專權權柄文憑，於此次辦理電燈電車應領者或將來應領者，概作轉售地方官收領為業。給價多寡，即由地方官函告之日起，推算以前 3 年所得之淨利攤勻，按每年所得利數照 6 厘申計價值若干，由地方官照數發給。但所發之價，不得因合同之言妨礙，少於時價。倘有爭論，應延中人定奪為準。承買時須全行購買，不得分段擇購。

十五、該公司需註冊掛號為公眾公司。准於西曆 1903 年 1 月 1 日開辦工程至 1903 年 7 月 1 日止，其間不許停歇，訂於 1903 年 7 月 1 日以前，准將自天津西北城角依城基延河馬路過閘口而至鐵道橋之一段一律竣工，以備開車裝送貨客。倘該公司因與租界工部局或他等官員商量該處道路事件有延時日，該地方官應度情展限，惟不得過於耽擱竣工。

十六、該公司與其辦公人代理人包工人與各包公所雇工人，並包工之替辦人，以及各等人員辦理電燈電車器具者，均應遵守地方官所訂之巡警衛生保衛公眾及他像各等章程。倘有違背，可向該各人應管之官員控訴。該各人不得與該地方官所訂章程與渠並無干涉，藉詞辯白。

十七、各包工人舉辦各項事務須慎重，以免誤傷他人。倘有冒險之處須示號記。或出別法慎重標明，俾眾周知。並聽從地方官隨時指示，俾得保全各人利益之處，並杜防冒險之虞。如有故違，致他人吃虧受傷等事，惟該包工人是問。

十八、所有安設電燈電車器具，各道路地段，不拘本合同之辭旨若何，該地道只准該公司並電業人假用，以便安設電車電燈器具，並非與以別項管轄權衡。

十九、倘公司將來或有虧本，任由地方官按本合同第十四款所訂章程承

買管業。

二十、該執事人如將本合同訂予之權衡利便專權權柄文憑或全行或逐件
轉授別人，必須令該人於另設合立公司，未開辦工程以前，應將
照本合同所領之權衡利便專權權柄文憑盡付該公司。但地方官只
准該執事將此專權合同賣與按西律已經掛號並允合地方官意見之
妥當公司。

二十一、倘該公司違背本合同章程，無須先請公堂定奪，准地方官徑赴
應轄境內該公司作工之道路地段，責令立即停工。俟該公司照
章更正，方准再行開工。至道路開工時該公司應設法布置，俾
得行人車輛往來無礙。

二十二、該公司辦事局董，應按華洋股份若干分給權衡。但該公司華人
股份不論有無，至少須有華董二人會同洋董辦事。

二十三、該公司召集股份，需先由華商召集承領，倘所招華股實有不足，
及准該公司補招洋商股份。

二十四、該公司倘日後在各租界安設電車電燈訂立合同，如查該合同較
比本合同所許天津城廂利益之處尚多，則該公司亦應以給租界
最優之利，照給天津城廂，以昭公允。

二十五、俟該公司合立後，應按本合同所訂各節目另定合同，由地方官
與該公司彼此簽字。倘地方官請該公司簽字，該公司如有不肯
本合同作為罷論。

二十六、本合同按英律施行。

資料來源：〈比商原合同稿〉，收入天津市檔案館編輯，《袁世凱天津檔案史料
選編》（天津：天津古籍出版社，1990 年 12 月第 1 版第 1 次印刷）。
頁 151-155。

十三、天津電燈車路公司章程

一、北洋大臣袁批准世昌洋行海禮承辦天津地方電車電燈事，所有電車
經行之路，另有詳圖指明地段，呈請北洋大臣核准。

二、海禮能立公司辦理電燈車路，該公司稟明中國地方官批准，以 25 萬
鎊為開辦之資本，名曰：天津電燈車路公司。

三、北洋大臣准該公司在天津獨自一家築造承辦電燈車路，以 50 年為期，

所准之圍園，以城內鼓樓爲中心，其半徑線至邊界，不得過 6 里之外。

四、該公司若未奉北洋大臣批准，不得將公司之事業或權利，售賣或轉讓與別人或他公司承辦。

五、始創擬築車路經行各路地段，詳列於後：

甲、自閘口起，沿河直至天津城之東北隅、西北隅。

乙、自城圍繞，從西北隅至西南隅，自西南隅至東南隅，自東南隅至東北隅。

丙、自北門至西沽。

丁、自城之西北隅至土牆御河接連外，與天津濟安自來水吸水處相近。

以上之路，今已載明圖內，可以速即興工築造，倘日後接造加寬，該公司須另呈詳圖，請北洋大臣核准，然後興工。天津城廂不論何處，如地方官欲安設電燈車路，該公司均須承辦。但須於開工之前，限以 6 個月預備一切也。如該公司不願承辦，或限滿不辦，地方官即可與他人或他公司議辦。惟與現今之合同無涉。此後，倘地方官於辦理此項電燈車路，意欲允給他人格外利益，須先讓天津電燈車路公司承辦，如該公司辭而不辦，地方官可按照該公司所辭不辦之章程令他人承辦。設使此項工程已由公司於限內承辦，開工至 2 年不完，則地方官亦可令他人辦理，該公司不得異言。由完工之日起，在 2 年之內，除載明在第十六款築造之車路外，地方官不得飭另修築。

六、所築車路之地，如有須用民地之處，該公司應請地方官飭知業主，令將其地租與公司，亦照承辦車路之年限爲期，其租價須由地方官及公司所派之員按市價公平核定，先交 5 年租價，按照銀行通例，九五折扣，既交之後，地方官須即設法將該地交與公司占用，以後之地租按年先付。如遇房屋，另按所值給價。

七、所有車路經過之道，其路在鐵軌之中，以及在鐵軌之左右各英尺 9 吋，均經歸該公司修理。雙軌只准築在寬闊之路，足敷行人往返，如沿河以及北馬路，由城之東北隅至北門，右由北門至御河近北浮橋。若在他路以及城內之街道，該車路只准單軌，以及應用之叉軌。

八、車路築在路之旁邊，不得占 13 英尺之外。興工築路時，不能有礙行

人車輛來往。如公司築造新路專爲車路用者，建修費用由公司自給。倘築路時，地方官欲令加闊，以便行人車輛往返，地方官應補貼加寬之路價，該價憑天津工程局與該公司所派之人秉公議定，倘議不合，兩造請一熟悉此項工程之公正人斷定。

九、倘該公司欲造車路橋樑，須用啓閉活橋，不得有礙船路，如所造橋樑專備車路之用，建修費由公司自給，倘地方官欲令加寬，以便行人車輛往返，其加寬之橋價，照第八款核定。

十、該公司建築修補之路，須先由地方官驗看平妥之後，車輛行人即可任便行走，一概捐費公司不得徵收。其電車所經之路車輛行人章程，須由地方官曉諭舉行。

十一、該公司所用電汽行動路車之法，須用過頭高竿系以電線牽垂車頂，倘日後改用新法，須先稟明地方官批准方可改換。該公司之鐵軌須與路平，決不有礙車輛來往。凡車輛在鐵軌之上來往，不礙電車行動者，該公司不能阻止。

十二、該公司所進之毛利，即每年於未曾開支行車費、薪水及所有各項之前，應先付報效地方官三分半（即每百兩三兩五錢）。既分股東官利一成二（即每百兩十二兩也）之後，所有餘利，須再以一成報效中國國家。倘分股東官利一成五之後，須再以二成報效中國國家。其官吏須照天津所用之股本核算，不得照該公司掛名之股份計算。無論官利以現銀或股票或紅利付給以上報效之法均按核算。有意少派官利及不按規例另立名目等等皆屬舞弊之事。除報效而外，別無他項捐稅。倘該公司將車路接造至租界地方，該公司應將加長接至租界車路之報效付與租界工部局，不得付與中國地方官。該公司應付中國之報效，須照在中國界內車路之里數與車路全盤之總里數核算。於批准開工築路之日，無論工開與否，該公司須付北洋大臣批准費銀 5 萬兩，如不付此款，雖批准亦作廢矣。所有該公司應用一切材料，只完海關例稅，並無他稅也。

十三、設立電燈作路燈者，該公司另備圖樣呈與北洋大臣核准興辦。所設之路燈，由日落時放光，至日出時止。所有路燈設在車路之路上者，地方官應付該公司電力每一英商部所定電碼，不得過洋 0.16 元。無車路之處，須付電力每電碼不得過洋.27 元。其裝造路燈一

切費用，均由該公司自備。造成完工後，倘路燈並配件等有破碎之事，地方官應付修補費 4/10。用舊點壞之燈，不計新舊，舊鐵橋以及官渡上岸處所用電燈，該公司不取分文。中國元旦日，以及兩宮萬壽聖節，每次該公司報效萬壽龍亭電光 200 盞系 16 枝燭光。期後收回，裝卸電力分文不取。其燃燈之時均聽地方官自定。各善堂如附近電線經過之處擬用電燈者，其電力只收半價，此款之燈頭總數不得過 300 盞，此數亦不能增減。在此合同期內，督院、鹽運司署、海關道署、天津道署、天津府並天津縣署安設電燈，其電力亦收半價。但裝設燈頭電線配件，按照合同照章過價。至於電燈民價無論爲何，每一英商部所訂之起碼電力不得過洋元 0.36 元。一俟公司按年能派官利至一成二分之數，其官利須照天津所用之股本核算，民價即須減至 0.33 元。商民人等有願燃電燈者，電燈電線如何安置及燈頭之多寡均聽其便，如有願自裝自置其燈者亦聽其便。但電表須由燃主向該公司購買，其價須照公道市價，或買公司允准之家。惟所燃之電燈，其電力須照電表供給，燃主只按電表付價，電表則歸燃主收執。該公司修造電燈雖經批准，但不得阻止中國國家暨各官長在衙署或私宅修造電燈，亦不得阻止中國國家允准商民人等在其院內修造電燈也。但除公司電線之外，不准電線過皆以引電燈以及行動機器等用。電車二等搭客在 4 里路之內，該公司至多收每位洋元 0.05 元。此外，多行 1 里加洋 0.15 元，頭等客位加倍。貨物每噸每里不得過洋 0.20 元。其上下力不在此內。以上價則系按每洋合 20 便士計算也。

十四、由電車行動之日起，20 年後，地方官可以買回全盤之電燈車路。如至期不買回，須候 7 年方可。嗣後均以 7 年爲一期。地方官如有意買回，須在一年之前先行知會該公司。其買回之價，地方官須付該公司 15 年 1 年之利益。所謂 1 年者，即照知會日之前 3 年利益之總數以 3 分之所得 1 份是也。議定買回之價，決不能少過該公司已用築造以及全盤裝設之項，惟修補之費不在此內。買回之後，地方官應照辦。該公司於賣出之日起算 3 年以前專爲電燈車路之事所訂一切合同。至於裁留各司事並經理人按合同與否，以及由各製造廠購辦材料，地方官自有權衡，全憑自行采擇，該

公司不得與聞。即攤派官利與調動公款各項，一切與該公司無涉。此款中如有議論不明之處，照第二十五款請秉公人理斷。

十五、該公司承辦電車路 50 年之後，由開車裝運客貨之日起，一切鐵路房屋木料地基機器等，在中國界內以及天津各租界內，均皆報效直隸總督，並一切車輛以及該公司各種產業，在中國界內與天津各租界內，並該公司與各租界所訂之合同所得之權利，亦在報效例內。在此合同期內，所有以上所載各產業，平時須加易修整。交與中國地方官時必須完固。

十六、該公司既由北洋大臣批准爲集股公司，候此合同簽字並開辦招股後遂即興辦。開工築造自城東北隅延河至閘口至法租界工程，自動工之日起算，限於 18 個月完成，倘因與租界工部局商訂章程有所耽延，北洋大臣允准展現 1 年再行動工如至期不能完工，除公司人力不及不計之外，雖批准亦作廢矣。至於電燈一節，自蒙北洋大臣批准圖樣之日起，限於 15 個月內必須完竣。

十七、該公司所有中外一切司事人員以及包工小工人等，均須遵守地方官所示公道合例規條，如有犯者，罰辦剔革。

十八、包工人必須謹愼，時常照管小工，告誡大眾，不許妄動機器，該公司所有訂立合同之人均須遵守地方官合例之規條。

十九、其未奉北洋大臣批准之處，該公司不得築造電燈車路在地方官管轄之界內。

二十、如該公司違犯所訂條款，秉公人議定之後，北洋大臣可以將其違犯之處通知公司，並不必知會領事，即可暫行掌執該公司全盤機器車路，或停工，或自動接辦，均聽其便。一俟公司將所犯之事調理妥當之後，該公司即可全盤領回，按照二十五款秉公人所議定章程接辦矣。

二十一、如該公司在天津各租界築造電燈車路者，其電力車價租界多得益處，中國亦當一體均沾。

二十二、該公司本埠董事須有 6 位，華董 3 人洋董 3 人，華董由直督選派，洋董由公司選派。每逢聚會議事時，所議各事最少須有 4 董允洽方可照辦，如 3 董與 3 董意見不同，騎士須候股東會議再行定奪。

二十三、車路上如有傷人斃命毀損產業等事，其禍出於該公司所用之人，公司必須格外賠恤各受害之家。以公司所償不足控諸有司，地方官如准其稟，可以通知公司教以辦法，倘公司不能允從，即按二十五款請秉公人妥理。

二十四、所有本處德律風線電線暨自來水管，因該公司之過而受毀損，均為該公司是問。

二十五、凡公司或公司之洋人與中國人民有所爭執，除刑名案件不在此內，須請地方官會同公司所派之人秉公和平判斷，倘彼此有意見不同之處，須各派一秉公人妥理，如此秉公人仍不能斷，則由此二人另公舉一人以決之。如公司與地方官有所爭執，亦須照上由秉公人決斷，無論與該公司交涉何事，倘該公司有不依合同者，地方官無須知會各國領事暨各國衙署，使該公司照約舉行。倘有華人或某公司為該公司或該公司代理人欺侮，此華人或某公司即可稟訴於中國地方官，轉交該公司按照此款所訂辦理，不得交領事或外國衙署辦理。

二十六、北洋大臣既准該公司始創興辦，允准鼎力保護，並按第二十二款派華董事代執督理之全權，至稽查該公司之進款官利，以定報效之多少，只憑所派之華董事辦理為準。所有直督之意見與各項曉諭，均由華董事轉達。倘非實有礙公司利權者，該公司均應循禮遵聽。倘此款中有爭執不明之處，請秉公人定奪，與各董事無涉。

二十七、以上各款章程繕就四套，每套華、英文及圖樣各一紙，華、英文字均已詳對無訛。公司之經理人暨北洋大臣所派之委員均認無訛。嗣後遇有爭執，華、英文均可作准。此四套章程，將先由北洋大臣之委員及公司所派人樹押，然後，呈請北洋大臣批准用印，以 2 套存公司備查，1 套存海關道署備案，一套存天津府衙門備案。

資料來源：〈批准創辦天津電車電燈公司章程〉，收入天津市檔案館編輯，《袁世凱天津檔案史料選編》（天津：天津古籍出版社，1990 年 12 月第 1 版第 1 次印刷）。頁 156-161。

十四、直隸順德內邱臨城礦務合同

蘆漢鐵路總工程司沙多代鐵路比公司、礦務公司主約，以上兩比公司，設在北京都城；鐵路總公司參贊柯鴻年恭代督辦鐵路總公司大臣盛主約；前直隸總督部堂李札委順德內邱臨城礦務局總辦鈕秉臣、會辦龔照璵，管即全局事宜，躬代局內各股東主約。按華曆光緒二十七年十一月十五日，即西曆一千九百零二年十二月二十五，將順德、內邱、臨城各處礦務與比公司代理人沙多切實計議，茲已委派礦師勘驗各礦，比公司代理人沙多與礦務局總辦鈕秉臣、會辦龔照璵合辦新設礦務公司，辦理礦事，訂立續約條目：開列如下：

第一款　合辦礦務公司遵中國礦務章程辦理。本公司所立條款係用法文並華文，如疑似須查考者，以法文為憑。至本公司股票所載數目並一切簿結均用法金佛郎克核計。

第二款　本公司股本分為兩種：一正股，一副股，其副股之數與正股相同。

第三款　順德內邱臨城礦務局當將礦內地界一切承辦文憑並各項產業以及契據、租地、帳簿、憑摺、安設機器等項造具清冊，點交新公司，作為合股股本。礦務比公司已有礦師摺略登載各樣數目，切實詳細，當交新公司接管，各項須照原式。總辦鈕秉臣、會辦龔照璵擔承照約。該礦務局已有鄰近上坪磁窯溝南陽寨永固崗頭石固膠泥溝楊家灣新莊竹壁牟村焦村各處新舊煤井若干個，奉准可以設法取煤及在各井周圍十里之內，他人不得開採。又該局已奉准可以用機器開取。順德、內邱、臨城等處合辦時尚有藏儲煤炭，應歸還礦務局。

第四款　礦務局當將所有自置產業、房地統交新公司收執。如有租就產業，礦務局應使新公司得以接連承租。

第五款　新公司應付礦務局公砝平足銀十萬兩，並正股票若干張，其票面數目應合銀三十二萬五千兩，但股票須載法金佛郎克，於交款之日，由北京道勝銀行按時償科合銀兩，並副票若干張，與正股票之數目相同。至新公司應用股本，不得逾八百萬佛郎克之數。如日後尚須添招新股，礦務局各股東應得添購新股若干，其數目當以礦務局原得之股相比例，不得參差。

第六款　進款內先劃出一款，以爲公積，餘則爲餘利。餘利內提出應付股息之款，按股本每年八釐核算，再劃出遞次還本並公司會董費用之款，所餘餘利即爲實贏餘利，遵照礦路總局章程，扣留一款，報效中國國家，其餘歸副股按股均分。

第七款　正、副股票，俟礦務局已將各項產業、廠機、契據、租約及承辦礦務疊次案券交新公司一個月內，礦務比公司即將正、副股票交與總辦鈕秉臣、會辦冀照璵收執，分給前手股東。其餘十萬現銀，於本合同簽字之日，先撥三萬兩，面交礦務局總辦鈕秉臣、會辦冀照璵，以還礦務局外欠帳目，本合同即作爲該款收據。如遇無論何項事故，致本合同不能成議，當著礦務總辦鈕秉臣、會辦冀照璵歸還三萬兩之款，於西歷一千九百零三年正月一號交礦務局比公司代理人沙多收回。亦或以礦務局所存美質火車合用之煤斤按市價作抵，如本合同成議，當交接各項產業、廠機、契據、租約、承辦礦務疊次案券之日，找付現銀七萬兩，共成十萬兩之數。

第八款　比公司代理人沙多應將本合同送交中國鐵路總公司、鐵路比公司，礦務比公司核准，而設立新公司，並議一切章程以及各項應辦事宜需時七個半月，當於西曆一千九百零三年正月一號止，即於一千九百零三年三月一號以前代理人沙多應議定新公司各項應辦條款，作爲成議，交於礦務局總辦鈕秉臣、會辦冀照璵。該新公司條款應與總辦鈕秉臣、會辦冀照璵和商辦理。

本合同抄繕華、洋文各五分，如有疑似查考之處，以法文爲憑。

鐵路總工程司代理比公司沙多

鐵路參贊柯鴻年

總辦礦務局鈕秉臣

會辦礦務局冀照璵

光緒二十八年三月

資料來源：王鐵崖編，《中外舊約章彙編》（上海：生活、讀書、新知三聯書店，1957 年 9 月北京第 1 版第 1 次印刷），頁 37-39。

十五、臨城礦務借款合同

1905 年 3 月 22 日，光緒 31 年 2 月 17 日，天津。

津海關道現奉北洋大臣袁札委督辦臨城、內邱、高邑境內煤脈相接之礦，茲因該局應辦一切事宜，特與建造蘆漢鐵路總工程司，即比京之辦理中華鐵路公司代理人沙多，訂立合同如左，該辦理中華鐵路公司系駐比京代理將來新設之直隸臨城礦務借款公司一切事宜，此合同內所有臨城礦局稱爲直隸臨城礦務局，比國代理直隸臨城礦務借款公司稱爲蘆漢公司。

第一款　　直隸臨城礦務局議定籌備借款項，以足敷購置新式機器爲擴充臨城礦務之用，且因該礦附近鐵路所出煤斤可藉蘆漢鐵路轉運，以便銷售起見。

第二款　　直隸臨城礦務局議定籌借法金三百萬佛郎，約合銀九時二萬三千兩，由蘆漢公司承認籌備全數，借與臨城礦務局。

第三款　　此項借款並借款之應納七釐利息，將直隸臨城礦務局所有新舊產業作第一次抵押，以上產業，直隸臨城礦務局承認並無另押與他人情事。

第四款　　直隸臨城礦務局與蘆漢公司彼此議定，俟需款之時，由蘆漢公司將所借之全數分四期交清，按十成計算，每次交足二成五，撥入彼此互允之銀行，以便應支。

第五款　　在此合同期內，所有該礦一切事宜應由直隸臨城礦務局與蘆漢公司合辦。直隸臨城礦務局應派華總辦一員，華工程司一員及各華員。蘆漢公司應派洋工程總辦一員及各洋員均須彼此會商妥洽後，方能委派。所有該礦公事並添置機器、購買材料以及各項賬目，每事須華、洋總辦互相商妥方可舉行。遇有應行公事亦須由華、洋總辦商定後，用直隸臨城礦務局出名，公同畫押。

第六款　　一、直隸臨城礦務局本有之利益以及各項建業、房屋、礦井、機器連勘驗費在內共值實銀五十萬兩。此五十萬兩內以四十八萬兩作爲直隸臨城礦務局本有之利益以及現有各項產業、房屋、礦井、機器之價值。其餘之二萬兩應交還中國地方官收回。其蘆漢公司從前細勘該礦之費用各款，現訂定撥十三萬佛郎，作爲蘆漢公司名下之款。

二、直隸臨城礦務局所有利益、產業共值五十萬兩之數，蘆漢公
　　司承認在借款之內先撥十五萬兩，交還直隸臨城礦務局收
　　回，分三期交清：第一期俟奉政府批准合辦時即交銀五萬
　　兩，其本款第一段內所載應交還中國地方官之勘辦費銀二萬
　　兩即在此第一期所交五萬兩之內，無須另交；第二期俟華、
　　洋總辦到局開辦時再交銀五萬兩；第三期於第二期付清兩個
　　月之後即再交銀五萬兩。至所餘之款三十五萬兩，不交現
　　銀，作爲直隸臨城礦務局股本，按第七款內照股分息。蘆漢
　　公司名下所有之十三萬佛郎當於華、洋總辦到局接辦時，交
　　還現銀六萬五千佛郎與蘆漢公司收回，下餘之六萬五千佛
　　郎，作爲蘆漢公司之股本，亦按第七款內照股分息。

三、奉政府批准合辦之後，直隸臨城礦務局暨蘆漢公司須即接
　　收臨城舊局所有產業、房屋、礦井、機器，立即從善辦理。

第七款　合辦後每年所得利息照後開章程辦理：甲、先付佛郎借款利息，
　　　　按常年七釐計算，每年一付，即借款每百兩息銀七兩。乙、既
　　　　付借款利息之後須交第六款兩局所出三十五萬兩暨六萬五千佛
　　　　郎股本之利息，亦按常年七釐計算，每年一付，即股本每百兩
　　　　息銀七兩。丙、既支以上兩項利息之後所餘之款，每百兩撥交
　　　　直隸臨城礦務局十兩，作爲直隸臨城礦務局公積之款，與蘆漢
　　　　公司無涉。丁、再有餘款歸直隸臨城礦務局暨蔗蘆漢公司公同
　　　　均分、各得一半。

第八款　建造新式機器約計至遲不得過二年之期，其建造新式機器未完
　　　　以前，所有舊機器所得利益如不敷支借款以及股本之利息，凡
　　　　不足之款當由借本內撥出交付。至借款利息祇按已交之款若干
　　　　於交款日行息。其兩局訂定之股本利息應視已交之借款若干，
　　　　按照借款全數彼此分成折算，如借款祇交二成，則兩局所有股
　　　　本亦按一分行息。至新式機器造成開用以後，兩局所有之股本
　　　　即按三十五萬兩暨六萬五千佛郎之數行息。

第九款　此項借款由中國政府批准之日起，以三十年爲期。前十五年按
　　　　借款交到實數，照第七款付利，自第十六年起分年還本，將借
　　　　款三百萬佛郎每年付還金本十五分之一，即每年付二十萬佛

郎；應付之七釐借息隨本遞減。即將第七款丁字項下蘆漢公司
名下應得之一半餘款，自十六年至二十年，其所餘之款仍按第
七款丁字項下均分一辦，自二十一年至三十年，蘆漢公司僅得
所有餘款四成也。至第三十年，本利全清，並將蘆漢公司名下
之股本銀二萬兩每兩按三佛郎二五計算，於期滿時一併付足
後，所有直隸臨城礦務局利益、產業即與蘆漢公司無涉，此項
合同即行作廢。

第十款　此項款至十五年之後，直隸臨城礦務局可以將此合同停辦，惟
直隸臨城礦務局欲將此合同停辦時須在一年之前先行知會蘆漢
公司，屆期由布直隸臨城礦務局將借款九十二萬三千兩全數付
足，並將第六款蘆漢公用名下之股本六萬五千佛郎一併交還，
加以十五倍一年之利益。所謂十五倍一年之利益者即按第七款
丁字項下最近五年蘆漢公司所得之利總共之數，按五分均分
後，將所得之一分加足十五倍計算。至此項應得十五倍一年之
利益，按全數借款計算，不得過九成之多，方能照給，如過九
成之外，亦祇按九成照給。如至十五年之後，蘆漢公司欲將此
合同停辦，須在一年之前先行知會直隸臨城礦務局，如是則臨
城礦務局祇還全數借款暨盧蘆漢公司名下股本計六萬五千佛
郎，無須另加利益。倘至十五年之後，直隸臨城礦務與蘆漢公
司均不欲即行停辦，則按照第九款所載辦理。

第十一款　現訂明合同之借款止以直隸臨城礦務局產業暨股本作為第一
次抵押。倘該產業及股本將來不足以償此項借款或此項借款
利息，其下欠之款與中國國家及官府無涉；即與該局股友，
除以其應得該礦利益抵完外，亦不再干涉。

第十二款　在此合同未經作廢及停辦以前，直隸臨城礦務局未經蘆漢公
司允准，不得擅與他人另立合用。倘至第十五年之時，直隸
臨城礦務局欲借洋債，以還蘆漢公司全數借款，其時直隸臨
城礦務局欲給他人利息、須照擬給他人之章程先讓蘆漢公司
承辦，如蘆漢公司不願承辦，方能另讓他人，此係指擬借洋
債而言。至或十五年以後，中國官商自行籌款接辦，則照第
十款清還欠款後，蘆漢公司祇可退出，不得有異言。至蘆漢

公司未經直隸臨城礦務局允准，亦不得將其合辦利權並股分轉讓他人承辦。

第十三款　蘆漢公司承運直隸臨城礦務局所出之煤，所有運費須按每次各車滿載煤觔，不拘遠近，每噸應交運費不得過洋一角五分，再按每英里計算，每一英里從廉加給運費每噸不稱過洋一分以上。價則係按每洋合二佛郎以上計算，倘每洋合二佛郎以下，其價應另行遞加。至蘆漢自用之煤，其媒價可照本處公平市價，按七五折算給。

第十四款　該局報效中國國家並本省官款須按煤觔出礦之價，"每值銀一兩內以五分作爲報效（即每百兩五兩）。所徵稅釐按照開平礦局章程辦理，每噸納釐金淨錢八十四文，另納稅銀一錢。鐵路、官局暨凡他官局所用煤觔祇納報砠之費。除以上稅釐並應納之地稅外，並無他稅。倘別項煤觔在直隸省有納稅較低者，直隸臨城礦務局所出之煤亦當援照完納，以歸一律。

第十五軟　該局應用一切礦務材料、物件祇完海關例稅，至其餘釐金各捐，一概豁免。

第十六款　凡有該礦一切事宜全仗北洋大臣維持保護，自應歸北洋大臣節制。所有事宜應由其所委之直隸臨城礦務局督辦、總辦並蘆漢公司所派之洋工程總辦等遵照北洋大臣指示辦理。倘非實有礙該礦利益者均應遵辦。

第十七款　倘兩局遇有爭執，直隸臨城礦務局暫暨蘆漢公司各請一秉公人判斷。如所請之秉公人不能判斷，則由二秉公人另公舉一人以決之。

第十八款　以上各款章程，繕就六套，每套華、英文各一紙，華、英文字均已詳對，兩局均認無訛。嗣後遇有爭執，華、英文均可作準。此合同六套，均由兩局所委之員畫押後呈送北洋大臣核准蓋印，轉請政府批准。其合同六套以一套存北洋大臣衙門備案，一套存津海關道署備案，以二套存直隸臨城礦務局備案，二套存蘆漢公司備查。

資料來源：王鐵崖編，《中外舊約章彙編》（上海：生活、讀書、新知三聯書店，1957 年 9 月北京第 1 版第 1 次印刷），頁 289-293。

十六、局外公法摘要

局外中立國之責任

一、局外者，不得干預戰事，應於彼此皆無資助，違者無論多少，皆以干預戰事論。

一、局外者，不得允戰國借境攻敵，如無力阻止，亦為背局外之責，敵國即可引兵入境、自行抵禦。

一、局外者，不得任聽戰國在境內交戰及修戰備。

一、局外者，不得允戰國在境內募兵，惟寄居境內之該國人民，則聽其招募，但不得屯兵境內。

一、局外者，不得貸國債于戰國，亦不得准其公向民間借款，惟民間若私行借助，則與本國無涉。

一、局外船隻，在戰疆內者，不得拒戰國兵船之搜查。

一、局外船隻，不得駛入戰國所封堵之口岸，違者該國可查獲入官。惟其因遭遇風浪駛入封堵口岸以避患者，則不可禁阻。

一、局外者，應嚴禁本國人民干預戰事，惟人民若私往投軍，則戰國可待之以敵，而本國不任其責。

一、敗軍逃入局外境內，該國應善為保護，惟當收其軍器而拘禁之，俟戰局告終，然後釋之回國，其供給等費，即向其本國取償。

一、戰船及軍需運船，駛入局外口岸，該國應派員監視，只准其停泊一晝夜，若值風浪危險難以出洋，或修補損傷未能完竣，或購辦糧炭不及齊備，則當核奪情形酌展期限，並禁其於停泊期內擴充戰備。

一。戰船追敵，駛入局外口岸。該國應留其追者，俟前船出口。經一晝夜，應候局外國水師提督或地方官命令，方准其前往。

一、局外者，應嚴禁本國人民代戰國購辦禁貨，或在境內製造禁貨運往戰國銷售，苟經敵國兵船查出其禁貨，較少者但將禁貨入官，餘貨及船仍應故行。若有確據證明，船戶實知情故犯，則船貨一併入官，惟不得另加懲罰。查禁貨約分四類，如左:一、炮彈、鉛丸、火藥及各項軍械。二、硝磺及製造火藥各種材料。三、可充戰用之船隻及其材料。四、關涉戰事之公文。

一、局外者，若准其民商售糧于戰國。應無分彼此，不得偏售于一國。

局外中立國之權利

一、局外者，既不干預戰事，仍得與戰國通便往來如常。

一、局外者，得設兵防堵本國疆界。

一、戰國不得稍犯局外疆界，違者如係誤犯，則當任賠償，如係故犯，既作爲開釁。

一、戰國不得封堵局外口岸。

一、戰國不得於局外境內緝捕敵船，或運售緝捕物件。

一、局外人民仍得與戰國通商如常，苟非用兵處所，不得有所禁阻。

一、局外者，所發給之護照證據，戰國間均當准行。

一、局外人民寄居戰國境內者，其身家財產，均仰該國保護，不得奪其資財或勒充兵役。

一、局外人民。如有僑居封堵口岸者，本國得派兵船前往保護，或接載出口無阻。

一、局外船隻得運載戰國公使及平民。

一、局外船隻所載戰國之貨物，及戰國船隻所載局外之貨物，苟非軍例所禁者，皆不得拿獲。

一、局外船隻所載軍器，若係專爲自護之用者，不得以禁貨論。

一、局外船隻，雖載有禁貨，若係運往局外之國者，則不得截留。

一、局外船隻，雖經戰國拿獲，不得逕行入公，應先經戰國法衙審訊，如果係犯禁，則照例處治。如係誤拿，則當罰獲者賠償損害，其額由法衙判定。

一、局外者得派官員前往觀戰，惟不得有所干預。

資料來源：〈密陳局外應擔責任片〉，光緒 29 年 12 月初 3 日，收入天津社會科學院歷史研究所編，廖一中、羅眞容整理，《袁世凱奏議》（天津：天津古籍出版社，1987 年），中冊，頁 877-880。

十七、局外中立條規

中國政府聲明局外特別事宜，如後開各項：

一、由北京至山海關各國留駐兵隊，以保海道之通暢，係按光緒二十七年七月二十五日即西曆千九百零一年九月初七日各國和約辦理，現仍應遵守此約原有宗旨，不得干涉此次變局之事。

一、凡寄居本國局外境內之他國人，如私行接濟兩戰國禁貨，有礙本國局外之責者，應由地方官設法禁止，或知照該管領事等官，分別究辦。

中國官民，應一律禁止有礙局外情事，如後開各項：

一、本國民人不得干預戰事暨往充兵役。

一、民間船隻不得往投戰國，或應招前往，辦理緝捕轉運各事。

一、不得將船隻租賣于戰國，或代為裝載軍火，或代為佈置一切，及幫助以上各事，以供其交戰及緝捕之用。

一、不得代戰國購辦禁貨，或在境內製造禁貨，運銷於戰國之陸海軍，所有禁貨如後列各項：

　　一、炮彈鉛丸火藥及各項軍械。

　　二、硝磺及製造火藥各種材料。

　　三、可充戰用之船隻及其材料。

　　四、關涉戰事之公文。

一、不得代戰國載運將弁兵卒。

一、不得以款項借與戰國。

一、船隻非避風患，不得擅人戰國所封堵之口岸。

一、船隻駛人戰疆，不得抗拒戰國兵船之搜查。

一、不得為戰國探報軍情。

一、除戰國各項船隻在中國口岸購辦行船必需之物，應遵守後列各專條外，不得售糧食煤炭與戰國。

中國應享局外之權利各項如後；

一、中國仍得與兩戰國通使往來如常。

一、中國得設兵防堵本國疆界。

一、戰國不得稍犯中國作為局外之疆界。

一、戰國不得封堵中國口岸。

一、中國所發給之護照文憑，兩戰國均當承認。

一、中國人民仍得與戰國通商如常，苟非用兵處所皆　　可前往貿易。

一、中國人民寄居戰國境內者，其身家財產均由該國保護，不得奪其資財或勒充兵役。

一、中國人民如有僑居戰國封堵口岸者，本國得派兵船前往保護，或接載出口。

一、中國船隻得運載戰國公使及其平民。

一、中國船隻所載戰國之貨物及戰國船隻所載中國之貨物，苟非軍例所禁者，可以往來無阻。

一、中國船『所載軍器，若系專爲自護之用者，不得以禁貨論。

一、中國船『雖載有禁貨，若系運往局外之國或運自局外之國者，戰國不得截留。

一、中國船隻倘經戰國拿護，不得逕行入公，應先經戰國法衙審訊，如果犯禁，方可按例懲治，如係誤拿，應由戰國賠償損害，其賠款由該戰國法衙判定。

一、中國得派官員前往觀戰，惟不得有所干預。

戰國陸軍如有在中國局外境內者，應遵守各項如後：

一、戰國陸軍如有敗逃入中國境內，應收其軍器，聽中國官員約束，不得擅自行動。

一、戰國逃兵在中國境內者，如乏衣食，中國政府當量力供給，俟戰事告終，應由戰國如數償還。

一、戰國之緝捕船隻，不得駛入海口地方，惟其因暫避風患，或修補損傷，或購求行船必需之物，實出於萬不得已者不在此例，一俟事畢即當開出該地方。

一、戰國兵船不得於中國各海口地方交戰，緝捕商船，或屯留該處爲海軍根據之地。

一、戰國兵船及軍需運船欲駛人中國海口地方者，如係尋常經過，並無他意，方准其駛人平時所准進出之口岸，限二十四點鐘內退出。若遇風浪危險，難以出洋，或修補損傷未能完竣，或購辦行船必需之糧食煤炭尙不足駛至最近口岸之數，則應聽中國水師統將或地方官酌展期限，一俟事畢，即當退出。

一、戰國兵船及軍需運船不得帶領所捕獲之船隻駛人中國口岸；惟或因避風患，或修補損傷，或購求行船必需之物件，實出於萬不得已者，不在此例，一俟事畢，即當退出。惟停泊之際，不得使俘虜登岸及銷售所虜船隻物件。

一、戰國不得在中國海口暨陸地局外疆界招募兵隊及購辦兵器彈藥及他種戰具；如遇有戰國兵船在中國海口修補損傷，其工程以能達最近之口岸爲度。

一、兩戰國兵船及軍需運船，如同在中國之一口岸內，其後到之船應俟前船出口，經一晝夜，奉有中國水師統將或地方官之命令方准前往。

一、所有未盡事宜，由各直省將軍督撫等隨時查看情形，參酌公法，分飭遵行。

以上各條，俟行文出示之日施行，應即一體遵照辦理毋違。

資料來源：〈日俄戰爭中國嚴守局外中立條規〉，光緒 29 年 12 月 27 日，收入王亮編、王彥威纂輯、王敬立校，《清季外交史料》，（臺北：文海出版社，民國 52 年 3 月初版），頁 36 下-38 上。

十八、中日會議東三省事宜正約暨附約

〈中日會議東三省事宜正約〉

大清國大皇帝陛下，大日本國大皇帝陛下，均願妥定光緒三十一年八月初七日，即明治三十八年九月初五日，日俄兩國簽訂和約內所列共同關涉各項事宜，茲照上開宗旨，訂立條約，爲此大清國大皇帝陛下簡授欽差全權大臣軍機大臣總理外務部事務和碩慶親王、欽差全權大臣軍機大臣外務部尙書會辦大臣瞿鴻璣、欽差全權大臣北洋大臣太子少保直隸總督袁世凱，大日本國大皇帝陛下簡授特派全權大使外務大臣從三位勳一等男爵小村壽太郎、特命全權公使從四位勳二等內田康哉，爲全權大臣，各將所奉全權文憑校閱，認明俱屬妥善，會商訂定。

各條款開列於下：

第一款　中國政府將俄國按照日俄和約第五款及第六款允讓日本國之一切概行允諾。

第二款　日本國政府承允按照中俄兩國所訂借地及造路原約實力遵行，嗣後遇事隨時與中國政府妥商厘定。

第三款　本條約由簽字蓋印之日起即當施行，並由大清國大皇帝陛下、大日本國大皇帝陛下御筆批准，由本約蓋印之日起兩個月以內，應從速將批准約本在北京互換。

爲此，兩國全權大臣繕備漢文日本文各二本，即於此約內簽名蓋印，以

昭信守。

大清國欽差全權大臣軍機大臣總理外務部事務慶親王

欽差全權大臣軍機大臣外務部尚書會辦大臣瞿鴻禨

欽差全權大臣北洋大臣太子少保直隸總督袁世凱

大日本國特派全權大使外務大臣從三位勳一等男爵小村壽太郎

特命全權公使從四位勳二等內田康哉

光緒三十一年十一月二十六日

明治三十八年十二月二十二日

立於北京

《附約》

大清國政府、大日本國政府，為在東三省地方彼此另有關涉事宜，應行定明、以便遵守起見，商訂各條款，開列於下：

第一款　中國政府應允侯日俄兩國軍隊撤退後，從速將下開各地方中國自行開埠通商：奉天省內之鳳凰城、遼陽、新民屯、鐵嶺、通江子、法庫門；吉林省內之長春（即寬城子）、吉林省城、哈爾濱、甯古塔、琿春、三姓；黑龍江省內之齊齊哈爾、海拉爾、璦琿、滿洲里。

第二款　因中國政府聲明，極盼日俄兩國將駐紮東三省軍隊暨護路兵隊從速撤退，日本國政府願副中國期望，如俄國允將護路兵撤退，或中俄兩國另有商訂妥善辦法，日本國政府允即一律照辦；又如滿洲地方平靖，外國人命產業中國均能保護周密，日本國亦可與俄國將護路兵同時撤退。

第三款　日本國軍隊一經由東三省某地方撤退，日本國政府應隨即將該地名知會中國政府，雖在日俄和約續加條款所訂之撤兵限期以內，即如上段所開，一準知會日本軍隊撤畢，則中國政府可得在各該地方酌派軍隊，以資地方治安。・日本軍隊未撤地方，倘有土匪擾害閭閻，中國地方官亦得以派相當兵隊前往剿捕，但不得進距日本駐兵界限二十華里以內。

第四款　日本國政府允因軍務上所必需，曾經在滿洲地方佔領或佔用之中國公私各產業，在撤兵時悉還中國官民接受，其屬無須備用

者，縣口在撤兵以前亦可交還。

第五款　中國政府爲妥行保全東三省各地方陣亡之日本軍隊將兵墳塋以及立有忠魂碑之地，務須竭力設法辦理。

第六款　中國政府允將由安東縣至奉天省城所築造之行軍鐵路仍由日本國政　府接續經管，改爲轉運各國工商貨物，自此路改良竣工之日起（除因運兵回國耽延十二個月不計外，限以二年爲改良竣工之期），以十五年爲限，即至光緒四十九年止，屆期彼此公請-他國公估人，按該路建置各物件估價，售與中國;末售以前，推出中國政府運送兵丁飾械，可按東省鐵路章程辦理。至該路改良辦法，應由日本承辦人員與中國特派人員妥實商議，所有辦理該路事務，中國政府援照東省鐵路諸合同派員查察經理，至該路轉運中國官商貨物價值應另訂詳章。

第七款　中日兩國政府爲圖來往輸運均臻興旺便捷起見，妥訂南滿洲鐵路與中國各鐵路接聯營業章程，務須從速另訂別約。

第八款　中國政府允南滿洲鐵路所需各項材料應豁免一切稅捐厘金。

第九款　所有奉省已開辦商埠之營口，曹雖允開埠尚未開辦之安東縣、奉天府各地方，其劃定日本租界之辦法，應由中日兩國官員另行妥商厘定。

第十款　中國政府允許設一中日木植公司，在鴨綠江右岸地方採伐木植，至該地段廣狹，年限多寡，譬公司如何設立，並一切合辦章程，應另訂詳細合同，總期中日股東利權均攤。

第十一款　滿韓交界陸路通商，彼此應按照相待最優國之例辦理。

第十二款　中日兩國政府允凡本日簽名蓋印之正約曹附約所載各款，遇事均以彼此相待最優之處施行。

本約由本日簽名蓋印之日起，即當施行，並本日簽訂之正約一經批准，本約亦視同一律批准。

爲此，兩國全權大臣各奉本國政府合宜委任，繕備漢文日本文各二本，即於此約內簽名蓋印，以昭信守。

大清國欽差全權大臣軍機大臣總理外務部事務慶親
王欽差全權大臣軍機大臣外務部尚書會辦大臣瞿鴻被

欽差全權大臣北洋大臣太子少保直隸總督袁世凱

大日本國特派全權大使外務大臣從三位勳一等男爵小村壽太郎

特命全權公使從四位勳二等內田康哉

光緒三十一年十一月二十六日

明治三十八年十二月

資料來源：田濤主編，《清朝條約全集》，影印本第三卷，頁 1411 下-1414 下。

十九、中日全權大臣會議東三省事宜節錄存記條目

（以下簡稱《會議節錄》）。此項《會議節錄》共有二十二號，除議定正附約各條款外，尚有以下十七條，聲明存記於《會議節錄》之內。

1. 開埠章程應由中國自定，但須與駐京日本公使妥商。（載《會議節錄》第二號）

2. 中國政府聲明：俄國在滿洲北方仍舊經營之鐵路須由中國確切措辦，以期務令俄國按照中俄原約實力遵行；俄國設有違礙條約之舉動，應由中國嚴責駁正，為旨。（載《會議節錄》第三號）

3. 俟日俄將來商議聯絡鐵路章程時，由日本先行期會中國，中國屆時可將欲派員會議之意知會俄國，同時與議。（載《會議節錄》第七號）

4. 如松花江行船之件俄國無異議，則中國亦可商允。（載《會議節錄》第七號）

5. 凡軍用必需以外，所有日本臣民若有意損壞取用中國官民各項產業，應由兩國政府查明，秉公分別飭令補還。（載《會議節錄》第九號）

6. 奉省附屬鐵路之礦產，無論已開未開，均應妥訂公允詳細章程，以便彼此遵守。（載《會議節錄》第十號）

7. 所有營口洋關所徵稅項，現歸日本國正金銀行收存，應俟屆撤兵時，交中國地方官查收。至於營口常關所徵稅項以及各地方捐款，原係充作地方公共各事之用，亦俟屆撤兵時將收支單開交中國地方官備案。（載《會議節錄》第十一號）

8. 中國政府為維持東省鐵路利益起見，於未收回該鐵路之前，允於該路附近不築並行幹路及有損于該路利益之支路。（載《會議節錄》第十一號）

9. 中國全權大臣聲明：自願俟東三省日俄商國撤兵後，即將撤兵地方按自治全權妥籌治理，以期治安。並按自治全權，在東三省地方興利除弊，認真整頓，使中外民商得安居樂業，同享中國政府妥實保護之益。至應如何整頓辦法悉由中國政府自行酌辦。(載《會議節錄》第十二號)

10. 中國地方官在未撤兵地方派兵剿匪，須先商酌日本駐紮武官，以免誤會。(載《會議節錄》第十三號)

11. 向駐營口之地方官，雖在日本軍隊由該處撤退以前，俟此約一定後，應由駐京日本公使會同外務部從速訂立日期。使原有之中國地方官迅速赴任視事。至因該埠日本軍隊尚多，務須商同訂立驗疫防疫章程，以免傳染。(載《會議節錄》第十四號)

12. 嗣後凡有關於奉天省陸線及旅、煙海線交接事件，可隨時隨事彼此商定辦法。(載《會議節錄》第十四號)

13. 由長春至吉林省城鐵路，由中國自行籌款築造，不敷之數允向日本國貸借，約以半數為度，其借款辦法屆時仿照中國山海關內外鐵路局向中英公司借款合同，參酌商訂，以二十五年為分還完畢之期。(《會議節錄》第十九號)

14. 日本國全權大臣聲明：駐留長春至旅大借地界之護路兵隊，在未撤以前，不至輒行牽礙中國地方治理之權，亦不擅出沿鐵路界限以外。(載《會議節錄》第十九號)

15. 日本國所留長春至旅大借地界內之護路兵隊，雖已載在本約條款，但中國視為尚未完備，應將此意在會議節錄內聲明。(載《會議節錄》第十九號)

16. 中國政府聲明:中國與日本國素敦友睦，此次日俄不幸失和，係在中國疆土構兵，現日俄既經修好，在東三省已無戰事，日本國待撤之兵隊雖仍有占守通例，乃近日日本國臣民在奉天省，時有干預中國地方官吏治及損壞中國公私產業等情。其係並非軍事必需，果有此項事件，在日本全權大臣亦視為非所應為，允將此聲明各意轉達日本政府，迅速設法約束在奉天省之日本臣民，益加敦睦，其係並非軍用必需者，勿致再有干預中國吏治曹損壞官民產業等事。(《會議節錄》第十九號)

17. 由奉天省城至新民府，日本國所築造行軍軌路，應由兩國政府派員公

平議價，售與中國，另由中國改爲自造鐵路，允在遼河以東，所需款項向日本公司貸借一半之數，分十八年爲借款還清之期，其借款辦法屆時仿照中國山海關內外鐵路局向中英公司借款合同，參酌商訂。此外各處軍用軌路俟屆撤兵時應一律撤去。（載《會議節錄》第二十號）

資料來源：王芸生，《六十年來中國與日本》，第四卷，頁 227-230。

參考書目

壹、中文部份

一、未刊檔案

1. 中央研究院近代史研究所檔案館館藏檔案
   《外交檔案》02-10，邊防界務。
   《外交檔案》02-14，條約。
   《外交檔案》02-21，保和會、紅十字會。
   《外交檔案》02-23，駐美使館保存檔案。
2. 中國第一歷史檔案館館藏檔案
   《錄副奏摺》，光緒朝，內政。

二、已刊檔案

1. 中央研究院近代史研究所編，《礦務檔》（台北：中央研究院近代史研究所，民國 74 年 4 月再版）。
2. 中國第一歷史檔案館編，《光緒宣統兩朝上諭檔》（廣西省桂林市：廣西師範大學出版社，1996 年 10 月第 1 版第 1 次印刷）。
3. 中國第一歷史檔案館編，《光緒朝硃批奏摺》（北京市：中華書局，1995 年 10 月第 1 版第 1 次印刷）。
4. 天津市檔案館編輯，《袁世凱天津檔案史料選編》（天津：天津古籍出版社，1990 年 12 月第 1 版第 1 次印刷）。
5. 天津社會科學院歷史研究所編，《1901 年美國對華外交檔案：有關義和團運動暨辛丑條約談判的文件》（山東：齊魯書社，1984 年 1 月第 1 版第 1 次印刷）。
6. 胡濱譯，《英國藍皮書有關義和團運動資料選譯》（北京：中華書局，1980 年 5 月第 1 版第 1 次印刷）。
7. 國立故宮博物院編，《宮中檔光緒朝奏摺》（台北：故宮博物院，民國 64 年 6 月出版）。

8. 孫瑞芹譯,《德國外交文件有關中國史料選譯》(北京:商務印書館,1960年3月第1版第1次印刷)。

9. 熊性美、閻光華主編,《開灤煤礦礦權史料》(天津:南開大學出版社,2004年9月第1版第1次印刷)。

10. 劉海岩等編,《八國聯軍佔領實錄:天津臨時政府會議紀要》(天津社會科學院出版社,2005年9月第1版第2次印刷)。

11. 遼寧省檔案館編,《日俄戰爭檔案史料》(瀋陽:遼寧古籍出版社,1995年8月第1版第1次印刷)。

三、史料彙編

1. 中央研究院近代史研究所編,《中美關係史料·光緒朝》(台北:中央研究院近代史研究所,民國78年12月初版)。

2. 丁韙良編,《同文館題名錄》,第七次,光緒24年刊本。

3. 中國近代經濟史資料叢刊編輯委員會主編,中華人民共和國海關總署研究室編譯,《辛丑和約訂立以後的商約談判》(北京:中華書局,1994年10月北京第1版第1次印刷)。

4. 中國近代經濟史資料叢刊編委會主編、魏子初編輯,《帝國主義與開灤煤礦》(上海市:神州國光社,1954年初版)。

5. 中國第一歷史檔案館編輯部編,《義和團檔案史料續編》(北京:中華書局,1990年)。

6. 中國第一歷史檔案館、福建師範大學歷史系合編,《清末教案》(北京:中華書局,1998年10月第1版第1次印刷)。

7. 王亮編、王彥威纂輯、王敬立校,《清季外交史料》,(臺北:文海出版社,民國52年3月初版)。

8. 王亮編、王彥威纂輯、王敬立校,《西巡大事記》,(臺北:文海出版社,民國52年3月初版)。

9. 北洋軍閥史料編委會編,《北洋軍閥史料·袁世凱卷》(天津:天津古籍出版,1992年)。

10. 李文海、林敦奎、林克光編著,《義和團運動史事要錄》(山東:齊魯書社,1986年12月第1版第1次印刷)

11. 宓汝成編,《中國近代鐵路史資料(1863-1911)》(北京市:中華書局,1963年第1版)。

12. 故宮博物院明清檔案部編,《義和團檔案史料》(北京:中華書局,1959年5月第1版第1次印刷)。

13. 楊家駱主編,《中日戰爭文獻彙編》(臺北:鼎文書局,民國62年9月初版)。

14. 楊家駱主編,《清光緒朝中日交涉史料》,(台北:鼎文書局,民國 67 年 9 月初版 。

15. 楊家駱主編,《義和團文獻彙編》(台北:鼎文書局,民國 62 年 9 月初版)。

16. 楊儒輯,《中俄會商交收東三省電報彙鈔》(台北:文海出版社,民國 74 年)。

17. 萬仁元主編,《袁世凱與北洋軍閥》(台北:台灣商務印書館,1994 年 7 月台灣初版第 1 次印刷)。

18. 魏子初編,《帝國主義與開灤煤礦》(上海:神州國光社,1954 年 1 月初版)。

四、史籍

1. 中華書局影印,《清實錄》,(北京:中華書局,1987 年 6 月第 1 版北京第 1 次印刷)。

2. 朱壽朋編,《光緒朝東華錄》,(北京:中華書局,1958 年初版)。

3. 國立故宮博物院,《清代起居注冊・光緒朝》(台北:國立故宮博物院,民國 76 年 2 月初版)。

4. 趙爾巽等撰,《新校本清史稿》(北京:中華書局,1977 年)。

五、政書

1. (清)徐世昌等編纂,吉林師範學院古籍研究所整理,李澍田等點校,《東三省政略》(吉林:吉林文史出版社,1989 年 2 月第 1 版第 1 次印刷)

2. 秦國經主編,唐益年、葉秀雲副主編,《清代官員履歷檔案全編》(上海:華東師範大學出版社,1997 年 10 月第 1 版第 1 次印刷)。

六、地方志書

1. 孫葆田等撰,《山東通志》(台北:華文書局,民國 58 年)。

2. 黃彭年等撰,《畿輔通志》(台北:華文書局,民國 57 年)。

七、工具書

1. 王鐵崖編,《中外舊約章彙編》(上海:生活、讀書、新知三聯書店,1957 年 9 月北京第 1 版第 1 次印刷)。

2. 中華民國史事紀要編輯委員會,《中華民國史事紀要,民國紀元前七年（1905）一至十二月份》(台北:國史館,民國 68 年 9 月出版)。

3. 田濤主編,《清朝條約全集》(黑龍江:黑龍江人民出版社,1999 年 6 月第 1 版第 1 次印刷)。

4. 北京敷文社編,《最近官紳履歷彙錄》(台北:文海出版社,民國 59 年出版)。

5. 故宮博物院明清檔案部、福建師範大學歷史系合編,《清季中外使領年表》（北京：中華書局，1985 年 10 月第 1 版第 1 次印刷）。

6. 劉壽林、萬仁元、王玉文、孔慶泰編,《民國職官年表》（北京：中華書局，1995 年 8 月北京第 1 版第 1 次印刷）。

7. 魏秀梅,《清季職官表附人物錄》（台北：中央研究院近代史研究所，民國 91 年 6 月再版）。

八、章奏、公牘

1. 天津社會科學院歷史研究所編：廖一中、羅眞容整理,《袁世凱奏議》（天津：天津古籍出版社，1987 年）。

2. 中國社會科學院近代史研究所近代史資料編輯室編,《山東義和團案卷》（山東：齊魯書社，1981 年 4 月第 1 版第 2 次印刷）。

3. 中國社會科學院近代史研究所、中國第一歷史檔案館合編,《籌筆偶存》（北京：中國社會科學出版社，1983 年 5 月第 1 版第 1 次印刷）。

4. 甘厚慈編,《北洋公牘類纂》（台北：文海出版社，民國 55 年）。

5. 沈祖憲編,《養壽園奏議輯要》（台北：文海出版社，民國 55 年）。

6. 沈祖憲編,《養壽園電稿》（台北：文海出版社，民國 55 年）。

7. 國立故宮博物院故宮文獻編輯委員會,《袁世凱奏摺專輯》（台北市：國立故宮博物院，民國 59 年 10 月出版）。

九、函電

1. 中國第二歷史檔案館、中國社會科學院近代史研究所合編、陳霞飛主編,《中國海關密檔——赫德、金登干函電匯編》（北京市：中華書局，1996 年 4 月第 1 版第 1 次印刷）。

2. 杜春和、耿來金、張秀清編,《榮祿存札》（濟南：齊魯書社，1986 年 12 月第 1 版第 1 次印刷）。

3. 翁萬戈輯著,《翁同龢文獻叢編》（台北：藝文印書館，民國 87 年 8 月初版）。

4. 袁世凱原著,駱寶善評點,《駱寶善評點袁世凱函牘》（湖南：岳麓書社，2005 年 8 月第 1 版第 1 次印刷）。

5. 陳旭麓、顧廷龍、汪熙主編,《義和團運動·盛宣懷檔案資料選輯七》（上海：上海人民出版社，2001 年 6 月第 1 版第 1 次印刷）。

十、文集、筆記

1. （德）瓦德西（Waldersee）撰、大西洋圖書公司編輯,《瓦德西拳亂筆記》（台北：大西洋圖書公司，民國 59 年）。

2. 李鴻章,《李鴻章全集》（海口：海南出版社，1997 年。據光緒三十一年

（1905）五月金陵刻本影印）。

3. 周學熙著，虞和平、夏良才編，《周學熙集》（武漢：華中師範大學，1999年 10 月第 1 版第 1 次印刷）。

4. 苑書義、孫華峰、李秉新主編，《張之洞全集》（河北：河北人民出版社，年月第 1 版第 1 次印刷）。

5. 盛宣懷，《愚齋存稿》（台北：文海出版社，民國 52 年 6 月初版）。

6. 黃遠庸，《遠生遺著》（台北：文海出版社，民國 55 年）。

7. 張品興主編，《梁啟超全集》（北京：北京出版社，1999 年 7 月第 1 版第 1 次印刷）。

8. 歐陽輔之編，《劉忠誠公（坤一）遺集》（台北：文海出版社，民國 57 年）。

9. 劉禹生，《世載堂雜憶》（北京：中華書局，1997 年 12 月湖北第 1 版第 2 次印刷）。

十一、自傳、回憶錄、年譜

1. 吉田良太郎編著、八詠樓主人編著，《西巡回鑾始末記》（台北，學生書局，1973 年）。

2. 岑學呂，《三水梁燕孫先生年譜》（台北：文星書店，民國 51 年 6 月出版）。

3. 吳長翼編，《八十三天皇帝夢》（北京：文史料出版社，1985 年 3 月第 1 版第 2 次印刷）。

4. 施肇基，《施肇基早年回憶錄》（台北：傳記文學出版社，民國 56 年 1 月 1 日初版）。

5. 袁靜雪原作，〈袁世凱的妻妾子女〉，《傳記文學》第 57 卷第 1 期。

6. 曹汝霖，《曹汝霖一生之回憶》（台北：傳記文學出版社，民國 69 年 6 月 1 日再版）。

7. 顏惠慶原著、姚崧齡譯，《顏惠慶自傳》（台北：傳記文學出版社，民國 78 年 6 月 1 日再版）。

十二、報紙、雜誌

1. 《大公報（天津）》

2. 《申報（上海）》

3. 《東方雜誌》

十三、傳記

1. （日）佐藤鐵治郎著，孔祥吉、（日）村田雄二郎整理，《一個日本記者筆下的袁世凱》（天津：天津古籍出版社，2005 年 5 月第 1 版第 1 次印刷）。

2. 石建國，《陸徵祥傳》（河北：河北人民出版社，1999 年 12 月第 1 版第 1

次印刷）。

3. 沈祖憲、吳闓生編纂，《容庵弟子記》（臺北：文海出版社，民國 55 年）。

4. 馬昌華主編，《淮系人物列傳——文職、北洋海軍、洋員》（合肥：黃山書社，1995 年 12 月第 1 版第 1 次印刷）。

5. 陳金林、齊德生、郭曼曼編輯，《清代碑傳全集》（上海：上海古籍出版社，1987 年 11 月第 1 版第 1 次印刷）。

6. 梁啓超，《李鴻章傳》（台北：立緒文化事業有限公司，民國 93 年 112 月初版）。

7. 廖一中，《一代梟雄袁世凱》（北京：北京圖書出版社，2004 年 12 月第 1 版第 2 次印刷）。

8. 劉憶江，《袁世凱評傳》（北京：經濟日報出版社，2004 年 6 月第 1 版第 1 次印刷）。

9. 謝世誠，《李鴻章評傳》（南京：南京大學出版社，2006 年 8 月第 1 版第 1 次印刷）。

十四、教科書

1. 林能士主編，《高級中學歷史下冊》（臺北：南一書局，民國 93 年 2 月修訂版）。

2. 林能士主編，《普通高級中學歷史第二冊》（臺北：南一書局，民國 96 年 11 月修訂試閱版）。

3. 國立編譯館主編，《高級中學歷史教科書第三冊》（臺北：國立編譯館，民國 88 年 1 月 15 版）。

十五、專書

1. （日）鈴木隆史原著、周啓乾監譯，《日本帝國主義與滿州》（台北市：金禾出版社，民國 87 年 1 月初版 1 刷）。

2. （英）赫德著，葉鳳美譯，《這些從秦國來——中國問題論集》（天津：天津古籍出版社，2005 年 1 月第 1 版第 1 次印刷）

3. （美）馬士著，《中華帝國對外關係史》（上海：上海書店出版社，2000 年 9 月第 1 版第 1 次印刷）。

4. （美）費正清、劉廣京編，《劍橋中國晚清史》（北京：中國社會科學出版社，1993 年 9 月第 1 版第 2 次印刷）。

5. （俄）羅曼諾夫著，民耿譯，《帝俄侵略滿洲史》（台北：台灣學生書局，民國 70 年 5 月景印再版）。

6. （德）余思凱著，孫立新譯、劉新利校，《在模範殖民地『膠州灣』的統治與抵抗——1897-1914 年中國與德國的相互作用》（山東：山東大學出版

社，2005 年 1 月第 1 版第 1 次印刷）。

7. 王立誠，《中國近代外交制度史》（蘭州：甘肅人民出版社，1991 年版）。

8. 王守中，《德國侵略山東史》（北京：人民出版社，1988 年 1 月第 1 版第 1 次印刷）。

9. 王明星，《韓國近代外交與中國（1861-1910)》（北京：中國社會科學初版社，1998 年 12 月第 1 版第 1 次印刷）。

10. 王芸生，《六十年來中國與日本》（上海：生活、讀書、新知三聯書店，2005 年 7 月）。

11. 王承仁、劉鐵君著，《李鴻章思想體系研究》（武漢：武漢大學出版社，1998 年 1 月第 1 版）

12. 王樹槐，《庚子賠款》（台北：中央研究院近代史研究所，民國 63 年 3 月出版）。

13. 王繩祖主編，《國際關係史》（北京：世界知識出版社，1995 年 12 月第 1 版第 1 次印刷）。

14. 王璽，《中英開平礦權交涉》（台北：中央研究院近代史研究所，民國 67 年 6 月再版）。

15. 孔祥吉，《晚清佚聞叢考——以戊戌維新為中心》（成都：巴蜀書社，1998 年 7 月第一版第一次印刷）。

16. 史丁，《日本關東軍侵華罪惡史》（北京：社會科學文獻出版社，2005 年 9 月第 1 版第 1 次印刷）。

17. 宓汝成，《帝國主義與中國鐵路，1847-1949》（上海市：上海人民出版社，1980 年第 1 版）。

18. 李志茗，《晚清四大幕府》（上海：上海人民出版社，2002 年 5 月第 1 版第 1 次印刷）。

19. 李恩涵，《晚清的收回礦權運動》（台北：中央研究院近代史研究所，民國 67 年 6 月再版）。

20. 李細珠，《張之洞與清末新政研究》（上海：上海書店出版社，2003 年 10 月第 1 版第 1 次印刷）。

21. 李德征等編著，《義和團運動史》，（台北縣樹林鎮：漢京文化，民國 76 年初版）。

22. 李國祁，《張之洞的外交政策》（台北：中央研究院近代史研究所，民國 73 年 5 月再版）。

23. 李喜所、劉集林等著，《近代中國的留美教育》（天津：天津古籍出版社，2000 年 10 月第 1 版第 1 次印刷）。

24. 李齊芳，《中俄關係史》（台北：聯經出版事業公司，200 年 12 月初版）。

25. 李劍農，《中國近百年政治史》（台北：台灣商務印書館，民國 81 年 9 月台 1 版第 19 次印刷）

26. 呂秋文，《義和團事變期間東南互保運動之研究》（台北：台灣商務印書館，民國 77 年 4 月 2 版）。

27. 金士宣、徐文述編，《中國鐵路發展史，1876-1949》（北京市：中國鐵道出版社，1986 年第 1 版）。

28. 林明德，《袁世凱與朝鮮》（台北：中央研究院近代史研究所，民國 73 年 12 月再版）。

29. 吳景平《從膠澳被佔到柯爾訪華──中德關係 1861-1992》（福建：福建人民出版社，1993 年 9 月第 1 版第 1 次印刷）。

30. 馬陵合，《清末民初鐵路外債觀研究》（上海：復旦大學出版社，2004 年 12 月第 1 版第 1 次印刷）。

31. 陶文釗，《中美關係史（1911-1950）》（重慶：重慶出版社，1997 年 3 月第 1 版第 2 次印刷）。

32. 楊永剛編著，《中國近代鐵路史》（上海：上海書店出版社，1997 年 5 月第 1 版第 1 次印刷）。

33. 張洪祥，《近代中國通商口岸與租界》（天津：天津人民出版社，1993 年 8 月第 1 版第 1 次印刷）。

34. 張煥宗，《唐紹儀與清末民國政府》（河北省石家莊：河北人民出版社，1998 年 8 月第 1 版第 1 次印刷）。

35. 張學繼，《袁世凱幕府》（北京：中國廣播電視出版社，2005 年 1 月第 1 版第 1 次印刷）。

36. 張華騰，《袁世凱與近代名流》（北京：新華出版社，2003 年 9 月第 1 版第 1 次印刷）。

37. 陳復光，《有清一代之中俄關係》（上海：上海書店，1990 年）。

38. 郭廷以，《近代中國史綱》（台北：曉園出版社，1994 年 5 月初版第 1 刷）。

39. 鈕先鍾，《第一次世界大戰史》（台北：燕京文化事業股份有限公司，民國 66 年 3 月初版）。

40. 鄭曦元編，李方惠、胡書源、鄭曦元譯，《帝國的回憶》（台北：遠流出版事業股份有限公司，2003 年 2 月 1 日初版一刷）。

41. 黎仁凱、衡志義、傅德元著，《清代直隸總督與總督署》（北京：中國文史出版社，1993 年 7 月第 1 版第 1 次印刷）。

42. 國立編譯館主編，《高級中學歷史教科書第三冊》（台北：國立編譯館，民國 86 年 8 月 13 版）。

43. 劉鳳翰，《武衛軍》（台北：中央研究院近代史研究所，民國 67 年 6 月出

版）。

44. 蘇志良、張華騰、邵雍主編，《袁世凱與北洋軍閥》（上海：上海人民出版社，2006 年 6 月第 1 版第 1 次印刷）。

45. 戴玄之，《義和團研究》（台北：中國學術著作獎助委員會，1964 年 10 月）

46. 龔書鐸，《求是齋漫筆》（廣西：廣西人民出版社，1999 年 5 月第 1 版第 1 次印刷）。

十六、學位論文

1. 于萬杰，《袁世凱在朝鮮的軍事與外交行動（1882-1894）》（台北：國立台灣大學政治學研究所碩士論文，民國 71 年 6 月）。

2. 申彥嶺，〈袁世凱與清末鐵路〉（河南：河南師範大學碩士學位論文，2007 年 4 月 1 日）。

3. 仝瑞中，〈清末山東收回礦權運動研究〉（湖北：華中師範大學碩士論文，2006 年 6 月 1 日）。

4. 任天豪，〈胡惟德與清末民初的「弱國外交」〉（台中：國立中興大學歷史學系碩士論文，民國 93 年 6 月）。

5. 李勁軍，〈袁世凱與中朝交涉〉，山東大學碩士學位論文，2003 年 4 月 30 日。

6. 金英愛，〈淺析 19 世紀七、八十年代中國、日本對朝鮮的政策〉，延邊大學碩士學位論文，2002 年 5 月 18 日。

7. 胡門祥，〈試析薛福成的外交思想〉（湖南：湖南師範大學碩士學位論文，2003 年 4 月。

8. 班一魯，〈拳亂前後袁世凱的處變〉（台北：國立台灣大學歷史學研究所近代史組碩士論文，民國 61 年 6 月）。

9. 陳森霖，〈中國外交制度現代化（1901-1911 年之外務部）〉（台中：東海大學歷史系碩士論文，1993 年）。

10. 曾秋月，〈晚清駐德公使呂海寰之研究〉（台中：國立中興大學歷史學系碩士學位論文，民國 94 年 7 月），頁 8-9。

11. 楊芳，〈宗藩体制與晚清外交〉（山東：山東師範大學碩士學位論文，2005 年 4 月 20 日）。

12. 楊國棟，〈日俄戰爭期間清政府中立政策研究〉，（吉林：東北師範大學碩士論文，2005 年 5 月）。

13. 張華騰，〈北洋集團崛起研究（1895-1911）〉（上海：復旦大學歷史學系博士論文，2005 年 4 月 16 日出版）。

14. 張齊顯，〈北京政府外交部組織與人事之研究（1912□1928）〉（台中：國立中興大學歷史研究所碩士論文，1999 年 7 月）。

15. 蔡振豐，〈晚清外務部之研究〉（台中：師國立中興大學歷史學系碩士論文，民國 94 年 7 月）。

16. 熊劍峰，〈試論清末袁世凱的外交思想與實踐〉（湖南：湖南師範大學歷史學系碩士論文，2003 年 4 月）。

17. 蕭玥娟，〈民初袁世凱外交政策之研究——一九一一年十月至一九一六年六月〉（台北：中國文化大學政治學研究所碩士論文，民國 71 年 6 月）。

十七、期刊、會議論文

1. 丁長青，〈中英開平礦務案始末〉，《南開學報》，1994 年第 4 期。

2. 王存奎，〈略論中國近代外交思想中的均勢觀〉，《安徽史學》，2003 年第 4 期。

3. 王曉青，〈義和團運動時期美國對華政策新探〉，《中國近代史》1993 年 6 期。

4. 田濤，〈19 世紀下半期中國知識界的國際法觀念〉，《近代史研究》2000 年第 2 期。

5. 曲廣華，〈戊戌維新精英對十九世紀人才思想的繼承與超越〉，《學術交流》總第 93 期，2000 年 11 月。

6. 李玉，〈袁世凱与晚清直隸礦權交涉〉，《貴州師範大學學報（社會科學版）》，2001 年第 4 期，總 113 期。

7. 李守孔，〈清季山東之教案與拳亂〉，收入中華文化復興運動委員會主編，《中國近代現代史論集》第十三編。

8. 李恩涵，〈唐紹儀與晚清外交〉，《中央研究院近代史研究所集刊》第四期上冊，民國 62 年 5 月出版。

9. 李道緝，〈近代海外華人國家認同的塑造：以中暹建交談判爲例（1869-1937）〉，《政大史粹》第一期，1999 年 6 月。

10. 呂愼華，〈「中日滿蒙條約善後會議」研究〉，收入胡春惠、周惠民主編，《兩岸三地歷史學研究生論文發表會論文集》（台北：國立政治大學歷史學系；香港：香港珠海大學亞洲研究中心，民國 90 年 12 月出版）。

11. 呂愼華，〈袁世凱的外交策略——以中日二十一條交涉爲中心〉，收入金光耀、王建朗主編，《北洋時期的中國外交》（上海：復旦大學，2006 年 8 月第 1 版第 1 次印刷）。

12. 宋開友，〈袁世凱與日本對華二十一條談判〉，《廣西社會科學》2005 年第 3 期。

13. 林明德，〈袁世凱與十九世紀末的朝鮮政局〉，《韓國學報》，第十八期，民國 93 年。

14. 金在善，〈袁世凱與十九世紀末的朝鮮〉，《社會科學研究》，1997 年 6 月。

15. 周厚青,〈日俄戰爭中清政府的局外中立与列強態度〉,《惠州大學學報(社會科學版)》,第 20 卷第 3 期,2000 年 9 月。

16. 吳昆財,〈清季袁世凱的外交表現(1899-1908)〉,《嘉義大學人文藝術學報》,第二期,2003 年 3 月。

17. 邱啓炘,〈金邦平的清末民初歲月〉,收錄於「中國黟縣」網站,網址爲 http://yixian.gov.cn/dt2111112483.asp?DocID=2111119318。

18. 苑宏光、李荔,〈論晚清時期的中朝關系〉,《長春師範學院學報》,第 21 卷第 4 期,2002 年 12 月。

19. 茅海建,〈救時的偏方:戊戌變法期間司員士民上書中軍事外交論〉,《近代史研究》,2005 年第 1 期。

20. 姚洪卓,〈1901 到 1904 年的天津海關道──唐紹儀〉,珠海市政協、暨南大學歷史系編,《唐紹儀研究論文集》(廣東:廣東人民出版社,1989 年 12 月第 1 版第 1 次印刷)。

21. 姜新,〈晚清袁世凱與歸國留學生關係淺析〉,蘇志良、張華騰、邵雍主編,《袁世凱與北洋軍閥》(上海:上海人民出版社,2006 年 6 月第 1 版第 1 次印刷)。

22. 唐啓華,〈中國對「二十一條」的抵制:兼論外交史中的神話與史實〉,全文轉錄於「喜樂的心」網站,網址爲 http://blog.yam.com/ritla/article/12312422。

23. 唐啓華,〈民國初年北京政府「修約外交」之萌芽,1912-1918〉,《國立中興大學文史學報》第 28 期,民國 87 年 6 月。

24. 唐啓華,〈清末民初中國對「海牙保和會」之參與(1899-1917)〉,《國立政治大學歷史學報》,第 23 期,民國 94 年 5 月。

25. 唐啓華,〈清季官方修約觀念與實踐之研究〉,《國立政治大學歷史學報》第 26 期,2006 年 11 月。

26. 唐啓華,〈陸徵祥與辛亥革命〉,收入中國史學會編,《辛亥革命與 20 世紀的中國》(北京:中央文獻出版社),上冊,頁 850-879。

27. 孫昉,〈試論日俄戰爭時期清政府的外交政策〉,《煙台大學學報(哲學社會科學版)》,第 20 卷第 2 期,2007 年 4 月。

28. 孫邦華,〈西潮衝擊下晚清士大夫的變局觀〉,《二十一世紀》2001 年 6 月號,第 65 期。

29. 孫曉飛,〈伍廷芳均勢外交思想初探〉,《喀什師範學院學報》,第 23 卷第 5 期,2002 年 9 月。

30. 高照明,〈論近代中國資產階級革命派對西方列強的認識〉,《華東船舶工業學院學報》,2001 年第 1 期。

31. 高強,〈甲午戰前清韓宗藩關系的強化及其後果〉,《寶雞文理學院學報(社

會科學版)》，第 21 卷第 2 期，2001 年 6 月。

32. 高強，〈袁世凱甲午戰爭前夕行為及其後果探析〉，《商邱師範學院學報》，第 19 卷第 4 期，2003 年 8 月。

33. 馬良玉〈袁世凱與二十一條〉，《歷史教學》2005 年第 2 期。

34. 烏愛潔，〈庚子之後山東地區教案減少原因探析〉，《泰山學院學報》，第 25 卷第 1 期，2003 年 1 月。

35. 陳廷湘，〈論奕訢的外交思想〉，《四川大學學報（哲學社會科學版)》，2003 年第 2 期，總第 125 期。

36. 商鳴臣，〈義和團運動與山東"新政"〉，《濱州教育學院學報》，第 6 卷第 4 期，2000 年 12 月。

37. 郭劍林，〈關於袁世凱評價的幾個問題〉，《河北學刊》，1994 年 6 月。

38. 舒泰峰，〈袁世凱舊宅修繕風波〉，《Record 記事》2007 年 3 月號。

39. 黃俊彥，〈拳亂後中俄交收東三省問題（1900-1902)〉，《中國近代現代史論集》（台北：台灣商務印書館，民國 75 年），第十五編，清季對外交涉（二）俄、日。

40. 黃濤，〈論黃遵憲"伸自主之權、保公眾之益"的外交思想〉，《黔東南民族師高等專科學校學報》，第 21 卷第 2 期，2003 年 4 月。

41. 張玉山，〈論維新運動時期維新派的人才觀〉，《新鄉師範高等專科學校學報》，第 15 卷第 2 期，2001 年 5 月。

42. 張國平、吳佩林〈中日"二十一條"交涉與袁世凱帝制野心無關——讀白蕉《袁世凱与中華民國》〉，《西昌高等師範專科學校學報》第 15 卷第 1 期，2003 年 3 月。

43. 張華騰，〈袁世凱奏參賣礦賊〉，《殷都學刊》，1994 年第 4 期。

44. 張華騰，〈試析庚子戰前袁世凱對教案的態度〉，《安陽師範學院學報》，2001 年第 3 期。

45. 張綠薇，〈袁世凱對中國警政建設的貢獻〉，《警學叢刊》26 卷 3 期，民國 84 年 11 月。

46. 馮君，〈洋務派的近代人才觀〉，《廣西社會科學》2004 年 12 期。

47. 景東升、蘇全有，〈袁世凱与俄國遠東外交〉，《安慶師範學院學報（社會科學版)》，第 22 卷第 4 期，2003 年 7 月，頁 54-57，頁 108。

48. 楊天宏，〈北洋外交與治外法權的撤廢——基於法權會議所做的歷史考察〉，《近代史研究》2005 年第 3 期。

49. 楊紹震〈庚子年中俄在東三省之衝突及其結束〉，《中國近代現代史論集》（台北：台灣商務印書館，民國 75 年），第十五編，清季對外交涉（二）。

50. 楊曉梅，〈近代中國對西方外交制度的抗拒與適應〉，《北方論叢》1997 年

第 5 期，總第 145 期。

51. 楊麗祝，〈二辰丸事件之交涉與抵制日貨運動〉，《嘉義農專學報》第九期，民國 58 年 2 月。

52. 楚雙志，〈清末袁世凱的用人特點及思路〉，《安陽師範學院學報》，2003 年第 1 期。

53. 臧永祥，〈外交決策理論探析〉，《中共鄭州市委黨校學報》2008 年第 1 期。

54. 費馳，〈呂海寰外交思想與交涉事略〉，《長春師範學院學報》第 24 卷第 6 期，2005 年 11 月。

55. 廖一中，〈"東南互保"與袁世凱〉，《貴州社會科學》，1994 年第 4 期（總 130 期）。

56. 廖一中，〈論清政府與義和團的關係〉，《歷史研究》1980 年第 3 期。

57. 溫秉忠編，〈最先留美同學錄〉，《近代史資料》總 46 號，1982 年 4 月第 1 版第 1 次印刷。

58. 趙樹好，〈晚清教案分佈特點新探〉，《韶關學院學報（社會科學版）》，第 25 卷第 4 期，2004 年 4 月。

59. 趙樹好、張禮恒，〈平原教案研究中的兩個問題〉，《濱州教育學院學報》第 6 卷第 1 期，2000 年 3 月。

60. 管書合，〈袁世凱對日外交述論〉，《史學集刊》2007 年第 1 期。

61. 董浩軍，〈論晚清的"以夷制夷"〉，《延安大學學報（社會科學版）》，1994 年第 3 期，第 16 卷，總 60 期。

62. 榮孟源、庄新平，〈從《山東義和團案卷》看義和團運動的幾個問題〉，收入路遙編，《義和團運動》（成都：巴蜀書社，1985 年）。

63. 蔣賢斌，〈試論近代的地方外交交涉機關〉，《江西師範大學學報（哲學社會科學版）》第 33 卷第 4 期，2000 年 11 月。

64. 鄭雲波，〈論清末梁啟超的外交思想〉，《牡丹江師範學院學報（哲學社會科學版）》，2005 年第 2 期。

65. 駱寶善，〈唐紹儀與袁世凱〉，珠海市政協、暨南大學歷史系編，《唐紹儀研究論文集》（廣東：廣東人民出版社，1989 年 12 月第 1 版第 1 次印刷）。

66. 劉保剛，〈論晚清士大夫公法觀念的演變〉《浙江學刊》，1999 年第 3 期。

67. 劉海岩，〈八國聯軍佔領期間天津若干問題考析〉，《歷史檔案》，2005 年第 2 期。

68. 劉海岩〈清末民初天津水供給系統的形成及其影響〉，《歷史檔案》2006 年第 3 期。

69. 劉海岩，〈庚子八國聯軍都統衙門與天津政權的歸還〉，《歷史教學》，2005 年第 9 期。

70. 劉悦斌，〈張之洞外交思想論〉，《中共中央黨校學報》1997 年第 2 期。

71. 劉啓強，〈矛盾角色的嬗換——袁世凱与 20 世紀初的中國鐵路建設〉，《寶山師專學報》，第 23 卷，2004 年。

72. 劉偉，〈晚清對外交涉體制的演變與影響〉，《華中師範大學學報（人文社會科學版）》，第 45 卷第 3 期，2006 年 5 月。

73. 劉增合，〈1840-1884 年晚清外交觀念的演進〉，《社會科學戰線》1998 年第 1 期。

74. 薛玉琴，〈馬建忠對近代西方外交理念的接受與運用〉，《淮陰師範學院學報‧哲學社會科學版》第 25 卷，2003 年 5 月。

75. 冀滿紅、李慧，〈試論晚清時期袁世凱幕府的特色〉，《安徽史學》，2006 年第 3 期。

76. 戴逸，〈戊戌年袁世凱告密眞相及袁和維新派的關系〉，《清史研究》，1999 年第 1 期。

77. 譚耀芳，〈英人攫占開平礦務局經過〉，《文史精華》，總 158 期，2003 年 7 月。

78. 蘇全有，〈袁世凱與二十一條新論〉，收入 44.　蘇志良、張華騰、邵雍主編，《袁世凱與北洋軍閥》（上海：上海人民出版社，2006 年 6 月第 1 版第 1 次印刷）。

79. 蘇全有，〈袁世凱與維新運動關係再認識〉，《許昌師專學報》，第 21 卷第 3 期。

80. 蘇全有，〈論袁世凱的對外開放思想〉，《河南師範大學學報（哲學社會科學版）》，第 25 卷，第 2 期，1998 年。

81. 蘇全有，〈論袁世凱的對外理性抗爭思想〉，《河南師範大學學報（哲學社會科學版）》，第 22 卷，第 4 期，1995 年。

十八、網路資源

1. AltaVista Translation Service：（http://babelfish.altavista.com/tr）

2. 人民網——《走向共和》到底走了有多遠：
   （http://past.people.com.cn/BIG5/wenyu/223/10752/index.html）。

3. 中國海鹽門户網站：
   http://www.haiyan.gov.cn:82/gate/big5/www.haiyan.cn/portal）。

4. 「中國黟縣」網站：（http://yixian.gov.cn/index.asp）。

5. 天津圖書館——名人故居：
   （http://dlibrary.tjl.tj.cn/mrgj/na-tong/zp---nt--1.htm）。

6. 文津在線：（http://www.nlcbook.com/HistoryCeleb/rzszdz.htm）。

7. 泊頭政務網：（http://www.botou.gov.cn/detail.asp?t_id=1105）。

8. 珠海拱北海關：（http://www.eyo-zh.com/haiguan.html）。

9. 高中歷史：（http://www.pep.com.cn/gzls/index.htm）。

10. 浙江大學：（http://www.zju.edu.cn/~piclib/fazhan/fz01/jxcqxz.htm）。

11. 新華網河南頻道——中原網談：
（http://www.ha.xinhuanet.com/misc/2007-01/10/content_9003434_2.htm）。

12. 順德志資源庫：
（http://www.sdlib.com.cn/sdzhi/ReadNews.asp?NewsID=406）。

13. 《廣州市志》：（http://www.gzsdfz.org.cn/gzsz/11/hg/sz11hg060501.htm）。

14. 維基百科：（http://zh.wikipedia.org/wiki/）。

15. 遼寧檔案信息網：（http://www.lndangan.gov.cn/gc/QZ2-JB15.htm）。

貳、英文部份

一、報紙

1. 〈The New York Times〉

二、專書

1. Nish, Ian H., Alliance in Decline, a Study in Anglo-Japanese Relations, 1908-1923, The Athlone Press, University of London, 1972.

2. Schrecker, John E., Imperialism and Chinese Nationalism, President and Fellows og Harvard College, 1971.

3. MacKinnon, Stephen R., Power and politics in Late Imperial China: Yuan Shi-kai in Beijing and Tianjin, 1901-1908, Berkeley and Los Angeles, California: University of California Press, 1980.

參、德文部分

一、專書

1. herausgegeben von Mechthild Leutner; bearbeitet von Klaus Muhlhahn, Musterkolonie Kiautschou : die Expansion des Deutschen Reiches in China : deutsch-chinesische Beziehungen 1897 bis 1914 : eine Quellensammlung, Berlin : Akademie Verlag, c1997.

肆、日文部分

一、已刊檔案

1. 外務省編纂，《日本外交文書》第三十八卷第一冊（東京都：財團法人日本國際連合協會，昭和三十四年十月十五日發行）。

二、專書

1. 岡本隆司，《馬建忠の中国近代》（京都：京都大学学術出版会，2007 年11 月 10 日出版第一刷発行）。

伍、韓文部分

一、已刊檔案

1. 高麗大學校亞細亞問題研究所舊韓國外交文書編纂委員會，《舊韓國外交文書》（漢城：高麗大學校出版部，1971 年 2 月 20 日印刷）。